Impressum

3. Auflage 2020
Copyright: © Tatjana Zanot
ISBN: 9783751904230
Herstellung und Verlag: BoD – Books on Demand, Norderstedt

Bibliografische Information der Nationalbibliothek:
Die Deutsche Nationalbibliothek verzeichnet diese Publikation
in der Deutschen Nationalbibliothek; detaillierte bibliografische
Daten sind im Internet über http//dnp.dnb.de abrufbar.

Die Geschichte ist frei erfunden. Ähnlichkeiten zu real
existierenden Personen und Orten sind zufällig.

Bildmaterial: © Can Stock Photo / Choreograph, bennyartist
Umschlaggestaltung: Vanessa Streng (www.BuchGestalt.com)

*Triggerwarnung: Dieses Buch behandelt Themen wie Suizid,
Verlust und psychische Erkrankungen.*

Goldkinder

Band 1

Ein Herz aus Chrom

In Erinnerung an meinen Vater

Erwin Zanot

Kapitel Eins

Emma

Es gab Zuckerwatte. Überall an den Bäumen hing rosa Zuckerwatte wie kleine Wölkchen – an den Bäumen, an Straßenlaternen, sogar ein Hund wurde von einer Leine aus rosa Zuckerwatte gehalten. Und ich musste bloß meine Hände danach ausstrecken und mir ein bisschen abreißen.

Es war, als würde ich schweben. Ich schwebte durch mein eigenes, perfektes Zuckerwatte-Land, als der Hund plötzlich zu bellen begann.

Nein, er bellte nicht … Er schrillte. Wie ein Alarm. Unerträglich laut …

Moment – ein schrillender Hund?

Ruckartig saß ich kerzengerade im Bett und war mit einem Mal hellwach. Meine Hand angelte nach meinem Handy auf meinem Nachttisch und stellte den Alarm aus. Das Sonnenlicht fiel bereits hell durch mein halb heruntergelassenes Rollo. Das war kein gutes Zeichen.

Nach einem vergewissernden Blick auf meine Handyuhr – 7:06 Uhr – bestätigte sich meine ungute Vorahnung.

Ich hatte verschlafen. An meinem ersten Schultag in

der 9. Klasse würde ich haushoch zu spät kommen. Das schaffte auch nur ich!

Mit einem Satz sprang ich aus meinem Bett, verlor allerdings sogleich mein Gewicht, stolperte und prallte gegen meinen menschengroßen Teddybären, der auf einem gelben Korbsessel gegenüber von meinem Bett thronte, federte ab und landete mit einem dumpfen Aufprall auf meinem Hintern.

Just in diesem Augenblick wurde meine Zimmertür geöffnet und als sie gnadenlos den Lichtschalter betätigte, konnte ich auch meine Mutter Svea im Türrahmen erkennen. Unter ihrem linken Arm hielt sie einen vollen Wäschekorb, ansonsten sah sie aus wie immer. Dunkle Jeans, weiße Bluse, ihr blondes Haar hochgesteckt. Ihre Lesebrille saß noch auf ihrer zierlichen Stupsnase – die sie leider nicht an mich vererbt hatte – was bedeutete, dass sie erst vor ein paar Minuten den Frühstückstisch mit ihrer Morgenzeitung verlassen haben musste.

Ihr Blick ging zu meinem Bett, blinzelte verwirrt als sie mich nicht entdeckte, ließ ihn dann weiter gleiten und blieb schließlich verwundert an mir hängen. „Warum sitzt du denn auf dem Boden, Schätzchen?"

„Weil es hier so bequem ist!"

„Ach", machte sie bloß, als hätte sie die Ironie nicht gehört. „Du musst dich ein bisschen beeilen, wenn du noch pünktlich kommen willst."

Das ließ ich mir nicht zweimal sagen, sprang auf und durchquerte mit zwei Schritten mein Zimmer, um zu meinem Kleiderschrank neben meinem Bett zu gelangen. Dutzende Pferde auf Postern blickten mir entgegen, als ich vor ihm stand. „Du hättest mich ja auch mal eher wecken können!“, brummte ich verdrossen und öffnete knarzend meinen Schrank.

Meine Mutter grunzte verächtlich. „Erinnerst du dich noch an das letzte Mal, als ich es versucht hab? Du hast mich mit Mr. Speck abgeworfen und mir meine Brille verbogen. Ich musste mir eine Neue kaufen!“

Ich griff nach einer Schlaghose und einem sonnengelben Top, welches in Höhe des Brustanfangs eine Art Bordüre in Form eines geflochtenen Zopfes aufwies, Unterwäsche und einen grauen Cardigan. „Ist mir ega-hal!“, trällerte ich, während ich mit meinem Hintern die Schranktür wieder zuwarf. „Diese Geschichte gehört der Vergangenheit an und ich habe beschlossen, in der Zukunft zu leben. Das ist besser für mein Karma!“

„Ich glaube nicht, dass Karma etwas damit zu tun hat, mein Schatz!“, sagte meine Mutter noch, während ich mich an ihr vorbei zwängte, über den Flur lief und prompt mit der Schulter zuerst gegen die geschlossene Badezimmertür prallte. „Aua!“, schrie ich auf und ließ meine Klamotten fallen. Dann realisierte ich erst die Tatsache: Wenn das Bad verschlossen war – und das war es um diese Zeit normalerweise nicht – konnte ich mich nicht fertig machen und würde die Chance, zumindest halbwegs pünktlich zu sein, vollends vertun.

„Ich könnte ja in euer Bad gehen", murmelte ich gedankenverloren, doch meine Mutter schnalzte mit der Zunge. „Geht nicht, dein Vater macht sich gerade für die Arbeit fertig."

Wütend schlug ich mit der geballten Faust gegen die Tür. „Mach die Tür auf, Jan! Ich muss da rein!"

„Jan schläft noch", warf meine Mutter ein, die noch immer in meinem Türrahmen stand. Und war das etwa ein amüsiertes Grinsen, was da über ihre geschminkten Lippen huschte?!

„Und wer blockiert dann das Bad?", fragte ich genau in dem Moment, als es mir dämmerte. Wenn mein sechs Jahre älterer Bruder noch im Bett lag, vermischt mit der Tatsache, dass mein Vater im Elternbadezimmer auf der anderen Seite des Flurs duschte, blieb nur noch eine Person übrig.

„Marie!", schrie ich gegen die Tür an. „Du kleine Giftziege! Mach verdammt nochmal die Tür auf! Ich muss mich auch -"

Als ich das Drehen des Schlosses hörte, verstummte ich überrascht. Kurz darauf öffnete meine jüngere Schwester die Tür und kam zum Vorschein.

Ich kniff meine Augen zusammen und musterte sie von oben bis unten. Sie trug ihre Lieblingsjeans, eine mit weißem Pferdeaufdruck, dazu einen rosafarbenen Pullover mit glitzernden, orientalischen Verzierungen. Ihr blondes, glattes Haar hatte sie zu einem Pferdeschwanz gebunden. Das war alles wie immer.

Und da fiel es mir wie Schuppen von den Augen.

„Hast du dich etwa geschminkt?"

Sofort stand Svea mitsamt Wäschekorb neben mir und musterte ihre Tochter. „Wie siehst du denn aus?" Ihre braunen Augen wurden groß. „Wieso?", hakte Marie nervös nach und machte eine halbe Drehung, um sich noch mal im Spiegel zu betrachten.

Ich konnte mir ein abfälliges Grinsen nicht verkneifen. „Mal unter uns gesagt, mit dem pinken Lidschatten siehst du aus wie eine Kindernutte."

„Ach Emma!", tadelte meine Mutter mich, drückte mir den Wäschekorb in die Hand und huschte zu Marie, deren Augen sich prompt mit Tränen füllten. Sie ging vor ihr in die Knie, nahm sich umständlich ein Abschminktuch aus einer Packung am Rand des Waschbeckens heraus und fing an, über Maries Augen herum zu tupfen.

„Äh, ich wollte mich eigentlich fertig machen? Für die Schule und so?"

„Geh runter ins Gästebad, Schätzchen", brummte meine Mutter zur Antwort.

„Boah, ernsthaft jetzt?!", raunzte ich noch, warf den verdammten Wäschekorb ins Badezimmer, sammelte meine heruntergefallenen Klamotten auf und stapfte anschließend die breite Holztreppe nach unten.

Das war so verdammt unfair!

Ich warf einen letzten Blick auf die Uhr. Inzwischen war es 7:17 Uhr. Ich würde fliegen müssen, wenn ich es noch pünktlich schaffen wollte.

Wunder geschahen immer wieder. Sogar in einer

kleinen Stadt wie Neustadt-Hausen. Und ich zählte es definitiv zu einem Wunder, als ich um 7:54 Uhr mein Fahrrad vor dem Schulgebäude des städtischen Gymnasiums anschloss. Marie ließ sich immer von unserem Vater mit dem Auto mitnehmen, weshalb sie vermutlich längst vor ihrem Klassenraum hockte. Ich für meinen Teil hasste es, mit dem Bus nach Hause zu fahren, und blieb deshalb lieber bei meinem Drahtesel. Außerdem fuhren meine besten Freunde Justus und Carmen auch jeden Tag mit dem Rad.

Ich schloss mein Fahrrad an und eilte in die Schule. Wenn man durch den Haupteingang ging kam man direkt zur Aula, in der auch der Vertretungsplan hing. So spät wie ich dran war, rechnete ich allerdings nicht mehr mit anderen Schülern – In der Regel hielt man sich nur in den Pausen in der Aula auf. Vor dem Unterrichtsbeginn gingen die Meisten direkt zu ihren Klassenräumen.

Nur deshalb achtete ich nicht mehr auf den Weg vor mir. Ich lief einfach voraus, in der Hoffnung *vor* meinem Klassenlehrer Herr Maßlab anzukommen.

Und prompt prallte ich zum Zweiten mal an diesem Morgen gegen Etwas – wobei dieses Etwas in diesem Fall menschlich war, männlich, einen Kopf größer als ich und langes, schwarzes Haar hatte, welches ganz dringend mal wieder geschnitten werden musste.

Mit einem leisen „Umpf!" taumelte ich ein-zwei Schritte zurück. Plötzlich war da ein Arm, der mich festhielt, damit ich nicht weiter stolperte, doch er konnte unmöglich zu dem schwarzhaarigen Typen gehören, der mich schräg angrinste. Ich ließ meinen Blick den Arm entlang wandern und sah einen zweiten Jungen, etwa so groß wie der andere, allerdings hatten seine Gesichtszüge etwas älteres, waren nicht mehr ganz so weich, und sein honigblondes Haar war kurzgeschnitten. „Wir wollen doch an unserem ersten Tag keinen Unfall verursachen", meinte dieser mit einem kecken Grinsen auf den Lippen.

„Hast du etwa keine Augen im Kopf?", meldete sich auf einmal ein dritter Junge zu Wort. Er stand halb hinter dem Schwarzhaarigen, weshalb ich ihn erst jetzt bemerkte. Sein blondes Haar stand ab, als wäre er gerade erst aufgestanden, seine Augen hatte er so zusammengekniffenen, dass ich ihre Farbe nur hätte erraten können, und seine kindlichen Gesichtszüge verrieten, dass er einige Jahre jünger als die beiden anderen sein musste. Grob geschätzt hielt ich ihn für Maries Altersklasse.

Und konnte ihn deswegen aus Prinzip schon nicht leiden.

„So was wie dich hab ich auch zu Hause", sagte ich ihm und schnalzte genervt mit der Zunge. „Bloß in weiblich und ein bisschen kleiner, aber genauso nervtötend."

Während der kleine Junge Anstalten machte sich zu beschweren, musste der Schwarzhaarige laut lachen.

„Hast du irgendeine Gabe oder so? Das war die

zutreffendste Beschreibung auf meinen Bruder, die ich je gehört hab!" Er reichte mir seine Hand. „Ich bin Till."

„Und ich heiße Tobias", stellte sich der Älteste von ihnen vor. „Wir sind in den Sommerferien nach Neustadt-Hausen gezogen. Der Zwerg dahinten" - an dieser Stelle war ein beschwerendes „Ey!" zu hören - „ist der Jüngste im Reichelt-Trio und heißt Timon."

Ich gluckste, als ich seinen Namen hörte. „Wo hat er denn Pumbaa vergessen?"

„Der Witz ist schon so alt, dass er gar nicht mehr lustig ist!", brummte Timon und verschränkte seine Arme vor der Brust.

In diesem Augenblick klingelte es zur ersten Stunde. „Verdammt!", rief ich aus und plötzlich waren mir die Neuankömmlinge egal. Ich schaffte es noch, ihnen ein „Man sieht sich bestimmt!" zuzurufen, ehe ich sprichwörtlich meine Beine in die Hand nahm und gefühlt um mein Leben rannte.

Fabienne

Eine Millisekunde vor dem Klingeln, welches die erste Schulstunde einläutete, schlug mein Klassenlehrer Herr Maßlab bereits das Klassenbuch auf und griff nach einem Kugelschreiber. Die vier neuen Mitschüler, die er mitgebracht hatte, saßen bereits wortlos auf den noch freien Plätzen – ganz vorne – und wirkten allesamt wie in sich zusammengesackte Kartoffelsäcke. Unter ihnen war nur ein Mädchen. Sie sah allerdings nicht aus wie jemand, mit dem ich mich abgab. Schwarze Haare, schwarze Kleidung, ihre Augen so stark schwarz umrandet, dass ich beim ersten Hingucken dachte, sie hätte diesen schwarzen Zensur-Balken im Gesicht kleben, und überall, wo es gerade passte, silbrige Nieten.

Die neuen Jungs interessierten mich ebenso wenig. Ein schlaksiger Brillenträger, ein Typ der aussah, als würde er schon morgen die Schule schwänzen, und der Letzte hatte ein ganz deutliches Problem mit Akne.

Sie alle gehörten zu dem unansehnlichen Teil.

Den Teil, dem Leute wie ich lieber aus dem Weg gingen.

Im Gegensatz zu ihnen hatte ich den perfekten Platz. Letzte Reihe in der Mitte. Von hier aus hatte ich alles im Blick. Zu meiner Linken saß meine langjährige und beste Freundin Isabel Schneider, die gerade auf dem Ende ihres pinken Bleistifts herumkaute, und rechts von mir Cho Yang, eine äußerst talentierte und wortkarge Asiatin.

Wir saßen immer ganz hinten. Hier saßen die Beliebten. Die Coolen. Und ohne arrogant klingen zu wollen – aber genau das waren wir.

Zumindest ein Teil davon. Ein kleiner Teil der beliebtesten Clique unserer Schule. Von den weniger Glücklichen wurden wir *Goldkinder* genannt.

Isabel tat zwar immer so, als wäre ihr dieses ganze Beliebtheits-Ding nicht so wichtig, aber ich wusste es besser.

Jeder definierte sich doch über seine Freunde.

„So, wer ist denn heute pünktlich und verdient sich einen Pluspunkt", sagte Herr Maßlab mehr zu sich selbst, als die Tür aufgerissen wurde und ein Mädchen mit haselnussbraunen Locken herein stolperte.

Ich seufzte schon tief, noch ehe sie angefangen hatte zu sprechen.

Emma Gold. Das *nervigste* Mädchen, welches mir je begegnet war. Obwohl jeder inzwischen im 21. Jahrhundert angekommen war, trug sie noch immer Schlaghosen und ihr Haar wirkte immer irgendwie ungekämmt - und dann war sie auch noch so unverschämt dünn! Praktisch in jeder Pause sah ich sie etwas essen und trotzdem war sie dünner als ich, obwohl ich penibel genau auf die Aufnahme meiner Kalorien achtete.

Dennoch konnte ich nie aufhören, darüber nachzudenken, wie viel hübscher sie sein könnte, wenn sie nur etwas aus sich machen würde.

„'Tschuldigung!", stammelte sie und schaute sich suchend im Klassenraum um. Als sie ihre beste Freundin Carmen Gonzales an der Seite des Klassenraums entdeckte, an dem sich keine Fenster befanden, huschte ein erleichtertes Lächeln über ihre Lippen und sie setzte sich eilig zu ihr.

„Heute lasse ich dir das noch einmal durchgehen", sagte Herr Maßlab mit einem strengen Unterton.

„Aber ich sag es euch gleich: Ab diesem Jahr wird es

bitterer Ernst werden. Denkt bloß nicht, die 9. Klasse wird ein Zuckerschlecken! Nächstes Jahr seid ihr schon in der Oberstufe und ihr solltet euch langsam mit der Frage auseinandersetzen, was ihr mit eurem Leben noch anfangen wollt!"

Ein leises Tuscheln ging durch die Reihen. Ich nutzte diesen Augenblick und zog ein Notizbuch aus meiner Schultasche, schlug es in der Mitte auf und fand die Tabelle. Fein säuberlich hatte ich die Seite in waagerechte und senkrechte Linien aufgeteilt – Ganz links standen die Fächer, die in diesem Halbjahr auf den Stundenplan gehörten, daneben eine Spalte für die unterrichtenden Lehrer, eine für die Noten, die ich im Laufe des Halbjahres erhalten würde, und rechts gab es natürlich noch Platz für meinen Durchschnitt.

„Das ist jetzt nicht dein Ernst, oder?"

Ich zuckte zusammen, als ich Isabels Gesicht so nah neben meinem spürte, dass ich ihr Kokosshampoo riechen konnte. Argwöhnisch und amüsiert zugleich betrachtete sie meine Tabelle. „Ich war ja schon froh mir gemerkt zu haben, wann die Schule wieder beginnt, und du hast schon eine Tabelle für deine Noten?"

„Ehrlich gesagt geht es mir vor allem darum, meinen Durchschnitt überprüfen zu können, um meine Leistungen eben im Auge zu behalten." Ich spürte, wie ich leicht rot anlief.

Isabel legte ihre Stirn in Falten, schüttelte kaum merklich ihren Kopf. „Ich weiß nicht, ob das schon als Manie gilt oder einfach nur krank ist."

Blinzelnd wandte ich mich an sie. „Gäbe es denn da einen Unterschied?"

„Nun … Auch das weiß ich nicht."

Ich musste kichern. Das war Isabel – mein blonder Engel mit den perfekten Locken und ihren strahlend, tiefblauen Augen, die sich über alles eine Meinung bilden konnte, aber über die wenigsten Dinge wirklich bescheid wusste.

„Fabienne?", hörte ich nun Herr Maßlabs dröhnende Stimme und schaute auf. Ich wusste, was jetzt kam. Wir hatten es am letzten Schultag besprochen. Noch bevor er mich aufforderte, stand ich auf, nahm mein Notizbuch und ging nach vorne.

Ich warf meinem Klassenlehrer einen Blick zu, doch er beschäftigte sich bereits mit irgendwelchen Krikeleien ins Klassenbuch, also stellte ich mich direkt vor den Pult, mein Notizbuch in den Händen, und lächelte meine Mitschüler an.

„Hi Leute!", begrüßte ich sie. „Für die Neuen stelle ich mich einmal ganz kurz vor: Mein Name ist Fabienne Roux, ich bin 14 Jahre alt und ich war letztes Schuljahr die Klassensprecherin, deswegen hat Herr Maßlab mich gebeten vor allem *euch* einen kleinen Willkommens-Gruß zu halten. Also – Herzlich Willkommen in der 9a!" Ich schaute zuerst zu dem Mädchen mit den schwarzen Haaren, dann ließ ich meinen Blick über die anderen neuen hinweggleiten. Ich spielte meine Rolle perfekt: Auf sie wirkte ich nett und einfühlsam, wie jemand, der ihnen eine gute Freundin sein könnte. „In den letzten Jahren hat sich unsere Klasse vor allem durch eine gute Gemeinschaft ausgezeichnet und ich denke, ich spreche für alle wenn ich euch bitte, sich in dieser Gemeinschaft einzugliedern. Eine Gruppe ist immer nur so stark, wie ihr schwächstes Glied – Und *zusammen* können wir viel stärker sein, als alleine. Nichtsdestotrotz freue ich mich auf das kommende Schuljahr mit euch! Ich bin mir sicher, dass wir wieder einige, spannende Dinge gemeinsam erleben werden!"

Als ich fertig war, machte ich einen kleinen Knicks, so wie meine Mutter es mir beigebracht hatte. Der Großteil meiner Mitschüler applaudierte, doch ich konnte deutlich die Neider sehen, die mich mit ihren argwöhnischen Blick zurück zu meinem Platz verfolgten; sie gönnten mir den Ruhm nicht. Die Aufmerksamkeit. Die Tatsache, dass ich mich in der nächsten Pause zu den Coolen setzen würde, während sie in ihren langweiligen Hofecken verrotteten.

In dem Moment, als ich mein Notizbuch auf den Tisch ablegen wollte, fiel es mir aus der Hand und prallte auf die glatte Fläche. Dadurch rutschten verschiedenfarbige Bögen Papier heraus, die Isabel entdeckte und schon danach gegriffen hatte, als ich erst realisierte, was überhaupt geschehen war.

„Wozu braucht man so was?", fragte sie und deutete auf die Farbmuster – pink, flieder, lindgrün, beige, hellblau.

Hastig nahm ich sie ihr weg und steckte sie zurück zwischen die Seiten meines Notizbuches. „Die sind für Jenna.“

„Ich glaube nicht, dass Jenna sich kein Papier mehr leisten kann.“

„Für ihren Geburtstag.“ Ich konnte sehen, wie Isabel die Stirn runzelte. Sie würde es früher oder später ja doch erfahren. Ich seufzte und murmelte: „Ich helfe ihr bei der Planung.“

Ihre Oberlippe zuckte; so wie immer, wenn sie sich ein Kichern verkneifen musste.

Augenrollend schlug ich mein Notizbuch zu und schob es an die äußere Ecke meines Tisches. „Ich will deine Meinung dazu nicht hören!“, stellte ich klar, und Isabel wandte sich mit einem wortlosen Achselzucken von mir ab.

Ich wusste, was sie dachte. Sie hielt nicht viel von Jennas Art, sich bei anderen einzuschleimen und ihre Arbeiten verrichten zu lassen. Sie verstand nicht, dass ich Jenna gerne half.

Unsere Familien waren schon seit Jahren eng befreundet. Ich kannte sie seit dem Tag meiner Geburt.

Außerdem war sie die Königin. Sie war diejenige, die die Fäden in der Hand hielt. In unserer schulischen Hierarchie stand sie ganz oben.

Sie führte die Goldkinder an, und jeder, der dazugehörte, wurde vom Fußvolk, wenn man es so nennen wollte, in Ruhe gelassen. Niemand legte sich mit uns an. Ich war ein Teil dieser Clique. Ich gehörte nicht zu den *Anderen*, sondern zum großen Universum; ich war einer der Planeten, die sich um Jenna kreisten.

Und wie jeder von uns wusste lag es an Jenna, *wer* ein Teil ihres Universums blieb – oder auf die Erde zurückfallen musste.

Isabel war da besser dran als ich. Ihr älterer Bruder Tommy ging seit ein paar Wochen mit Jenna aus. Und wenn Jenna die Königin war, dann war Tommy ihr schillernder König, ihr Held, ihr Ritter in glänzender Rüstung. Und das schon seit er einen Fuß in diese Schule gesetzt hatte. Er war der Anführer.

Isabel hatte einen Freibrief. Dank Tommy würde sie immer dazugehören. Für mich sah es nicht ganz so rosig aus. Ich hatte keine Geschwister, auf die ich zurückgreifen konnte.

Es gab keine andere Wahl. Wenn Jenna mich darum bat, ihren Geburtstag zu planen, musste ich es tun.

Carmen

In der 9. Klasse musste man noch in den Pausen den Klassenraum verlassen. Es würde noch genau ein Schuljahr dauern, bis wir nicht mehr wie Hühner aus dem Raum gescheucht wurden und man uns für verantwortungsbewusst genug hielt, 20 Minuten in einem 30qm² großen Raum auszuharren.

Da wir heute nur Unterricht im Klassenverband hatten, ließen Emma und ich unsere Schulsachen zurück, nahmen bloß unsere Wasserflaschen und sie dazu noch ihre Brotbox und gingen gerade auf den Flur in Trakt B, als Jenna und Tommy auftauchten.

Keiner von beiden beachtete uns, doch ich konnte nicht anders; ich musste ihm ein Lächeln zu werfen. Als würde das *irgendetwas* für ihn bedeuten.

Kaum merklich schüttelte ich meinen Kopf. Jenna de Mâr ging in die 9c und in ihrem weißen Sommerkleid und mit ihrer kastanienbraunen Haarpracht, in dem eine weiße Schleife steckte, sah sie aus wie eine Prinzessin. Dabei hielt sie Tommys Hand, als wäre es selbstverständlich, und obwohl ich wusste, wie dumm es war; obwohl ich wusste, mich völlig irrational zu verhalten, spürte ich den schmerzenden Stich der Eifersucht durch mein Herz zucken und wünschte mir einen winzig kleinen Augenblick lang, ich wäre sie.

Es war nicht das Aussehen. Dank meiner spanischen Wurzeln bezeichnete mich Emma immer als exotische Schönheit, und – ganz objektiv betrachtet – vielleicht hatte sie damit auch Recht.

Aber ich war dennoch nicht *sie*. Nicht diejenige, die Tommys Hand halten durfte, ihm im Vorbeigehen einen Kuss auf die Wange hauchte, zärtlich seinen Namen flüsterte, wenn sie morgens neben ihm aufwachte … - Moment, was?

An so etwas wollte ich gar nicht erst denken!

Es war schon schlimm genug, sie *zusammen* zu sehen … Daran zu denken, was sie vermutlich alles taten, wenn sie alleine waren, brachte mich beinahe um den Verstand.

Während Emma von ihrem stressigen Morgen berichtete und sich lautstark über Marie beschwerte, folgte ich ihr auf den Pausenhof mit den Basketballkörben. Ein leichtes Schmunzeln huschte mir über die Lippen, als ich durch die gläsernen Doppeltüren in die Sonne trat und mich neben sie auf eine Bank setzte. Es gab keinen Ort, wo ich lieber meine Pause verbrachte.

Wortlos reichte sie mir eine Scheibe Brot und biss in ihre eigene hinein, kaute und sagte gleichzeitig: „Da kommen schon wieder diese Idioten!"

Auch ohne hinzusehen wusste ich, wen sie meinte – Moritz Stegner und Tommy, der sich endlich von Jenna hatte loseisen können. Ersterer hatte einen Basketball dabei.

Während ich die beiden Jungs betrachtete, murmelte ich halbherzig: „Sag nicht immer Idioten zu ihnen."

Moritz hatte den Ball. Tommy ging vor ihm in die Hocke und sprang leichtfüßig von links nach rechts, wodurch seine honigblonden Locken auf und ab wippten. Als Moritz an ihm vorbei dribbeln wollte, fing Tommy ihn ab und klaute ihm den Ball.

„Meinetwegen, aber wer mit *Jenna de Mâr* zusammen ist, leidet zumindest an Geschmacksverirrung", entgegnete Emma und betonte vor allem ihren Namen besonders abfällig.

Ich kicherte.

Emma hatte ihre ganz eigene Sicht auf die Dinge, die offensichtlich waren. Während es die Beliebten gab, die in der Aula am besten Tisch saßen, waren wir die

Außenseiter. Ich konnte all die abfälligen Spitznamen, die sie uns schon gegeben hatten, gar nicht mehr zählen. Doch Emma sah stets darüber hinweg. Ich hatte sie noch nie weinen gesehen, wenn Fabienne lautstark über ihre (wirklich nur ganz leicht) schiefe Nase lästerte. Oder dass sie mit der Wimper zuckte, wenn Jenna abfällig mit der Zunge schnalzte, sobald sie an ihr vorbeiging – vorausgesetzt Jenna beachtete sie. Und wenn Emma über ihre eigenen Füße stolperte, war sie stets diejenige, die am lautesten über sich lachte.

Sie fand es nicht schlimm, am Rand zu stehen. Immer die Letzte zu sein, die in Sportmannschaften gewählt wurde. Zu den Menschen zu gehören, die in den Schulgängen herumgeschubst wurden.

Wobei ich an dieser Stelle auch erwähnen muss, dass Emma von uns allen am Wenigsten abbekam. Mal von den Goldkindern abgesehen, wurde sie überall gemocht. Sie war einer dieser empathischen Menschen, die bloß lächeln brauchten und schon neue Freunde hatten.

Ich nicht. Ich tat mich schwer mit Fremden. Allerdings tat ich mich so ziemlich mit allem schwer, was mit anderen Menschen zu tun hatte. Ich war nicht dafür geboren worden, um Sympathie auszustrahlen.

Anders als Emma *wollte* ich nur um jeden Preis Teil dieser glitzernden Scheinwelt sein, die Jenna mir Tag für Tag vorlebte. Ich wollte zumindest eine echte Chance bekommen, glücklich zu sein.

„Hey, du Sausack!", rief Emma plötzlich und ich zuckte erschrocken zusammen. Erst jetzt bemerkte ich die drei Jungen, die gerade durch die gläserne Tür getreten waren und zu uns trotteten. Allerdings kannte ich nur 2/3 des Trios.

Justus, ein leicht übergewichtiger Junge mit dunkelbraunen Haaren und einer ausgeprägten Vorliebe für die amerikanische Band *Linkin Park,* der selbst im Hochsommer noch einen Parka trug, grinste breit. Als er bei uns ankam, griff er wie selbstverständlich nach Emmas Wasserflasche und nahm einen kräftigen Schluck.

Viele waren der Meinung, die beiden wären ein Paar, doch das stimmte nicht. Sie waren bloß verdammt gute Freunde.

Neben ihm stand Joshua, der wie Justus in die 10. Klasse ging, und immer T-Shirts mit Comic-Aufdrucken trug. Heute war es eins mit Iron Man – Nicht, dass ich mich sonderlich dafür interessierte, aber wenn man mit ihm befreundet war, lernte man so einiges. Sein braunes Haar war kurz geschoren und in seiner Hand hielt er ein geschlossenes Marmeladenglas mit dreckigem Wasser. Als er sich neben mich setzt, rümpfte ich angewidert meine Nase.

„Das sind Pantoffeltierchen", klärte er mich auf und klang dabei, als würde er mit einer Dreijährigen sprechen. „Ich züchte die und verkaufe die an die Siebtklässler. Todsichere Geldanlage!"

„Andere suchen sich ja einen Nebenjob",

kommentierte ich und wandte mich an den Fremden. Er war groß, hatte fettiges, schwarzes Haar und nickte Emma zur Begrüßung zu. Als er sie mit den Worten „Da ist ja das namenlose Mädchen!" ansprach, war ich vollends verwirrt.

„Oh, verdammt!", fluchte Emma lachend. „Ich bin Emma. Sorry, heute Morgen war echt nicht mein … Morgen!" Sie neigte ihren Kopf, um hinter ihn schauen zu können. „Wo hast du deine Brüder vergessen?"

„Liebevoll abgestellt", entgegnete der Neue. Und erst jetzt schien er mich zu bemerken. „Oh! Hi, ich bin Till." Höflich reichte er mir seine Hand.

Genau in dem Augenblick, als ich einschlagen wollte, flog ein Basketball dazwischen und prallte schmerzlich gegen mein rechtes Handgelenk. „Aua!", kreischte ich auf und duckte mich automatisch vor weiteren Angriffen.

„Alter, was soll der Scheiß?!", wetterte Justus drauf los.

Tommy und Moritz kamen zu uns gelaufen. Obwohl sie nicht lange gespielt hatten, zeichneten sich deutliche Schweißflecken unter Moritz' Achseln und sein braunes Haar kam mir eine Nuance dunkler vor als sonst.

„Ja, sorry", hörte ich, wie sich Tommy halbherzig entschuldigte – es waren die ersten Worte, die ich überhaupt seit Wochen von ihm hörte.

Ich schaute zu ihm auf, hielt mir noch immer die schmerzende Stelle am Handgelenk. Unsere Blicke trafen sich.

Für den Bruchteil einer Sekunde waren wir nicht mehr hier, nicht mehr Tommy und Carmen; wir waren in einer stickigen Kneipe, lauschten den rockigen Klängen der Band, wippten im Takt der Musik …

Er war es, der zuerst wegschaute. An Justus gewandt sagte er noch einmal, wie sehr es ihm leid tat.

Die Tatsache, dass er den Blickkontakt unterbrochen hatte, schmerzte mehr, als meine Hand.

War es nicht absurd, wie sehr ein Herz wehtun konnte, ohne sichtlich verletzt zu sein?

Ich dachte, das Thema wäre durch.

Ich dachte, die Jungs würden einfach ihren Basketball nehmen und wieder abhauen; schnellstmöglich so tun, als hätte es diese Kollision unserer Welten nie gegeben.

Doch in dem Moment, als Tommy den Ball nahm und sich wegdrehte, riss Justus seine Arme hoch und schubste ihn.

Emma neben mir schnappte nach Luft. Joshua sprang auf die Beine und eilte zu seinem Kumpel, während Till mit großen Augen beobachtete. Und ich?

Ich saß einfach nur da, stocksteif und mit offenem Mund.

„Das muss ein für alle mal ein Ende haben!", schrie Justus und sein Gesicht wurde ganz rot vor Zorn.

„Ich habe keine Lust mehr, mich von euch herumschubsen zu lassen!"

Tommy fing sich wieder. Durch den plötzlichen

Schwung hatte er den Ball wieder fallengelassen. Ich sah ihm dabei zu, wie er ins Gebüsch rollte.

Es gab nicht vieles, was Tommy in Rage versetzen konnte. Im Grunde genommen war er der gelassenste Mensch, dem ich je begegnet war. Als ihm einmal ein Fremder ein Bier über sein T-Shirt verschüttet hatte, hatte er noch nicht einmal mit der Wimper gezuckt.

Doch hier, in aller Öffentlichkeit, von Justus Jäger geschubst worden zu sein, versetzte ihn nicht nur in Rage – es machte ihn fuchsteufelswild.

Seine honigblonden Locken flogen durch die Luft, als er sich mit einem Hechtsprung auf Justus stürzte und ihn zu Boden riss.

Inzwischen hatte die Rangelei ihr erstes Publikum angezogen. Noch immer konnte ich nichts sagen oder tun.

„Hört auf!", schrie Emma neben mir, doch keiner machte Anstalten, auf sie zu hören. Die beiden Jungen kämpften miteinander. Ich konnte die dumpfen Aufschläge von Fäusten hören, Stöhnen, wüste Beschimpfungen.

Innerhalb kurzer Zeit hatte sich um uns eine Menschentraube gesammelt. Die meisten feuerten Tommy an. Natürlich.

Niemand stand hinter Justus, abgesehen von uns, wobei ich mir nicht sicher war, ob ich tatsächlich ein Teil dieses „uns" war.

Der Kampf fand ein jähes Ende, als die Aufsichtslehrerin Frau Petit dazustieß. „Das darf doch niescht wahr sein!", bellte sie mit ihrem französischen Akzent. „An unserer Schule wierd ein solches Veralten niescht geduldet! Sofort auseinander!"

Es brauchte noch weitere Überredungsarbeit, ehe die Jungs endlich voneinander abließen. Justus war mit einem blauen Auge und einer aufgeplatzten Lippe davon gekommen, doch Tommy blutete stark aus der Nase. Unwillkürlich zog ich ein frisches Taschentuch aus meiner Hosentasche und ging zu ihm, als wäre es selbstverständlich. Er saß noch auf dem Boden, also ging ich neben ihm in die Hocke. „Hier", murmelte ich und reichte ihm das Taschentuch.

Er schaute auf. Es war, als richteten sich seine klaren, blauen Augen direkt auf meine Seele. Und da konnte ich es erkennen; für den Bruchteil einer Sekunde konnte ich dieses *Etwas* sehen, was meine Hoffnungen wieder steigen ließ.

„Danke", sagte er und klang dabei, als hätte er einen Schnupfen. Als er nach dem Taschentuch griff, berührten sich unsere Fingerspitzen, und es war, als würden tausend Blitze durch meine Glieder jagen.

„Tommy!", hörte ich plötzlich eine mir sehr vertraute Mädchenstimme schreien. Noch ehe Jenna bei uns ankam, stand ich wieder auf und entfernte mich eilig ein paar Schritte von ihm. Als Jenna kurz darauf auftauchte und mit den Knien zuerst neben ihm auf den Boden fiel, wandte ich mich der Bank zu, auf der ich meine Freunde vermutete.

Doch sie waren weg.

Ich ließ meinen Blick über die Schaulustigen hinweg

gleiten, und konnte gerade noch Emma sehen, die Till dabei half, Justus durch die Tür zu bugsieren. Als hätte es ein Stichwort gegeben, warf sie genau in diesem Moment einen Blick zurück – und schaffte es, alleine mit ihren Augen zu sagen, wie sehr sie mich in diesem winzig kurzen Augenblick verabscheute.

Und sie hatte Recht damit.

Ich war zum Feind gegangen, als ein Freund mich gebraucht hätte.

Isabel

„Schaut euch bloß mal meine Knie an!", jammerte Jenna, während wir alle zusammen aus der Schule marschierten, Richtung Bushaltestelle. Der erste Schultag nach den Ferien hatte endlich ein Ende genommen. „Die sind ganz aufgeschürft!"

„Du hast dich ja auch echt rührend um Tommy gekümmert!", bestätigte Gina, die so was wie Jennas beste Freundin war. Vorausgesetzt man kann von bester Freundin sprechen, wenn sie einem nur das sagte, was man hören wollte.

„Übertreib nicht so", meinte Moritz stattdessen. „Du hättest dich ja nicht so auf den Boden fallenlassen müssen."

„So etwas tut man aber, wenn man jemanden liebt!", zischte Jenna zur Antwort. „Man gibt Opfer!"

Als sie stehenblieb, nutzte ich die Gelegenheit und überholte sie, betrachtete im Vorbeigehen ihre Knie und kommentierte: „Keine Sorge, Jen, war kein großes Opfer. Es werden nicht einmal Narben übrig bleiben!"

Hinter ihr konnte ich Dante van Holland und Henrik Benecke laut über meinen Witz lachen hören. Mein Bruder, der zwischen seinen Freunden schlenderte, verzog zumindest seine Lippen zu einem schiefen Grinsen.

„Du solltest dich freuen, dass ich für deinen Bruder da war", entgegnete Jenna auf ihre gewohnt überhebliche Art.

Ich rollte mit den Augen. „Mal ehrlich, selbst wenn nicht, wäre er schon nicht verblutet. Er hätte sich auch einfach nicht mit dem Honk anlegen müssen."

„Willst du etwa damit sagen, Tommy ist selbst Schuld?"

Ihre Stimme hatte einen bedrohlichen Unterton. Wenn ich nicht gewusst hätte, dass sie die selbst ernannte Königin unserer Schule war, hätte ich sie glatt für eine böse Hexe gehalten.

Andererseits … In Schneewittchen wird die böse Hexe doch auch Königin, oder?

„Ich glaube, was Isabel meint, ist, dass ihr Bruder sich nicht gleich hätte prügeln müssen", kam mir Fabienne zu Hilfe. „Der Klügere gibt nach und so."

Jenna setzte sich wieder in Bewegung und mit ihr auch die anderen. Genau in diesem Augenblick traten Emma, Carmen und Justus aus dem Gebäude und lachten so laut, dass die Jungs sie natürlich bemerken mussten.

Und wieder blieben wir stehen.

„Schaut mal, wer da ist!", rief Henrik und trat einen Schritt vor, als Justus vorbei gehen wollte. „Unser kleiner Held!" Er spuckte sein Kaugummi genau vor Justus' Füße. Dieser hielt einen Moment inne, starrte zuerst das Kaugummi an, dann Henrik. Was in ihm vorging, vermochte ich nicht zu sagen. „Komm weiter", hörte ich Emma sagen, doch es war kein Flehen, nicht einmal eine Bitte; es hörte sich an wie eine Warnung. Ich warf Tommy einen Blick zu, doch er beachtete mich nicht. Ich konnte ganz genau sehen wie er Carmen beobachtete, die mit gesenktem Kopf an uns vorbeihuschte, als könnte sie sich unsichtbar machen.

„Genau, verzieht euch!", schrie Moritz dem Trio hinterher. „Euch will man hier echt nicht mehr sehen! Keinen von euch!"

Der Rest des Heimweges verlief unkompliziert. Wir stiegen gemeinsam in den 323er Bus Richtung Hafenstadt (Ost) und beschlagnahmten die hinteren Sitzreihen. Der Bus fuhr vom städtischen Gymnasium zum Rathaus, durch die Innenstadt zum Fliederpark, wo Gina bereits ausstieg um sich mit ihrem Vater zu treffen, und weiter durch die Gegend. Hier waren die Häuser nobel, zumeist freistehend, die Gärten gepflegt und groß. Auf den meisten Grundstücken gab es eine Garage, vereinzelt sogar zwei. Hier, in der Nähe der Victor-Hugo-Privatschule, verabschiedeten Tommy und ich uns von dem Rest und stiegen aus.

Sie würden weiter in die sogenannte Hafenstadt fahren; dem Teil von Neustadt-Hausen, der nur den wirklich verdammt Reichen zustand. Mein Vater hatte früher oft gewitzelt, die Hafenstadt wäre Deutschlands L.A.

Früher, als er noch mit meiner Mutter verheiratet gewesen war.

Während der Scheidung war Tommy mein Fels in der Brandung. Es war ein regelrechter Rosenkrieg zwischen unseren Eltern entbrannt und wir waren immer wieder zwischen die Fronten geraten. Als unser Vater dann direkt nach der durchgezogenen Trennung seine neue Freundin vorstellte, war ich ausgerastet – Und Tommy hatte mich wieder beruhigt. Er war der einzige Mensch auf diesem verfluchten Planeten, der es schaffte, eine verdammt wütende 14-Jährige wieder zu beruhigen.

Mit diesen Voraussetzungen könnte er auch bei einem Stierkampf gewinnen.

Wir hatten uns immer schon gut verstanden, aber seitdem waren wir nicht nur Geschwister, sondern auch Verbündete.

Und ihn so schweigend wie jetzt zu erleben, kam wirklich nicht oft vor.

Er war ein Redner. Ein Macher. Und eigentlich hatte ich bis heute auch gedacht, er wäre keiner, der sich einfach prügelt.

„Schaut euch bloß meine Knie an!", äffte ich Jenna nach, um die Stille zu durchbrechen. *„Meine Knie*

sind ganz aufgeschürft!"

Jetzt, wo sie nicht mehr in Reichweite war, gluckste er leise.

Die einen würden die Tatsache, dass er über seine Freundin lachte, abscheulich finden, aber ich kannte ihn; alleine *weil* er mit Jenna de Mâr zusammen war, zweifelte ich an seinem Verstand.

Im Gehen stupste ich ihn sanft mit der Schulter an.

„Erklärst du mir jetzt, was heute los was?"

„Da war nichts los", entgegnete er mit einer wegwerfenden Handbewegung.

„Du hast dich geschlagen", erinnerte ich ihn nicht gewillt, dieses Thema so schnell wieder fallen zu lassen. Wären wir Polizisten, dann wäre er der gute Cop und ich der Böse. „Und auch wenn ich der Ratte Justus – oder hieß er Julius? - die aufgeplatzte Lippe gönne, glaube ich dir nicht, wenn du sagst, dass es seine Schuld war. Zumal Carmen -"

„Wir reden nicht über sie", unterbrach er mich knurrend. Augenblicklich verdüsterte sich seine Miene und er beschleunigte seinen Schritt, um von mir weg zu kommen.

So einfach machte ich es ihm natürlich nicht.

In den Wochen vor den Sommerferien war mir aufgefallen, wie Carmen ihn ansah. Und wie er manchmal den Bruchteil einer Sekunde zu lange im Türrahmen stand, wenn er mich beim Klassenraum abholte, und einen Blick hinein warf.

Irgendetwas war zwischen den Beiden, dass konnte ich fühlen; ich hatte nur nie aus ihm herausgekriegt, was.

Und dann, am letzten Schultag vor den Sommerferien, die große Überraschung: Mein Bruder war offiziell mit Jenna zusammen.

Ich hatte geglaubt, was auch immer zwischen ihm und Carmen war, wäre vorbei, aber wenn er sich vor ihr auf dem Pausenhof prügelte, hatte ich mich vielleicht geirrt. Man konnte nur mitkriegen, dass etwas vorbei war, wenn man wusste, dass es überhaupt einmal begonnen hatte, nicht wahr?

„Warum nicht?", hakte ich nach und schloss mühelos zu ihm auf. Wir waren beide athletisch gebaut und sportlich veranlagt – er spielte Basketball in der Schulmannschaft, ich Volleyball. „Vor den Ferien hab ich sie dabei erwischt, wie sie eure Initialen in ihren Block kritzelte und ein Herz darum malte." Das war eine Lüge, aber der Zweck heiligte bekanntlich die Mittel. „Warum auch immer verknallte Mädchen Herzchen malen müssen. Das Ding sieht aus wie ein Arsch mit spitzer Nase! Aber darum geht es hier nicht. Hast du dich ihretwegen geprügelt?"

Ruckartig blieb er stehen, griff dabei nach meinem Oberarm und zog mich schmerzvoll zurück. „Aua!", schrie ich auf und riss mich wieder los, blieb aber stehen.

Er sah mich auf eine Art an, die ich noch nie an meinem Bruder bemerkt hatte; irgendwie unheilvoll und wütend, vielleicht sogar voller Hass … Ich konnte es nicht benennen, aber es jagte mir einen eiskalten Schauer über den Rücken.

„Halte Carmen da raus, verstanden?"

In seiner Stimme lag etwas Bedrohliches.

Mechanisch nickte ich bloß.

„Gut. Und jetzt geh nach Hause. Ich muss noch wohin."

Wenn ich zu den neugierigen Schwestern gehören würde, hätte ich nachgehakt. Ich hätte ihn solange genervt, bis er mir verraten hätte, wo er noch hin wollte.

Aber ich war noch nie eine von diesen Schwestern gewesen. Außerdem war nichts daran seltsam. Tommy war beliebt; er ging öfters nach der Schule noch zu seinen Kumpels.

Also hörte ich mich bloß „Okay" sagen, nickte ihm zum Abschied zu und ging dann alleine nach Hause.

Der Tag verlief wie immer. Ich kam nach Hause und fand das Telefon neben einer Lieferkarte vor, daneben genug Kleingeld. Heute würde es also Pizza geben. Ich bestellte und machte es mir dann im Wohnzimmer gemütlich, wo alles in warmen, erdigen Tönen gehalten war, und schaute irgendeine Gerichtssendung. Nach dem Essen trottete ich hoch in mein Zimmer, legte mich auf mein Doppelbett und las einen Krimi weiter. Obwohl mein Bruder und ich eine Etage für uns hatten, liefen wir uns überraschend selten über den Weg, weshalb ich ihn nicht einmal vermisste. Noch nicht einmal an ihn dachte.

Als unsere Mutter Melissa später nach Hause kam

und das Abendessen vorbereitete – Brot – machte ich mir auch keine Sorgen. Ich erklärte ihr, Tommy wäre nach der Schule noch zu einem Freund gefahren, und diese Information reichte ihr aus. Sie erkundigte sich nach meinem Schultag – *War okay* – wollte wissen, ob sich mein Vater bei mir gemeldet hatte – *Nein* – und was ich am Wochenende vorhatte – *Stand noch nicht fest, vermutlich ein DVD-Abend mit den Mädels.*

Das war auch schon das Abendessen gewesen und ich verzog mich wieder hoch auf mein Zimmer, wo ich die restliche Zeit am Computer hockte, chattete und lustige Katzenvideos anschaute.

Erst, als ich mich gegen 22:30 Uhr bettfertig machte und Tommy noch immer nicht zu Hause war, dachte ich darüber nach, mir Sorgen zu machen. Ich schrieb ihm eine SMS, wo er denn bliebe, legte mich allerdings schon ins Bett und kuschelte mich unter meine Decke.

Ich war so schnell eingeschlafen, dass ich seine ausbleibende Antwort erst bemerkte, als ich am nächsten Morgen von meinem Wecker geweckt wurde.

Kapitel Zwei

Fabienne

Um 5 Uhr morgens klingelte mein Wecker. Ohne zu murren schlug ich meine Bettdecke zurück und krabbelte aus meinem Himmelbett. Ich schlüpfte in meine rosa Kuschelsocken, die ich immer am unteren Bettrand deponierte, und ging dann durch meinen begehbaren Kleiderschrank in ein angrenzendes Bad. Da ich keine lästigen Geschwister hatte, musste ich es mir mit niemandem teilen.

Ich duschte ausgiebig, trocknete mich ab – allerdings nicht die Haare, die wickelte ich in ein kleines Handtuch ein - und rieb mich danach mit Bodylotion ein. Anschließend putzte ich mir die Zähne und schminkte mich. Dunkelblauer Lidschatten – hellblauer wirkte nuttig und sah nach Hauptschule aus – und schwarze Wimperntusche. Auf einen Lidstrich verzichtete ich jedes mal, ich kriegte ihn einfach nie so hin wie Isabel.

Erst dann wickelte ich meine Haare aus dem weißen Handtuch, kämmte sie, föhnte und bearbeitete sie anschließend noch mit meinem Glätteisen, damit sie auch *wirklich* glatt und seidig waren. Während ich darauf gewartet hatte, dass mein Glätteisen warm wurde, hatte ich mir schon mal frische Unterwäsche angezogen.

So stand ich nun vor dem Ganzkörperspiegel in meinem begehbaren Schrank und betrachtete das Zwischenergebnis. Eine Strähne im Nackenbereich war noch nicht ganz glatt … Postwendend huschte ich zurück ins Bad und versuchte, mit der Restwärme die Welle auszumerzen. Erst als es mir gelang, konnte ich mich zufrieden mit meiner Kleiderwahl befassen.

Isabel würde diese Prozedur vermutlich abfällig als Manie betiteln, ohne wirklich zu wissen, was das ist. Sie verstand mich nicht.

Ich musste perfekt sein. Wer mit Jenna befreundet bleiben wollte, musste die Mittellinie finden – man durfte neben ihr nicht mehr glänzen als sie, aber auch nicht aussehen wie ein niemand. Es war ein Drahtseilakt, an den ich mich gewöhnt hatte.

Mit etwas, dass weniger als perfekt war, gab ich mich längst nicht mehr zufrieden.

Ich entschied mich für eine dunkelblaue Bluse die am unteren Saum einen Gummizug hatte, um gewollt am Körper zu „wehen", und einen dazu passenden blau-rot karierten Taillenrock, der im Gegensatz zur Bluse eng anlag. Eine Perlonstrumpfhose für den richtigen Schimmer an den Beinen und schwarze Ballerinas. Um meine Schuhwahl noch abzurunden, machte ich mir noch einen schwarzen Haarreif mit einer Schleife an der linken Seite, wo auch mein Scheitel war, ins Haar. Zum Abschluss trug ich noch einen golden schimmernden Lipgloss auf.

Perfekt.

Erst jetzt ging ich auf den breiten, mit glänzenden Holzdielen ausgelegten Flur hinaus und zur steinernen Wendeltreppe, die in einem Halbbogen hinunter zur Eingangshalle führte. Hier stapelten sich inzwischen zwei silberne Koffer – ein großer und ein kleiner fürs Handgepäck.

Ich warf einen schnellen Blick auf mein Handy.

6:45 Uhr. In einer Viertelstunde würde Jenna hier klingeln, um mit mir gemeinsam zum Bus zu laufen. Um Punkt 8 Uhr würde die erste Stunde beginnen. Es war nicht so, dass unser Schulweg eine ganze Stunde dauern würde. Jenna war nur einfach gerne eine der Ersten, die das Gebäude betrat.

Und von mir erwartete sie, sie zu begleiten. Mir blieb nicht mehr viel Zeit.

Während ich unschlüssig in der Eingangshalle stand und die Skulptur einer halbnackten Frau aus weißem Marmor ansah, als könnte sie mir sagen, wo mein Vater sich gerade befand, ging plötzlich die Tür zur Bibliothek auf und er trat heraus. Gerade rechtzeitig konnte ich noch ein Seufzen unterdrücken.

Ich war in Albi geboren, einer französischen Stadt der Region Midi-Pyrénées. Dort lebte auch noch der Großteil meiner Familie. Als ich 5 Jahre jung war, beschlossen meine Eltern nach Deutschland auszuwandern, wo mein Vater in einer Bank in Hamburg einen Job fand. Meine Familie war schon immer wohlhabend gewesen. Meine Mutter ging noch nicht einmal arbeiten, doch als Hausfrau konnte man sie auch nicht bezeichnen; wir hatten eine Putzfrau, einen Koch und eine Haushälterin.

In dem Sommer vor 9 Jahren, als wir nach Neustadt-Hausen gezogen waren, hatte ich noch keine Freunde. Ich hatte mich mit neuen Bekanntschaften schwergetan, was zwar größtenteils an meinen mangelnden Deutschkenntnissen lag, aber auch daran, dass ich einfach schüchtern war. Während meine Mutter mit Dingen beschäftigt war, die ich heute nicht mehr nachvollziehen konnte, hatte mein Vater an einem Nachmittag mit mir Verstecken gespielt. Doch unser Haus war groß und ich so klein, dass er mich nicht finden konnte und die Suche irgendwann aufgegeben hatte.

Vergeblich hatte ich Stunde um Stunde in meinem Versteck ausgeharrt, bis ich ganz dringend auf Toilette gemusst hatte.

Unser Haus war ein Labyrinth aus Stein und was auch immer sonst ein Gebäude zusammenhielt. Meinen Vater an diesem Morgen quasi von selbst zu finden, grenzte an ein Wunder.

Er trug einen grauen Anzug, darunter ein dunkelblaues Hemd und eine graue Krawatte. Als er mich erblickte, hellten sich seine müden Gesichtszüge auf. „Fabienne! Bonjour princesse!" Sicheren Ganges kam er auf mich zu und drückte mir einen Kuss auf die Stirn.

„Bonjour, Papa!", antwortete ich und schenkte ihm ein Lächeln. „Wann musst du los?"

Ein Schmunzeln huschte über seine dünnen Lippen. „Lass das bloß nicht deine Mutter hören, du weißt, wie sehr sie darauf erpicht ist, zumindest in unseren eigenen vier Wänden französisch zu sprechen." Ich nickte, doch als ich meine Frage ein weiteres mal stellen wollte – dieses mal in französisch – schüttelte er lachend seinen Kopf, als hätte er meine Gedanken gelesen. „Ein Taxi wird jeden Augenblick kommen und mich zum Flughafen in Frankfurt bringen."

„Und wann bist du wieder hier?"

„In zwei Wochen, schätze ich."

„Was wollt ihr denn besprechen?"

Zur Antwort lachte er und drückte mir einen weiteren Kuss auf die Stirn. „Mon petit princesse, das braucht dich nun wirklich nicht zu interessieren. Ich möchte dein hübsches Köpfchen doch nicht mit meinem Business-Zeug erschweren."

„Jean-Baptiste Roux!", hallte plötzlich die laute Stimme meiner Mutter durch den Eingangsbereich und ich zuckte erschrocken zusammen. Mein Vater allerdings blieb cool und wandte sich mit einem gönnerhaften Grinsen in die Richtung, aus der meine Mutter getönt hatte.

Kurz darauf erschien sie unter dem Torbogen, der die Eingangshalle von einem u-förmigen Flur trennte, der zu den restlichen Räumlichkeiten des Erdgeschosses führte.

Ich konnte ihrem steinernen Gesichtsausdruck ablesen, dass sie ihn gleich wegen irgendetwas anschnauzen würde, doch noch bevor sie loslegen konnte, klingelte es an der Haustür. „Das wird Jenna sein!", sagte ich und machte schnell auf dem Absatz kehrt. Während unser Hausmädchen Zazie die Tür öffnete, huschte ich in unsere Garderobe und warf mir einen dünnen, schwarzen Mantel über. Als ich hinaustrat, wartete Jenna in der Eingangshalle auf mich und hielt mir meine Schultasche entgegen, die sie von Zazie haben musste. „Danke", murmelte ich, schulterte meine Tasche auf und scheuchte sie aus dem Haus, bevor sie noch die schrillen Worte meiner Mutter hören könnte, die ganz sicher spätestens jetzt durchs Haus hallten.

Während wir nebeneinander über die Einfahrt liefen, sagte keine von uns ein Wort. Insgeheim bewunderte ich Jenna für ihr selbstsicheres Auftreten. Sie schien Unsicherheit nicht einmal buchstabieren zu können.

Sie trug heute ein blutrotes Kleid mit wallendem Rock, der vorne ein wenig kürzer war als hinten und ein Haarband und hohe Schuhe in demselben Rotton. Wenn ich es nicht besser gewusst hätte, hätte ich sie für eine Kollegin meines Vaters gehalten und nicht für meine Schulkameradin, die in knapp drei Wochen 15 Jahre alt werden würde.

„Hat Isabel dich auch schon terrorisiert?", brach sie schließlich das Schweigen, als wir an der Straße ankamen.

Ich schüttelte meinen Kopf. „Nein, was ist denn los?"

„Ach, was weiß denn ich, sie übertreibt ein wenig, weil Tommy angeblich letzte Nacht nicht nach Hause gekommen sein soll. Ich meine, was soll das? Der Junge wird nächstes Jahr 16! Sie soll sich nicht so anstellen.“

Ich war ein wenig überrascht über ihre harschen Worte, ließ es mir aber so gut es ging nicht anmerken. „Mich hat sie nicht angerufen“, sagte ich, weil ich das Gefühl hatte *irgendetwas* zu dieser Unterhaltung beitragen zu müssen.

„Warum sollte sie auch“, entgegnete Jenna verächtlich. „Du hast doch außerhalb der Schule nichts mit – Hey!“

Gerade noch rechtzeitig wich sie einem skrupellosem Fahrradfahrer aus, der sie sonst gnadenlos umgefahren hätte. Als er ihren Schrei hörte, ging er scharf in die Bremsen, blieb stehen und schaute über seine Schulter hinweg zu uns.

Und da fiel es mir wie Schuppen von den Augen.

Ich kannte ihn. Jeder kannte dieses braune Haar, welches immer gekonnt in alle Richtungen stand, und die dazugehörigen, sturmblauen Augen, die uns nun neckisch von oben bis unten musterten.

„Alles noch dran?“, fragte er, wobei man ihm deutlich anhörte, wie egal es ihm war. Doch anders, als die Meisten, die uns zusammen sahen, schien er kaum Notiz von Jenna zu nehmen. Sein Blick ruhte für den Bruchteil einer Sekunde zu lange auf *mir*.

„Fahr einfach weiter, du Trottel!“, wetterte meine Freundin drauf los.

Das ließ er sich nicht zweimal sagen, stieg wieder auf sein Rad und fuhr weiter. Es kam mir so vor, als könnte er es gar nicht erwarten, von uns weg zu kommen.

„Nur weil er der Sohn des Grafen ist, muss er ja nicht glauben, dass ihm die Welt gehört!", brummte Jenna vor sich her.

Ich nickte bloß.

Seit ich denken kann, waren unsere beider Familien hochgradig gegen alles, was mit der Grafenfamilie zu tun hatte. Alle anderen Bewohner in Neustadt-Hausen fanden ihren Adelsherren und seine Familie so toll wie Großbritannien seine Queen. In Touristenshops wurden sogar Shirts mit dem Wappen der Familie verkauft und ich bin mir ziemlich sicher, auf Isabels Schreibtisch mal einen Becher mit einem Foto der Grafenfamilie gesehen zu haben.

Aber jedes Mal, wenn ich Percival von Neustadt-Hausen begegnete, sah er für mich aus, wie jeder andere Junge auch.

Er war nichts Besonderes.

Vermutlich stimmte es bloß, dass man immer zu dem gemacht wurde, was andere Leute in einem sehen wollten.

Carmen

Sie war schon da gewesen, als ich am Morgen in die Küche gewankt kam, was bedeutete, dass mein Vater in der Nacht zu einem Tatort gerufen worden war. Das war ihr Deal gewesen, als sie sich voneinander getrennt hatten. Meine Mutter wollte nicht, dass ich mitten in der Nacht alleine gelassen wurde, also rief mein Vater jedes Mal an und sie kam vorbei, setzte sich in die Küche, trank einen Tee oder Kaffee und blätterte in alten Magazinen herum, die hier überall noch aus der Zeit lagen, in der sie mit dem erfolgreichsten Kommissaren in Neustadt-Hausen verheiratet gewesen war.

5 Jahre ist das schon her, vielleicht sogar länger. Meine Mutter hatte sich danach die Wohnung direkt nebenan besorgt, um in meiner Nähe zu sein. Es klang nicht annähernd so seltsam wie es tatsächlich war.

Als ich an diesem Morgen die Küche betrat, war sie vom Stuhl aufgesprungen und zu mir gerannt, hatte mir mein schwarzes Haar aus dem Gesicht gestrichen, mir eine Hand auf die Stirn gelegt und gesagt: „Wie geht es dir, mein Spätzchen? Du siehst ganz elend aus."

Und obwohl es mir eigentlich ganz gut ging, hatte ich die Gelegenheit genutzt und mich krank gestellt. Dies bedeutete zwar, dass ich meine Mutter nicht mehr los werden würde, aber ich musste auch nicht in die Schule und dabei zusehen, wie Tommy Jennas Hand hielt. Oder noch Schlimmeres … Zum Beispiel, wie er sie küsste.

Schon bei der Vorstellung zog sich in mir alles zusammen.

Meine Mutter kochte mir noch einen Kamillentee und gab mir Zwieback zum Frühstück, ehe ich mich wieder in mein Zimmer verzog und mich unter meiner Bettdecke versteckte.

Jeder brauchte mal einen Tag für sich, an dem er die grausame Realität außerhalb seines Bettes lassen konnte.

Ich hatte gerade zu Mittag gegessen, als es an der Tür klingelte und Emma vorbeikam.

„Hallo Emmy!", begrüßte meine Mutter sie überschwänglich mit einem Küsschen links und einem rechts. „Wie geht es dir? Ach, ich hab dich ja so lange nicht mehr gesehen! Gut siehst du aus!" Sie trat ein wenig zur Seite, damit Emma sich zu mir an den Esstisch setzen konnte.

Hastig ließ ich mein Haar vorfallen und versuchte, besonders elend auszusehen. Mit zusammengekniffenen Augen musterte meine beste Freundin mich, schien allerdings von meiner Krankheit überzeugt zu werden und fragte besorgt „Wie geht es dir?"

Ich zuckte mit den Schultern. „Okay. Wie war Schule?"

„So wie Schule eben ist." Jetzt war sie es, die mit den Schultern zuckte. „Wobei … Ähm, ich weiß nicht genau, ob ..."

Ich kannte diesen Blick. Sie war ein ehrlicher und herzensguter Mensch, und wenn sie einen partout nicht ansehen wollte, bedeutete das nie etwas Gutes. Sie hasste es, Menschen zu verletzen – Was sie häufiger tat, weil sie zu selten nachdachte, bevor sie sprach. Und in den seltenen Fällen, wenn sie es doch tat, waren es immer schlechte Neuigkeiten gewesen.

„Oh, ich lasse euch Mädels mal alleine!", verkündete meine Mutter nun und warf mir einen verschwörerischen Blick zu. Mit der Annahme, es ginge vermutlich um Jungs, ließ meine Mutter uns alleine in der Küche.

„Emma, was ist los?", fragte ich, sobald ich das Quietschen unserer Wohnzimmertür zum zweiten Mal hörte.

Sie atmete tief ein und aus, ehe sie antwortete. „Es hat bestimmt nichts zu bedeuten, aber Isabel ist heute fast durchgedreht, weil Tommy letzte Nacht nicht nach Hause gekommen ist."

Sofort schrillten meine Alarmglocken. Letzte Nacht? Da war ich mit … Ich schüttelte schnell meinen Kopf, um die Erinnerung zu vertreiben. Außerdem durfte Emma mir nichts anmerken. Sie würde nur weitere Fragen stellen und es am Ende doch nicht verstehen.

Tommy sollte nicht nach Hause gekommen sein? Das klang allerdings ganz und gar nicht nach ihm.

Ich konnte Emma nicht davon erzählen, aber einmal, als es ziemlich spät bei einem Konzert wurde und Moritz vorgeschlagen hatte, bei einem Kumpel der Band zu übernachten, hatte Tommy abgelehnt mit der Begründung, er müsse nach Hause. Er könnte nicht zulassen, dass etwas Unwiderrufliches in seiner Abwesenheit geschah. Das konnte ich Emma auch nicht erzählen. Sie wusste nichts von dem Konzert und auch nicht, dass ich dort mit Tommy und Moritz gewesen war.

Die meiste Zeit machte Tommy sich Sorgen um Isabel, aber auch davon konnte ich ihr nichts erzählen.

Es gab Dinge, die sie besser nicht wusste.

„Du hast Recht", hörte ich mich wie von einem anderen Planeten aus sagen. „Das hat sicher nichts zu bedeuten."

Und wenn doch? Er hatte sich in den letzten Wochen mehr als seltsam verhalten. Andererseits war ich wohl auch nicht in der Position, dass beurteilen zu können.

Meine Mutter kam aus der Küche und stellte einen Teller mit Keksen zwischen uns. So viel Zeit gab sie uns also, um über Jungs zu reden – 5 Minuten.

„Also Emma, was gibt es denn so Neues?", fragte sie, obwohl ihre Fragen von vorhin noch gar nicht beantwortet waren. Zu meinem größten Bedauern zog sie einen Stuhl zurück, setzte sich zu uns an den Tisch und sah Emma auffordernd an.

Diese griff wie selbstverständlich erst mal nach einem Keks und biss ab. Jeder, der Emma Gold auch nur halbwegs kannte, fragte sich, wie sie bei den Mengen Essen, die sie täglich in sich rein schaufelte, noch immer so schlank aussehen konnte.

„Ehrlich gesagt gibt es nichts Neues", antwortete Emma mit vollem Mund.

Doch so einfach ließ sich meine Mutter nicht abwimmeln. „Sind du und Justus endlich ein Paar?"

Prompt verschluckte sich meine beste Freundin und hustete. Fürsorglich streckte meine Mutter ihren

Arm nach ihr aus und klopfte ihren Rücken. „Kein Grund, rot zu werden", witzelte sie sogar noch.

„Mama, sie ist rot im Gesicht, weil sie gerade erstickt!", warf ich genervt ein.

„Ach quatsch!", hustete Emma dazwischen. „So leicht stirbt es sich doch nicht!" Sie hüstelte noch ein paar Mal, dann stellte sie klar: „Ich war nie, bin nicht und werde nie mit Justus zusammen sein!"

„Wir verlieben uns immer in die, bei denen wir es am wenigsten erwartet hätten", entgegnete meine Mutter mit einem wissenden Grinsen auf ihren Lippen.

Just in diesem Augenblick hörte ich, wie ein Schlüssel ins Schloss gesteckt wurde. Da man vom Esstisch aus einen guten Blick zur Haustür hatte, konnte ich meinen Vater dabei beobachten, wie er eintrat und ohne die Schuhe auszuziehen, hinein stapfte. Sein dunkelbraunes Haar war ungewaschen und tiefe Ringe zeichneten sich unter seinen Augen ab. Sein Drei-Tage-Bart unterstrich sein lumpiges Aussehen nur noch.

„Hi Dad!", begrüßte ich ihn eine Spur zu fröhlich für eine Kranke, doch man ließ es mir durchgehen. „Harter Fall?"

Nickend kam er zu uns geschlurft. „Die Leiche eines Jugendlichen wurde gefunden." Er rieb sich seine müden Augen. „Ich muss auch gleich wieder los, aber vorher brauche ich ganz dringend – Warum bist du noch da, Valencia?"

Meine Mutter warf ihm einen Blick zu, der nichts

Gutes verheißen ließ, und stand auf. „Stell dir vor, ich wollte gerade gehen." Mit diesen Worten schnappte sie sich ihre Tasche und rauschte an ihm vorbei. „Bis bald, Liebling! Ich rufe dich heute Abend an!", rief sie mir noch hinterher, ehe sie die Wohnung wie ein Tornado verließ.

Es war mir unbegreiflich, wie die Beiden sich einmal geliebt haben sollen.

Emma winkte meinem Vater zu. „Hallo, Herr Gonzales!"

„Immer noch Fabricio, aber es gibt wohl Dinge, die du nie lernen wirst", gab mein Vater zurück und konnte sich noch ein mattes Lächeln abringen. Dann sah er mich an. „Warum war deine Mutter hier?"

„Hab mich heute Morgen krank gefühlt, da ist sie gleich hiergeblieben."

Mein Vater machte sich einen Kaffee. Schon bald war das altbekannte Schlürfen der Maschine zu hören.

Emma beobachtete meinen Vater, wobei er ihr den Rücken zugekehrt hatte, und schüttelte sich. „Es ist echt gruselig wie oft in diesem Haushalt das Wort *Leiche* fällt."

Ich kicherte. Und während wir noch eine Weile zusammensaßen und Kekse naschten, fragte ich mich unwillkürlich wie es sein konnte, dass die Personen, mit denen ich am meisten Zeit verbrachte, mich am wenigsten kannten.

Isabel

Niemand in der Schule hatte etwas von Tommy gehört. All meine Versuche ihn anzurufen blieben unbeantwortet. Natürlich war es schon vorgekommen, dass er abends mit Freunden wegging oder auch über Nacht wegblieb, aber eben nie ohne Bescheid zu sagen.

Ich hatte mich nicht auf den Unterricht konzentrieren können. Die meiste Zeit saß ich bloß da und ließ vor meinem inneren Auge unser gestriges Gespräch Revue passieren, immer und immer wieder, in der Hoffnung, mich an *irgendetwas* zu erinnern, was mir sagen könnte, wo sich mein Bruder befand.

Noch nie hatte ich zu diesen Menschen gehört, die sofort an das Schlimmste dachten. Ich hasste es, mir Sorgen zu machen.

Aber irgendetwas passte einfach nicht ins Bild.

Ein Gefühl tief in mir, das ich nicht ganz fassen konnte, sagte mir ganz deutlich, dass etwas passiert war. Ich wollte es nicht wahr haben, wollte solange es noch ging, hoffen und so wie Jenna glauben, Tommy würde wieder auftauchen. Doch mit jeder Stunde, die verging, ohne von ihm gehört zu haben, formte sich ein Gedanke in meinem Kopf, den ich nicht auszusprechen wagte.

Ich wollte nicht länger darüber nachdenken müssen.

Sobald ich Zuhause ankam, schmiss ich meine Schultasche achtlos in eine Ecke, zog meine Sportklamotten an, band meine blonden Locken zu einem hohen Pferdeschwanz und ging joggen.

Wir waren beide sehr sportlich und athletisch gebaut, das hatten wir gemeinsam. Generell hielten uns viele für Zwillinge, was auch daran liegen konnte, dass wir nicht einmal 1 ganzes Jahr auseinander waren.

Ich genoss das Laufen. Die körperliche Betätigung lenkte mich ab.

Während ich durch den nördlichen Wald von Neustadt-Hausen lief, konnte ich vergessen, was mir Sorgen bereitete. Da war nur das Rauschen des Windes in meinen Ohren, der sanfte Luftzug um meine Nasenspitze herum, das leise Knirschen der Äste, wenn ich auf sie trat. Alles andere wurde unwichtig. Weder Passanten, noch das Vogelgezwitscher nahm ich wahr.

Für eine gute Stunde gab es nur mich, die Bewegung und den Weg vor mir.

Als ich verschwitzt, aber angenehm leer im Kopf in meine Straße bog, konnte ich den dunklen VW bereits vor unserem Haus parken sehen, bildete mir aber noch keinen Reim darauf. Erst, als ich in unserer Einfahrt den roten Mercedes meiner Mutter entdeckte, wurde ich wieder nervös. Normalerweise war sie um diese Uhrzeit noch im Büro.

Ich fiel in Schritttempo und ging schweren Atems weiter zur Haustür. Es gab immer einen Ersatzschlüssel unter einem Blumenkübel mit Margeriten, damit ich nicht mit unnötigem Ballast laufen gehen musste – Und weil ich alleine im letzten Schuljahr ungefähr 15 Mal meinen eigenen Schlüssel vergessen hatte.

Ich wollte gerade aufschließen, da hörte ich etwas zu Bruch gehen und hielt inne. Lauschte.

Da waren Männerstimmen, aber keine kam mir bekannt vor. Und ein Wimmern. Ein fürchterliches, herzzerreißendes Wimmern.

Schlagartig war die angenehme Leere vom Joggen verschwunden. Adrenalin pumpte durch meine Venen, ließ mein Herz höher und schneller schlagen. Irgendetwas verlief hier ganz und gar nicht nach Plan.

Mit einem mulmigen Gefühl in der Magengrube schloss ich auf und trat in den Hausflur ein. Die Tür zur Küche stand weit offen. Von dort drang eine tiefe Stimme zu mir, die bat: „Sie müssen sich beruhigen!"

So merkwürdig es auch sein mochte, als ich das hörte machte sich Erleichterung in mir breit. Einbrecher waren es schon mal nicht, die würden nicht höflich sein.

„Hallo?", rief ich laut und schloss die Tür. Ein Mann tauchte im Rahmen zur Tür auf. Er wirkte klein, aber breitschultrig, hatte kurzgeschorenes Haar und eine Brille saß auf seiner Nase. Da er noch Jacke und Turnschuhe trug, konnte er nicht vorhaben, länger zu bleiben. „Bist du Isabel?", fragte er ohne den Hauch einer Emotion.

Prompt stieg das Wimmern zu einem Heulen an. Unwillkürlich musste ich an ein Rudel wilder Wölfe denken.

„Frau Schneider, bitte -", hörte ich einen anderen, noch nicht sichtbaren Mann rufen, da tauchte meine Mutter auch schon auf. Sie schubste den Typen im Türrahmen zur Seite und kam auf mich zu gestolpert, legte ihre Hände auf meine Schultern und schüttelte mich. „Er ist tot!", kreischte sie wie eine Furie. „Die sagen, er ist tot!"

In meinem Krimi, den ich gestern gelesen hatte, gab es eine Szene, in der das Opfer eines Serienkillers seine Angst beschrieb. *Langsam kroch die Angst meine Wirbelsäule hoch …*

Mein Angst kroch nicht; sie nahm Anlauf und sprang auf mich, nahm explosionsartig Besitz von mir. Und dann schüttelte meine Mutter mich, immer weiter

„Hören Sie auf!", hörte ich den ersten Mann laut befehlen. Ruckartig zog er sie von mir weg. Ich taumelte einige Schritte zurück, bis ich mit dem Rücken die Garderobe erreichte. Alles um mich herum drehte sich.

Dort, wo der Mann eben noch gestanden hatte, war inzwischen ein Weiterer aufgetaucht; ein großer, muskulöser Kerl um die Vierzig, schätzte ich, mit dunkelbraunen, kinnlangen Locken. Er kam mir entfernt bekannt vor, aber ich konnte mich nicht mehr erinnern. Gesichter konnte ich mir genauso schlecht merken wie Namen.

„Geht es dir gut?", fragte er und streckte behutsam einen Arm nach mir aus.

Ich zuckte vor seiner Hand zurück, nickte aber. „Was

ist los?", fragte ich, wobei meine Stimme mehr wie ein undeutliches Krächzen klang. Der andere Mann hatte meine Mutter ins Wohnzimmer gezerrt, wo ich sie hysterisch schreien hörte.

„Ich bin Kommissar Gonzales", stellte sich der Andere, der noch bei mir war, vor. „Mein Kollege ist Kommissar Blume. Wir sind hier, weil wir heute Morgen deinen Bruder gefunden haben."

Ich schaute auf. Erst jetzt fiel mir auf, dass ich alles versucht hatte, um meinen Gegenüber nicht ansehen zu müssen. „Wo ist Tommy? Ist er betrunken?"

Das erschien mir irgendwie einleuchtend. Fünfzehnjährige Jungs probierten sich doch aus. Das war nichts Neues. Und Tommy bildete da sicher keine Ausnahme. Unwillkürlich musste ich an meinen Vater denken, der sicher fuchsteufelswild werden würde, wenn er davon erfuhr.

„Isabel, es tut mir sehr leid", sagte Kommissar Gonzales mit einem bedauernden Unterton.

„Mir auch", entgegnete ich mit einem verächtlichen Grunzen. „Wenn unser Vater ihn aus irgendeiner Zelle holen muss, dann -"

„Wir haben die Leiche deines Bruders gefunden. Tommy ist tot. Er hat sich selbst umgebracht."

„-wird unser Vater echt wütend", beendete ich meinen Satz, ohne auf die Worte des Kommissars einzugehen. „Wobei ihm das recht geschieht. Wer sich einfach davon stiehlt und sich nicht mehr meldet, der hat es verdient, von unserem Vater eins auf die Fresse zu kriegen ..."

Die letzten Worte gingen in bitterem Schluchzen unter. Ich war mir nicht sicher, an welcher Stelle ich angefangen hatte zu heulen; ich wusste nur, dass alles vor mir verschwamm und dicke Tränen aus meinen Augen rollten. Ich zitterte am ganzen Körper, während ich mich so tief in die Jacken drückte, wie ich konnte.

„Es tut mir leid, Isabel", sagte Kommissar Gonzales, doch ich konnte mir das nicht anhören. Ich zwang mich an ihm vorbei und lief nach draußen in unseren Vorgarten, wo Dahlien und gelber Sonnenhut um die Wette blühten.

Ich brauchte Luft. Ganz dringend Luft.

Doch obwohl ich atmete, wurde ich das Gefühl nicht los, allmählich zu ersticken.

Meine Mutter hatte einen Nervenzusammenbruch. Kommissar Blume hatte noch vor meinem Auftauchen einen Krankenwagen gerufen, der sie kurz nachdem ich in den Vorgarten gerannt war abgeholt hatte. Danach bat Kommissar Gonzales mich ein paar Sachen zu packen und brachte mich anschließend zu meinem Vater.

Georg Schneider war ein Geschäftsmann durch und durch. Wenn er nicht zur Arbeit und daher keinen Anzug tragen musste, zog er trotzdem immer Hemden an. Wenn er abends nach Hause kam, setzte er sich stets vor seinen Laptop und arbeitete noch ein Weilchen. Das Wort *Urlaub* kannte er nicht. Er hatte keine Hobbys; seine Arbeit war sein ganzes Leben.

Nach der Scheidung war er zu seiner neuen Freundin Ingrid gezogen, die in einer Drei-Zimmer-Wohnung im sogenannten Tierviertel lebte, westlich von Neustadt-Hausen. Ich hatte sie nur einmal getroffen, und das hatte mir gereicht, um zu wissen, dass ich sie hasste. Die Wohnung hatte ich noch nie gesehen.

Als Kommissar Gonzales mich zu ihnen brachte, staunte ich daher nicht schlecht, als uns ein Georg Schneider in Jogginghose und einem einfachen T-Shirt die Tür öffnete. Nur sein ordentlich zurück gekämmtes, grau-meliertes Haar erinnerte an den Geschäftsmann, den ich mein ganzes Leben lang gekannt hatte.

Er nickte dem Kommissar zu. „Geh schon mal ins Wohnzimmer", sagte er, nachdem er mich zur Begrüßung kurz an sich gedrückt hatte. Ich nickte und tat, was von mir verlangte. Während ich durch den Flur schlurfte, hörte ich die Männer leise miteinander reden. Wenn mein Vater erst jetzt davon erfuhr, trug er Tommys Tod mit überraschender Fassung.

Tommys Tod ... Kaum merklich schüttelte ich den Kopf.

Es kam mir völlig surreal vor. Unwirklich.

Obwohl ich mir sicher war, dass ein Kommissar über solche Dinge nicht lügen würde, wollte ich ihm nicht glauben. Ich konnte es nicht fassen.

Er hat sich selbst umgebracht.

Das waren die Worte des Kommissars gewesen. Erst jetzt wurde mir ihre Bedeutung bewusst.

Ich hielt inne. Mein Bruder, einer der beliebtesten Jungen der Schule, Schwarm diverser Mädchen, sollte Selbstmord begangen haben?

Unglaube machte sich in mir breit.

Kommissar Gonzales … *Gonzales* … Irgendwoher kannte ich den Namen.

Und da fiel es mir wie Schuppen von den Augen: Carmen! Der Kommissar musste Carmens Vater sein! Deswegen war er mir so bekannt vorgekommen.

Deswegen hielt er Tommys Tod für einen Selbstmord.

Weil seine eigene Tochter dahintersteckte!

Emma

Am Freitagmorgen stand ich extra eine halbe Stunde früher auf als sonst. Ich machte mich fertig, packte mein Frühstück ein und fuhr schon um kurz nach 7 los. Meine Eltern fragten nicht weiter nach. Nicht, weil es sie nicht interessieren würde, sondern weil es gestern Abend schon in den Lokalnachrichten gekommen war.

Tom Schneider hatte sich das Leben genommen.

Ich hatte zwar keine Ahnung, woher sie es gewusst hatte, doch Svea machte sich vor allem Sorgen um Carmen, die doch total in den Jungen verknallt gewesen war. Vermutlich hatten Mütter einfach eine Art sechsten Sinn für so was.

Auf jeden Fall fuhr ich an diesem Morgen noch vor der Schule zu Carmen und holte sie ab.

Sie sah nicht gut aus. Ihre Haut, normalerweise von einem dunklen Teint, war blass und wirkte irgendwie durchscheinend. Ihre Augen waren blutunterlaufen, als hätte sie tagelang nicht geschlafen. Sprechen tat sie auch kaum; das, was aus ihrem Mund kam, waren eher sinnloses Gemurmel.

Ich wusste nicht, wie ich ihr helfen sollte. Ich meine, natürlich war mir aufgefallen, wie sie ihn anschaute – angeschaut hatte. Aber sie hatte nie etwas gesagt, also hielt ich es für unwichtig.

Wie dumm ich doch gewesen war. Ich hätte wissen müssen, dass nur, weil jemand über etwas kein Wort verlor, es nicht gleich weniger wichtig war.

Bis zur Schule redeten wir kein Wort. Gerade als wir auf das Schulgelände fahren wollten, wurde Marie von unserem Vater gebracht. Als sie ausstieg, warf sie mir einen ihrer typisch giftigen Blicke zu.

Unter anderen Umständen hätte ich etwas zu ihr gesagt. Vielleicht sogar ein Bein gestellt. Aber an diesem Tag kam mir dieser nie enden wollende Streit mit meiner Schwester hochgradig lächerlich vor.

Ohne eine Reaktion zu zeigen, folgte ich Carmen zu den Fahrradständern und schloss mein Rad an.

Aus dem Augenwinkel heraus musterte ich sie.

Sie wirkte wie ein Roboter. Ihre Bewegungen waren bedacht, geradlinig, als hätte sie jede einzelne vorher genau abgewogen.

Dieses Mädchen, die gerade ihren roten Rucksack aus dem Korb nahm, sah zwar aus wie meine beste Freundin, wirkte aber mehr wie ein Zombie.

„Carmen", sprach ich ihren Namen, ohne genau zu wissen, was ich eigentlich sagen wollte. Ich hatte nur das Gefühl, *irgendetwas* sagen zu müssen.

Sie hielt inne, schaute mich allerdings nicht an. „Hm?"

„Ich – Kann ich etwas tun?"

Würde es dir helfen, darüber zu reden? Soll ich dir einen warmen Kakao besorgen? Möchtest du von meinem Frühstück etwas abhaben?

Wie albern doch meine Gedanken waren. Es war nur ... Ich war völlig überfordert mit der Situation.

Ihre Wimpern zuckten. Sah, wie sie für einen sekundenlangen Moment kurz davor stand, die Fassung zu verlieren. Doch da ballte sie ihre Hände zu Fäusten und sagte mit überraschend fester Stimme: „Nein."

Mehr nicht. Ich konnte ganz genau spüren, dass ihre Worte keinen Widerspruch duldeten. Sie schulterte ihren Rucksack auf und marschierte los, wartete nicht auf mich.

Ich nahm meine eigene Schultasche aus dem Korb und folgte ihr eilig. Für den Rest des Tages beschloss ich, sie nicht anzusprechen. Ich würde nicht von ihrer Seite weichen und so gut es ging für sie da sein, aber ich würde nichts sagen.

Vielleicht war Stille ja genau das, was sie jetzt brauchte.

Als wir die Schule betraten spürte ich sofort, dass irgendetwas anders war als sonst. Ich schob es auf Tommys Tod. Die Nachricht müsste sich wie ein

Laubfeuer in den letzten Stunden ausgebreitet haben. So war das doch immer, wenn den Reichen und Schönen etwas passierte – dann wusste es ganz schnell jeder. Wenn es jemand gewesen wäre, der für den Schulalltag unbedeutend gewesen wäre, hätte sich doch nichts verändert.

Mir wurde erst klar, dass ein großer Teil der Schülermenge uns anstarrte, als ich ein Mädchen aus der 8. Klasse dabei beobachtete, wie sie mir einen Blick zu warf, ihre Freundin anstieß, auf mich zeigte und irgendetwas sagte, was ich nicht verstehen konnte.

Ich schluckte. Am liebsten hätte ich laut geschrien, sie sollen aufhören uns anzustarren und lieber Tommys Tod breittreten, doch sobald ich diesen Gedanken zu Ende gedacht hatte, schämte ich mich auch schon dafür.

Laut der Nachrichten von gestern Abend hatte er sich selbst umgebracht. Das war nichts, was man einwerfen sollte, bloß um von sich selbst abzulenken.

Carmen beachtete die Blicke nicht, die uns zugeworfen wurden. Ungewohnt selbstsicher ging sie auf den Vertretungsplan zu, der hinter einer Vitrine hing.

Kurz bevor wir ihn erreichten, löste sich Justus aus der Menge, steuerte auf uns zu und baute sich vor uns auf. „Geht zur Klasse, es steht eh nichts für euch dran!" Er klang aufgeregt, vielleicht sogar eine Spur wütend. Ich versuchte, in seinem Gesicht zu lesen, was vorgefallen war, schaffte es allerdings nicht.

„Was ist los?", fragte ich deshalb stirnrunzelnd.

Er schüttelte den Kopf und deutete Richtung Trakt.

„Verschwindet einfach hier, bevor -"

„Sie soll es ruhig wissen!", ertönte da die gehässige Stimme von Isabel Schneider.

Justus hielt inne. Presste seine Lippen aufeinander. Dann murmelte er eine leise Entschuldigung und trat so zur Seite, dass er im Notfall vor mich springen könnte, ich aber Isabel sehen konnte, die vor dem Vertretungsplan stand, eine Hand in ihre Taille gestemmt, und hasserfüllten Blickes zu uns sah.

Halt, das stimmte nicht.

Sie sah nur Carmen an. Und alles an ihr wirkte plötzlich bedrohlich: Isabels Locken, die ihr ovales Gesicht einrahmten, ihre viel zu selbstbewusste Ausstrahlung für eine Vierzehnjährige, sogar ihre perfekt gezupften Augenbrauen. Von ihr ging eine Boshaftigkeit aus, die mich unwillkürlich nach Luft schnappen ließ.

Carmen schien sich nicht von ihr einschüchtern zu lassen. Es kam mir sogar so vor, als würde sie unter Isabels Hass noch wachsen.

Was zur Hölle ging hier eigentlich vor?!

„Dass du dich überhaupt her traust!", warf Isabel ihr vor; ihre Worte sprühten vor unberechenbarem Zorn.

Carmen befeuchtete mit der Zunge ihre Lippen, ehe sie monoton entgegnete: „Du bist doch auch hier."

„Ich habe Tommy auch nicht auf dem Gewissen!" Sie schrie. Aus dem blonden Goldkind war über Nacht ein Racheengel geworden.

Ich wusste nicht, was schlimmer war.

„Was?", entfuhr es mir. „Spinnst du jetzt völlig?"

Ich wollte auf sie zu gehen, doch unauffällig stellte sich Justus zwischen uns. „Es war *Selbstmord*!", fügte ich hinzu, wobei ich das letzte Wort eher hauchte.

Isabel grunzte verächtlich. „Das war kein Selbstmord!", keifte sie drauf los. „Jeder, der Tommy kennt, weiß, dass er so etwas niemals tun würde!"

„Gekannt hat", verbesserte Justus sie unerbittlich. Er machte eine Handbewegung, von der ich nicht ganz sagen konnte, ob sie abwehrend oder entschuldigend gemeint war. „Ehrlich Isabel, dein Verlust tut mir leid und so, aber du musst deswegen nicht Carmen beschuldigen. Sie hatte doch nichts mit Tommy zu tun."

Einen Moment lang glaubte ich, Isabel würde Einsicht zeigen, vielleicht sogar sich entschuldigen, und abdampfen. Doch da zogen sich ihre Mundwinkel zu einem kalten Grinsen hoch. „Ihr wisst es nicht?", fragte sie und ließ ihren Blick zurück zu Carmen wandern. „Du hast deinen dreckigen Freunden nichts davon erzählt?"

Ich schaute zu meiner besten Freundin. Wollte sichergehen, dass Isabel völligen Stuss redete. Doch da bemerkte ich ihre Hände. Sie hatte keine Regung gezeigt, sie wirkte sogar gelangweilt, doch bei Isabels letzten Worten hatte sie ihre Fäuste krampfhaft geballt, als müsste sie sich davon abhalten, zu schreien.

Was wusste Isabel, dass ich nicht wusste?

Gerade als ich nachfragen wollte, tauchte ein Lehrer auf. Ganz die Autoritätsperson, scheuchte er die Menge auseinander und schickte uns alle in unsere Klassenräume. Carmen beeilte sich zu verschwinden; ich sah sie erst im Klassenraum wieder.

Ich beschloss, bei meinem Vorhaben von heute Morgen zu bleiben. Ich würde sie nicht drängen. Ich würde warten, bis sie sich wieder einigermaßen im Griff hatte, und dann fragen.

Dann würde ich sie fragen, an welcher Stelle sie aufgehört hatte, mir zu vertrauen.

Kapitel Drei

Carmen

„Ich weiß nicht, ob das so eine gute Idee ist", wandte Emma ein und warf einen skeptischen Blick auf das Gebäude, vor dem wir standen.

„Es ist die einzige Idee, die ich hatte!", entgegnete ich brüsk.

Es gab nur eine Sache, die schlimmer war, als jemanden zu verlieren – für seinen Tod verantwortlich gemacht zu werden. Den gesamten gestrigen Schultag war ich den verachtenden Blicken der anderen Schüler und Schülerinnen gnadenlos ausgesetzt gewesen. Selbst wenn ich etwas gesagt hätte, keiner hätte mir geglaubt. Wie absurd es doch war, dass knapp 1500 Mädchen und Jungen plötzlich glaubten, mich gut genug zu kennen um zu wissen, dass ich einen anderen Menschen ermorden könnte, aber bis Freitagmorgen nicht einmal meinen namen gekannt hatten.

Es war ein einziger Albtraum. Ich hätte abhauen und nach Hause fahren können, aber um ehrlich zu sein fehlte mir die Kraft dazu. Es war unbeschreiblich; der gestrige Tag kam mir vor, wie eine weit entfernte Erinnerung, als hätte ich ihn wie in Trance erlebt – Was die ganze Sache nicht weniger schmerzhaft machte.

Das Problem war Isabel. Oder noch nicht einmal sie direkt, sondern das, was sie darstellte. Mir war die Macht der Goldkinder immer schon bewusst gewesen, doch jetzt wurde mir die Gefahr, die davon ausging, erst so richtig klar. Das Volk glaubte der Königsfamilie, natürlich; und der Abschaum musste gemieden werden. Es gab kein Wenn und Aber, nur ein Gut und Böse. Die Welt war von Isabel in Schwarz und Weiß unterteilt worden. Sie hatte dafür gesorgt, dass keiner mehr an die Grauzonen im Leben dachte. Sie hatte erfolgreich einen möglichen Mittelweg zugeschüttet.

Ich wollte aber kein Abschaum sein. Und es gab nur eine Möglichkeit zu zeigen, nichts mit Tommys Tod zu tun zu haben – Ich brauchte Beweise. Und der einzige Mensch, von dem ich wusste, dass er bedingungslos hinter mir stand, war Emma.

Deshalb trafen wir uns am Samstagmorgen um 9 Uhr vor dem Präsidium hinter dem Rathaus von Neustadt-Hausen.

Mein Vater arbeitete, aber ich hatte die Hoffnung ihn so lange ablenken zu können, wie Emma brauchen würde, um Tommys Polizeiakte zu stehlen. Heute Abend könnte ich sie ihm heimlich wieder in seine Arbeitstasche stecken.

Es war riskant, und ich verstand Emmas Panik auch, aber ich hatte keine andere Möglichkeit. Ich wollte nicht für etwas schuldig gemacht werden, für das ich nichts konnte.

„Warum machst du dir überhaupt solche

Gedanken?", fragte Emma, um Zeit zu schinden. „Ich meine, Isabel spinnt sich da doch ganz offensichtlich etwas zusammen. Sogar die Polizei geht von einem Selbstmord aus. Warum sind dir Beweise, die dich entlasten, so wichtig?" In dem Moment, wo sie es aussprach, kam ihr ein weiterer Geistesblitz. Sie schaute runter zu ihren Füßen, als sie ihn aussprach. „Jan hat mal erzählt, wer nichts zu befürchten hat, braucht sich keine Sorgen zu machen, er hat ja keine Schuld. Und irgendwann würden die Leute aufhören zu reden."

Ich schluckte schwer, als ich verstand, worauf sie hinaus wollte. Behutsam trat ich auf meine beste Freundin zu und legte ihr eine Hand auf die Schulter. „Emma", murmelte ich und versuchte zu lächeln, als sie ihren Kopf hob und mich mit ihren braun-grünen Augen direkt ansah. „Glaubst du wirklich, ich wäre dazu fähig, einen anderen Menschen zu töten?"

„Ich schätze, jeder Mensch ist unter den richtigen Umständen dazu fähig." Sie schloss ihre Augen, atmete tief und aus. Als sie weitersprach, flatterten ihre Lider wie Schmetterlinge auf. „Ich meine, ich glaube *nicht*, dass du Tommy umgebracht hast. Und ich will auch nicht darüber nachdenken, ob meine beste … Freundin dazu fähig wäre, überhaupt jemanden zu töten!"

Es wunderte mich, dass sie zwischendurch gestockt hatte, als müsste sie über die Bedeutung ihrer Worte nachdenken, sagte aber nichts dazu.

„Am liebsten würde ich so tun, als wäre alles beim

Alten", fügte sie schließlich hinzu. „Aber das geht nicht, oder?"

Ich schüttelte den Kopf. „Du musst mir nicht helfen."

Sie gab ein Grunzen von sich. „Ist ja nicht so, als hätte ich eine Wahl!"

„Man hat immer eine Wahl."

„Nicht, wenn eine Freundin Hilfe braucht! Dann hat man keine Wahl! Man ist für sie da und tut alles, um … Um ihr zu helfen!"

Ich spürte, wie sie sich immer mehr in Rage redete, streckte meine Arme nach ihr aus und drückte sie einfach an mich. Es dauerte den Bruchteil einer Sekunde, bis sie die Umarmung erwiderte.

„Du bist die Beste", flüsterte ich ihr ins Ohr. „Ich hab dich lieb."

Ich spürte, wie sie nickte. Dann trat sie einen halben Schritt zurück und sah mich ausdruckslos an. „Dann lass uns mal ins Präsidium einbrechen!"

„Es ist kein Einbruch, wenn man mit einem Lächeln einfach hereinspaziert. Also – lächle!"

Es gab neben einigen Nachteilen auch diverse Vorteile, die Tochter eines Polizisten zu sein. Im Präsidium kannten mich alle. Ohne große Erklärungen konnte ich einfach am Empfangstresen vorbei und den langen Flur zu den Büros entlang marschieren.

Mein Vater teilte sich ein Büro mit seinem Kollegen Blume, der schon ein paar Mal bei uns zum Essen gewesen war. Ich konnte ihn nicht besonders leiden.

Er kam mir immer irgendwie schmierig vor.

Als ich an diesem Morgen strahlend ins Büro meines Vaters trat und feststellte, dass sein Freund und Kollege gar nicht anwesend war, konnte ich mir ein erleichtertes Seufzen beinahe nicht verkneifen.

Überrascht schaute mein Vater von seinen Unterlagen auf. „Carmen! Was machst du denn hier? Hi Emma."

„Hallo Herr Gonzales", gab meine Freundin piepsig zurück. Sie war zwar nicht schüchtern oder devot, aber in Anwesenheit von meinem Vater wurde sie jedes mal ganz klein. Sein Beruf schüchterte sie ein. Vielleicht auch einfach deshalb, weil ihr Bruder so oft mit dem Gesetz kollidierte.

Ich durchquerte den 15qm² großen Raum, schlang von hinten meine Arme um meinen Vater und drückte ihm einen Kuss auf die Wange, ehe ich ihn wieder losließ. „Brauche ich denn immer einen Grund um meinen alten Herren bei der Arbeit zu besuchen?"

Er grunzte. „Dein letzter Besuch war beim Girls Day in der 5. Klasse. Oh Gott, ich bin wirklich alt!"

Ich kicherte, dann nickte ich zu der aufgeschlagenen Akte vor ihm. „Viel zu tun?"

„Ich habe den Fall dieses Jungen von deiner Schule", antwortete er dann und kratzte sich tief seufzend an der Schläfe. „Todesfälle sind immer hart, aber wenn es ein Kind trifft … Da merkt man immer, wie unfair Glück und Tragödien im Leben verteilt sind."

„Ich dachte immer bei Selbstmorden wird nicht

ermittelt?", schaltete Emma sich ein.

Ich warf ihr einen dankbaren Blick zu. So weit hatte ich gar nicht gedacht. Dafür liebte ich sie: Emma hatte einen ganz anderen Blickwinkel auf die Welt als der Rest der Menschheit. Und sie dachte an alle. Das musste man wissen, denn jemand, der wie sie an alle versucht zu denken, vergisst auch mal das ein oder andere oder kommt zu spät zu einer Verabredung.

Mein Vater rutschte in seinem Schreibtischstuhl nach vorn und griff sich einen silbernen Kugelschreiber. „Ja und nein", antwortete er dann. „Aber ich kann da mit euch nicht drüber reden. Nicht im Zusammenhang mit diesem speziellen Fall."

Sofort schrillten meine Alarmglocken und ich hakte nach: „Warum denn speziell?"

Ausgerechnet jetzt tauchte ein junger Polizist in Uniform im Türrahmen auf. Seine Wangen waren vor Aufregung gerötet und er schien stark zu schwitzen. „Gon-zales!", hechelte er. „Schießerei – nähe – Hauptschule!"

Noch während der Polizist versucht hatte, die schreckliche Nachricht weiterzugeben, war mein Vater aufgesprungen. Ohne auf mich oder Emma zu achten, eilte er hinaus. „Wir sehen uns heute Abend!", rief er mir noch hinterher, dann war er verschwunden.

Die Fallakte lag noch immer aufgeschlagen auf seinem Schreibtisch.

„Heute muss mein Glückstag sein!"

„Bitte?", entgegnete Emma angewidert. „Hast du nicht zugehört? Da schießt irgendein Irrer um sich!"

„Toll, nicht wahr?", konterte ich, ohne ihr richtig zugehört zu haben. Ich griff nach der Akte und blätterte sie vorsichtig durch und starrte die Seiten an, als wären sie aus purem Gold. In meinen Händen hielt ich den Beweis für meine Unschuld.

„Wusstest du, dass Tommy einen Zweitnamen hatte?" fragte ich, während ich die Eckdaten überflog. „Matheus. Das klingt so altmodisch."

„Ist doch egal!", zischte Emma und stellte sich in die Nähe des Türrahmens, um den Flur im Augen behalten zu können.

Belustigt las ich weiter.

Das Gefühl hielt nicht lange an.

„Hier steht, er ist mit einem Auto frontal gegen einen Baum gefahren. Eine Untersuchung des Wagens hat ergeben, dass die Bremsleitungen durchgeschnitten waren."

„Und das heißt ..?"

„Jemand hat dafür gesorgt, dass er nicht bremsen konnte."

Sie schnappte hörbar nach Luft. „Deswegen ermittelt dein Vater! Und Isabel hatte Recht. Tommy hat sich nicht umgebracht, sondern wurde ermordet!"

Wie durch einen Nebel hörte ich, was sie sagte. Nickend schlug ich die Akte zu und legte sie zurück auf den Schreibtisch. Schluckte. Ballte meine Hände zu Fäusten. Lockerte sie wieder.

„Carmen?", hörte ich Emma behutsam meinen

Namen aussprechen.

Ich schluckte ein weiteres Mal. Befahl mir einzuatmen. Auszuatmen.

Das durfte nicht wahr sein. Ein Albtraum wurde wahr.

Mit einem Mal ging es mir nicht mehr darum, Isabel irgendetwas zu beweisen. Ich konnte nur noch an Tommy denken. Plötzlich tauchte vor meinem inneren Auge ein Bild auf, wie er leblos in sich zusammen gesackt in einem Autowrack saß, sein hübsches Gesicht blass und ans Lenkrad gelehnt.

Irgendjemand hatte ihn auf dem Gewissen.

Und ich musste herausfinden, wer.

Das war ich ihm schuldig.

Isabel

So gut es eben in einer 74qm² großen Wohnung ging versuchte ich, Ingrid aus dem Weg zu gehen. Ich konnte die Rockerbraut in ihren Mittzwanzigern nicht ausstehen. Sie brauchte nur im selben Raum zu atmen und ich spürte, wie mir die Galle hochstieg – und in ihr stark geschminktes Gesicht kotzen wollte. Ich hatte nie verstanden, was mein Vater an ihr fand. Abgesehen von dem Nervenzusammenbruch vorgestern war meine Mutter eine grundsolide Frau. Sie war Bürokauffrau, ging gerne zur Arbeit, kümmerte sich um ihre Kinder. Als wir jünger waren mehr, aber ganz ehrlich, zwei Teenager konnten sich auch mal selbst um ihr Essen kümmern. Wenn unser

Vater längerfristig verreisen musste, hatte sie sich aber immer mehr Zeit für Tommy und mich genommen, als sonst. Sie war nie eine Rabenmutter gewesen, und hatte, soweit ich das beurteilen konnte, auch nie vergessen eine Frau zu sein.

Ich hatte geglaubt, genau *das* würden Männer wollen.

Mein Vater anscheinend nicht. So sehr ich ihn auch respektierte, seinen Fehlgriff mit Ingrid konnte ich ihm bei bestem Willen nicht verzeihen.

Deswegen war ich auch heilfroh, als Ingrid schon gestern Abend nach Thüringen gefahren war, um übers Wochenende ihre Mutter zu besuchen.

Ich saß in der Küche auf einem von zwei Stühlen, und beobachtete meinen Vater dabei, wie er versuchte, Pfannkuchen zu machen. Wenn es einen genetischen Gendefekt für fehlendes Kochtalent gab, dann waren alle Mitglieder der Familie Schneider davon betroffen – abgesehen von Tommy, der sogar im Halbschlaf super leckere Omeletts machen konnte.

Nie wieder würde er mich mitten in der Nacht wecken und mir ein Omelett machen …

Ich schob den Gedanken schnell beiseite und griff nach einer Gartenzeitung, die auf dem eckigen Tisch zwischen den Stühlen lag. „Warum hat Ingrid so was? Sie hat ja noch nicht einmal einen Garten", grummelte ich vor mich hin.

„Aber vielleicht ziehen wir irgendwann in ein Haus mit Garten", sagte mein Vater, als wäre es eine

Nebensächlichkeit und versuchte, den zweiten Pfannkuchen in der Pfanne umzudrehen. Der Erste war völlig verbrannt bereits im Mülleimer gelandet.

Er stand mit dem Rücken zu mir, weshalb er meinen fassungslosen Blick nicht bemerkte. „Hast du gerade *wir* gesagt? *Wir* im Sinne von du und sie?" Ich konnte mir einen vorwurfsvollen Unterton nicht verkneifen.

Die Scheidung war erst drei Monate durch, und er plante schon mit seiner Neuen in ein Haus zu ziehen? Und was dann? Würde er sie heiraten wollen, so wie er auch meine Mutter geheiratet hatte?

Mir kam ein weitaus erschreckenderer Gedanke. Was wäre, wenn Ingrid noch Kinder haben wollte? Müsste ich dann auf die Quälgeister aufpassen und so tun, als würde ich ihre Existenz gutheißen?

Mit einem Blick, den ich nicht deuten wollte, wandte sich mein Vater zu mir. „Isabel, so weit ist es noch gar nicht. Aber ich werde nicht behaupten, dass es nie so weit kommen könnte, bloß um dir einen Gefallen zu tun."

„Na, vielen Dank auch!", schrie ich ihm entgegen, stand so ruckartig auf, dass der Stuhl nach hinten umkippte, und wollte aus der Küche stürmen, entschied mich dann aber doch dafür, erst mal die Zeitschrift zu zerreißen. Als ich fertig war, sah ich zu meinem perplexen Vater und rief: „Ich *hasse* Gärten!"

Erst jetzt stampfte ich davon und verbarrikadierte mich im Wohnzimmer, wo das grüne Stoffsofa zu einem Bett umfunktioniert worden war.

So wütend war ich schon lange nicht mehr gewesen. Ich konnte nicht einmal genau sagen, wo die Wut herkam … Sie war einfach da, ein unterschwelliges Echo, welches nur bei dem kleinsten Grund laut aufloderte. Ich verkroch mich unter die Decke, lehnte mich gegen die Sofalehne und zog meine Beine an mich. Starrte mit einem Schmollmund auf den schwarzen Bildschirm des Fernsehers vor mir.

„Du vermisst ihn."

Überrascht schaute ich auf. Mein Vater lehnte mit der Schulter gegen den Türrahmen und blickte so mitfühlend zu mir, dass es mir beinahe mein kaltes Herz zerriss.

Langsam nickte ich, dann zuckte ich mit den Achseln, als wäre es egal.

Er stieß sich ab, kletterte umständlich zu mir aufs Sofa und kuschelte sich direkt neben mich unter die Decke.

„Tut mir leid, dass ich dich eben angeschrien hab", murmelte ich in meinen unvorhandenen Bart hinein.

Zur Antwort legte mein Vater einen Arm um mich und drückte mich an sich. „Ich würde mir mehr Sorgen um dich machen, wenn du nicht schreien würdest."

Als wäre ich wieder ein kleines Kind, kuschelte ich mich an ihn. Ich konnte mich nicht mehr daran erinnern, wann wir zuletzt so gesessen hatten. Es war ein ungeschriebenes Gesetz, dass sich Scheidungskinder für ein Elternteil entschieden.

Selbst wenn Mütter und Väter alles taten, um eine *„für alle Beteiligten angenehme Trennung"* zu vollziehen, als Kind litt man immer darunter – Egal, wie alt man war. Ich glaubte nicht, dass es Sechsjährige leichter hätten als Sechzehnjährige, bloß weil sie sich später nicht mehr genau daran erinnern konnten.

Und weil man selbst litt, identifizierte man sich unterbewusst mit dem Elternteil, dass mehr an einer Trennung zu knabbern hatte – in unserem Fall war dies unsere Mutter gewesen.

„Als mein Bruder starb bin ich zu meinen Eltern gefahren, hab mich auf den Speicher gesetzt und seine alten Zimmerkartons durchgesucht", fing mein Vater plötzlich an zu erzählen.

Ich stutzte. „Du hattest einen Bruder?"

Er nickte. „Dein Onkel Gustav. Er starb an Krebs kurz bevor Tommy geboren wurde. Da war ich … 27 Jahre alt. Es war der schrecklichste Tag in meinem Leben, bis gestern. Es hat sich angefühlt, als hätte man mir einen Teil von mir selbst einfach weggenommen." Ungläubig schüttelte er seinen Kopf, konnte es noch heute nicht ganz fassen. „Ich hatte das Bedürfnis, ihn festzuhalten. Deswegen hab ich mir seine alten Sachen angeschaut. Uralte Fotos, CDs, Poster … Er hat Gitarre gespielt und Melodien, die er sich ausdachte, immer auf kleine Notizzettel geschrieben. Alles war noch, von unserer Mutter in Kartons verpackt, nachdem er ausgezogen war um sich die Welt anzuschauen."

Ich schluchzte auf. Plötzlich zog sich alles in mir zusammen, als es mir klar wurde. „Tommy wird sich nie die Welt anschauen!"

„Ich weiß, Liebes", murmelte mein Vater und drückte mich noch enger an sich. „Ich weiß!"

„Wann kommt Mama eigentlich wieder zurück?", fragte ich meinen Vater, während wir die Stufen zum Präsidium hochgingen. Dieser Super-Gonzo hatte uns gegen Mittag angerufen und uns gebeten, aufs Revier zu kommen. Es gäbe noch Fragen.
Mein Vater zuckte mit den Schultern. „Keine Ahnung." Er versuchte zu lächeln, doch es gelang ihm nicht. Anders als gestern trug er eine Jeans und ein Sakko über einem weißen Hemd. Wenn ich es nicht besser gewusst hätte, hätte ich beinahe annehmen können, alles wäre beim Alten. Doch da waren diese Sorgenfalten um seine blauen Augen herum, die von Stunde zu Stunde tiefer wurden. Er beschleunigte seinen Schritt, um mir die Tür aufzuhalten.
Wir wurden schon erwartet. Ein gestresst wirkender Kommissar Gonzales stand im Eingangsbereich an die Theke gelehnt. Als er uns kommen sah stieß er sich ab, sagte noch irgendetwas zu der alten Sekretärin und kam dann strengen Schrittes zu uns. „Guten Tag, Herr Schneider", begrüßte er meinen Vater und reichte ihm die Hand. Mir nickte er höflich zu. „Danke, dass Sie gekommen sind. Wir haben noch ein paar Fragen zu dem Tod ihres Sohnes."

Wir folgten ihm in einen Raum mit gelben Wänden, drei Sesseln und einem runden Tisch dazwischen. „Sind wir hier bei einer Therapiesitzung?", rutschte es mir heraus, während Super-Gonzo die Tür schloss. Mit einer ausladenden Handbewegung deutete er auf die Sessel. „Setzen Sie sich doch bitte." Wir taten, was er verlangte. Der Kommissar selbst nahm ebenfalls Platz. „Es muss sehr schwer sein, was Sie gerade durchmachen müssen. Sie beide."

„Soweit ich weiß *lebt* Ihre Tochter noch."

„Isabel!", tadelte mein Vater mich augenblicklich.

Super-Gonzo sah mich an. Dann nickte er zu meiner Überraschung. „Du hast Recht, ich sollte mir nicht anmaßen zu glauben, ich würde wissen, was deine Familie gerade durchmacht."

„Nein, das wissen Sie nicht", bestätigte ich. Erst jetzt merkte ich wie ich mich innerlich verkrampfte. Ich wollte nicht hier sein. Dieser Ort war zu hell, zu fröhlich, um über meinen toten Bruder zu reden.

„Hast du deinen Bruder gut gekannt?", fragte der Kommissar behutsam weiter.

„Natürlich! Niemand kennt ihn besser als ich!" Ich schluckte, als mir die Bedeutung meiner Worte bewusst wurde. „*Kannte*. Niemand kannte ihn besser als ich."

Super-Gonzo tat ganz verständnisvoll. Ich wollte nicht auf die Masche reinfallen. Vermutlich hatte er irgendwelche Spuren gefunden, die Carmen belasteten, und er suchte nach der Nadel im Heuhaufen, mit der er sie aus der Patsche ziehen konnte.

Es war nur menschlich, dass er versuchte, seine Tochter zu beschützen.

Ich würde das bloß nicht zulassen.

„Isabel, hat Tommy irgendwelche Feinde gehabt?"

Ich blinzelte; verwirrt über die Frage. „Feinde?"

Der Kommissar nickte. „Jemanden, der einen Grund hätte, ihm schaden zu wollen?"

„Nein!", antwortete ich vehement und fügte dann ein wenig disziplinierter hinzu: „Ich meine, abgesehen von Ihrer Tochter natürlich."

Fabienne

Am Nachmittag traf ich mich mit meinen Freundinnen bei Jenna Zuhause. Obwohl sie nur eine Straße von mir entfernt wohnte, musste ich fast 20 Minuten laufen. Die einzelnen Grundstücke in der Hafenstadt waren ziemlich groß. Nur selten konnte man wirklich einen Blick auf das Nachbarhaus werfen – überall waren Mauern, die unerwünschte Besucher fernhalten sollten.

Jenna de Mâr und ihre Familie waren reich. Und zwar sehr reich. Sie wohnten in einer Villa aus gelbem Sandstein und vor der Veranda standen zwei große, griechische Skulpturen. Böse Zungen behaupteten, Jennas Vater wäre früher arbeitslos gewesen und durch ein großes Erbe an sein Vermögen gekommen, aber das interessierte mich nicht.

Was mich allerdings sehr wohl interessierte war die Tatsache, dass Isabel fehlte. Ich stand im Türrahmen zu Jennas großem Zimmer und blickte zwischen ihr, Gina und Cho hin und her, als würde Isabel jeden Augenblick unter dem Bett hervorgekrochen kommen.

„Was ist?", durchbrach Jenna meine Hoffnungen. „Suchst du wen?" Sie lag bäuchlings auf ihrem Himmelbett, Gina saß im Schneidersitz am Fußende und Cho hatte es sich auf einem Sitzkissen neben dem Bett gemütlich gemacht. Jede von ihnen blätterte durch eine Zeitschrift und sie alle sahen hinreißend aus. Jenna trug ein sonnengelbes Kleid mit weißer Spitze, Gina eine eng anliegende Röhrenjeans und einen rosafarbenen Pullover, dazu hatte sie ihr honigblond-gefärbtes Haar kunstvoll an einer Seite geflochten. Cho trug eine weiße Bluse zu einem schwarzen Faltenrock und als Eyecatcher eine blaue, locker sitzende Krawatte.

Plötzlich kam ich mir in meiner hellblauen Markenjeans und meinem cremeweißen Rüschen-Top unglaublich schäbig vor. Ich hatte angenommen, es würde ein legerer Samstagnachmittag sein.

„Ich hab mich nur gerade gefragt, wo Isabel steckt", erklärte ich leise, ging einmal ums Bett herum und setzte mich zwischen Gina und Jenna. „Was macht ihr?"

Jenna deutete mit einem Kopfnicken zur Seite. „Neben dem Bett steht ein Korb mit Zeitschriften." Obwohl es keine direkte Aufforderung war, beugte ich mich vor und griff nach einem Magazin. Es war ein Heft über Partydekoration für Draußen.

„Wir planen Jennas Geburtstag", ertönte Chos zaghafte Stimme.

Ich nickte und fing an zu blättern.

„Isabel kommt heute nicht", teilte mir Jenna mit. Sie sagte es, als wäre es völlig in Ordnung, als würde sie sie noch nicht einmal vermissen. Sie schaute noch nicht einmal von ihrer Zeitschrift auf.

„Warum nicht?" Ich konnte das Thema doch nicht einfach so fallen lassen. Isabel war schließlich meine Freundin.

Es war Gina, die los prustete. „Weil sie völlig abdreht! Behauptet ständig, Tommy wäre umgebracht worden und so weiter. Wie abartig ist das denn?"

Mir wurde auf einmal ganz flau im Magen. Isabel zu verteidigen würde bedeuten, Jennas Meinung sprichwörtlich mit den Füßen zu treten, was sie wiederum als schamloses Hintergehen interpretieren würde.

Ich wollte keinen Streit. Und ganz sicher wollte ich nicht von Jenna ausgeschlossen werden. Ohne sie wäre ich völlig allein.

Unwillkürlich musste ich an Annmarie Wagner-Hölscher denken, die vor zwei Jahren Jennas beste Freundin gewesen war. Die Beiden waren unzertrennlich gewesen – bis zu dem Tag, als Annmarie entschied, Jenna zu sagen, was für ein schlechter Mensch sie sein konnte.

Am nächsten Tag hatte das hartnäckige Gerücht kursiert, Annmarie Wagner-Hölscher hätte einem Basketballspieler in der Umkleidekabine einen geblasen. Eine Woche darauf fand man plötzlich in einer der Umkleidekabinen einen Slip von ihr.

Und von da an war es das mit dem guten Ruf von Annmarie Wagner-Hölscher. Man rief ihr wüste Beschimpfungen hinterher, schrieb auf ihr Schließfach das Wort „Schlampe" und irgendwer sorgte dafür, dass ihr Slip im Schaukasten des Vertretungsplans landete. Einen Monat nach dieser Katastrophe wechselte sie auf die Victor-Hugo-Privatschule und seit dem hatte ich nichts mehr von ihr gehört.

Ich wollte nicht so enden wie Annmarie. Wollte nicht wie sie in der Versenkung landen. Es gab Menschen, die konnten gut am Rand einer Gesellschaft überleben – Ich gehörte nicht dazu. Wenn ich jemals untergehen sollte, dann würde ich genauso hoffnungslos sinken wie die Titanic.

Nur deswegen antwortete ich leise, ohne eines der anderen Mädchen dabei anzusehen: „Ja, das ist ziemlich abartig."

Tief in meinem Inneren hasste ich mich selbst dafür. Ich wollte Isabel nicht in den Rücken fallen. Aber eine Ausgestoßene war besser als Zwei, oder?

„Eben!", bestätigte Gina überschwänglich. „Ich meine, niemand wäre so bescheuert und würde ausgerechnet Tommy umbringen. Das kommt doch so oder so raus. Die Schneiders wohnen zwar jetzt nicht ganz so elegant wie wir, aber die können sich trotzdem die besten Anwälte leisten."

„Außerdem sind Polizisten doch oft auf der Seite der guten Bürger", meldete sich Cho mit ihrer dünnen Stimme zu Wort.

Ich hielt mich zurück. Auch Jenna war ungewöhnlich still. Man durfte ihre innige Beziehung zu Tommy auch nicht vergessen. Vermutlich vermisste sie ihn mehr als alle anderen es taten … Und *sie* trug es mit Fassung. Isabel sollte sich eine Scheibe von ihr abschneiden.

Was mich nicht in Ruhe ließ, war die Alternative zu Mord. Wenn Tommy nicht umgebracht wurde, hatte er es selbst getan.

Und das würde bedeuten, dass keiner von uns – weder Jenna, noch Isabel, nicht einmal seine engsten Freunde wie Moritz oder Dante – ihn wirklich gekannt hatte.

Was würde das über uns aussagen?

Emma

Am schlimmsten waren nicht die Blicke, die ihr im Vorbeigehen zugeworfen wurden, oder das vernehmliche Gemurmel, sobald sie in die Nähe kam. Es war Carmen selbst, die mir einen Schauer über den Rücken laufen ließ. Ihr Desinteresse vom Freitag war verschwunden und hatte einer schlaflosen Nervosität Platz gemacht, die sie nie ruhig sitzen ließ. Im Unterricht drehte sie sich fast schon panisch um, wenn sie hörte, wie jemand etwas flüsterte. Verbunden mit ihrer unnatürlichen Blässe und den fliederfarbenen Augenringen hätte sie auch eine aus einer Irrenanstalt geflohene Patientin sein können.

Ich machte mir Sorgen um sie. Dementsprechend beschissen fing der Montag schon an.

Als es zur Pause klingelte waren wir die Letzten, die sich von ihren Plätzen erhoben. Herr Maßlab musterte uns, während er seine Sachen zusammen suchte, und brach schließlich das Schweigen. „Alles okay, Carmen? Du siehst krank aus."

Ein Teil von mir hoffte, sie würde diesen Strohhalm ergreifen und bitten, nach Hause gehen zu dürfen.

„Nein, alles in Ordnung", antwortete sie und versuchte dabei, besonders robust zu wirken. An mich gewandt flüsterte sie: „Lass uns zu den Toiletten bei den Sälen gehen."

„Und dann?", fragte ich.

„Verstecken wir uns da." Sie nahm ihre Sachen an sich und stürmte geduckt, als würde sie mit einem Angriff rechnen, aus der Klasse.

In windeseile sammelte ich meine eigenen Besitztümer ein und folgte ihr. Mich nervte dieses Versteckspiel jetzt schon. Während ich ihr hinterherlief und mitansehen musste, wie ein Mädchen aus der Zehnten ihr auf den Rücken spuckte, ohne dass sie etwas davon bemerkte, verstand ich sie.

An ihrer Stelle würde ich mir ein Erdloch buddeln und erst wieder herauskommen, wenn dieses

Schuljahr vorbei war.

Zu meiner Überraschung wurde ich weitestgehend in Ruhe gelassen. Ohne Zwischenfall konnte ich Carmen zu den hintersten Toiletten der Schule bei den Fachsälen folgen. Diese Sanitäranlagen waren noch nicht saniert, dementsprechend war auch der Geruch, und die Wände waren voller Kritzeleien der letzten Jahrzehnte. In der 5. Klasse hatten Carmen und ich in der ersten Kabine auf der linken Seite unsere Namen mit rotem Edding geschrieben, und darunter ein *„BFs forever!"*, versehen mit einem krakeligen Herzchen.

Beste Freundinnen für immer.

Seufzend ließ ich meine Schultasche fallen, nahm mir etwas Papier aus dem Spender und sagte: „Dreh dich um."

„Warum?", fragte Carmen verwirrt, tat aber, worum ich sie gebeten hatte.

Wortlos wischte ich ihr die Spucke von der Jacke.

„Oh, danke", murmelte sie verlegen. Als ich fertig war, ging sie nach hinten, setzte sich auf den dreckigen Boden und lehnte sich gegen die verschmierte Wand, als wäre ihr alles egal. In ihrem Blick konnte ich eine Traurigkeit lesen, die mich erschreckte. „Das ist schlimmer als alles, was vorher war", sagte sie monoton.

Fieberhaft suchte ich nach einer Möglichkeit, sie aufzuheitern. „Möchtest du ein Putenbrötchen?" fragte ich unbeholfen. Ich war nicht gut im Trösten. Ehrlich gesagt, war ich eine totale Niete darin.

Carmen lehnte ihren Kopf gegen die Fliesen und schloss ihre Augen. Ein Lächeln huschte über ihre Lippen. „Sehr gern."

Das ließ ich mir nicht zweimal sagen. Ich suchte nach meinem Portemonnaie, versprach ihr noch mich zu beeilen, und schon war ich wieder aus der Toilette raus, fast so, als würde ich fliehen.

Wenn man unsere Schule von oben betrachten würde, dann könnte man einen Kiosk in der linken oberen Ecke sehen. Zur Mittagszeit wurden sogar warme Mahlzeiten angeboten. Als ich aus der Toilette trat bog ich nach rechts und am Ende des Gangs nach links, am Künstlerisch-Musischen-Trakt und dem Naturwissenschaftlichen vorbei und betrat den Kioskbereich, der in einem ehemaligen Turm gebaut worden war. Legenden zufolge befand sich an der Stelle, wo heute unsere Schule stand, vor 500 Jahren ein Schloss.

Daran versuchte ich zu denken, während ich zwei Putenbrötchen kaufte. Nur daran. Ich wollte mir nicht Carmen vorstellen, die einsam auf der hässlichsten Toilette unserer Schule saß, bloß um vor der Realität zu fliehen.

Als ich wieder zurück gehen wollte, ließ ich mir mehr Zeit als nötig. Ich schaute sogar aus den Fenstern.

Im Nachhinein wünschte ich mir, ich wäre stur geradeaus gegangen. Dann hätte ich *sie* nicht gesehen. Wäre nicht stehen geblieben und hätte mich gewundert. Hätte nicht meine Augen zusammengekniffen, um sie besser betrachten zu können.

Denn dann hätte ich auch nicht gesehen, wie Isabel Schneider ebenso alleine wie Carmen ganz hinten im Schulgarten auf einer Bank saß und weinte. Eine Weide versteckte sie halb, weshalb ich zweimal hinsehen musste.

Aber das war sie. Kein Zweifel.

Ich unterdrückte ein Seufzen. Wollte weiter gehen. Blieb nach nur zwei Schritten wieder stehen.

Unwillkürlich sah ich auf die Putenbrötchen in meinen Händen, von meinem hatte ich bereits abgebissen. Ich sollte wieder zu Carmen gehen. Es würde ihr nicht helfen, wenn ich zu Isabel ging und – *zu Isabel gehen!* Plötzlich kam mir eine Idee.

Von neuem Eifer gepackt, stieß ich umständlich mit meinem Hintern die Tür zum Schulgarten auf und ging nach draußen.

Der Schulgarten wurde in den Pausen gemieden. Der Grund war, dass uns Schülern das Betreten zwar nicht grundsätzlich verboten war, aber keiner den Hass von Frau Meier-Knortke auf sich ziehen wollte, die für den Garten verantwortlich war und Gerüchten zufolge nicht davor zurückschreckte, jemandem den Kopf abzureißen, der auch nur ein winziges Gänseblümchen platt trat.

Darauf bedacht, kein einziges Blatt zu knicken, ging ich durch den Schulgarten zu Isabel. Sie schniefte laut, als ich bei ihr ankam. Erst da bemerkte sie mich.

„Was willst du denn hier?", fragte sie schnippisch.
Einen kurzen Moment lang dachte ich darüber nach, einfach umzukehren und wieder zu gehen. Aber jetzt hatte ich ihre verwischte Schminke gesehen. Die schwarzen Linien Mascara, die sich wie zittrige Fäden ihre Wangen hinunterzogen.

Selbst wenn sie nicht sie gewesen wäre – ich war immer noch ich. Und niemals hätte ich sie so zurücklassen können.

„Ich hab dich im Vorbeigehen gesehen. Alles okay bei dir?" Ich blieb ungefähr 5 Meter vor ihr stehen, mit hochgezogenen Schultern, als müsste ich damit rechnen, von ihr angegriffen zu werden.

Sie grunzte verächtlich. „Du bist die Erste, die mich das fragt." Als sie ihren Blick hob, konnte ich ihre leeren Augen sehen; ihre dunkelblauen, erschreckend glanzlosen Augen.

Und plötzlich tat sie mir unendlich leid. Ich konnte nicht mehr die garstige, böse Prinzessin in ihr sehen. Wie absurd es doch war, dass erst der Tod sie menschlich gemacht hatte.

Vorsichtig, als würde ich mich einem verschreckten Reh nähern, trat ich auf sie zu. „Und? Wie geht es dir? Du musst aber auch nicht darüber reden."

Zunächst sagte sie nichts. Sie starrte auf ein benutztes Taschentuch in ihren Händen. Dann: „Kannst du dich zu mir setzen?"

Ich wusste nicht, was mich mehr überraschte – Die Tatsache, dass sie mich bat, oder das ich ihrer Bitte tatsächlich nachkam und mich neben sie setzte.

Sie ließ mit einer Hand das Taschentuch los und deutete auf das nicht angebissene Putenbrötchen. „Kann ich das haben?" Doch da hatte sie schon einen Arm ausgestreckt und es sich einfach genommen. „Danke", murmelte sie noch, während sie abbiss.

Ich ließ sie erst mal essen. Nach ein paar Minuten brach ich das Schweigen: „Das mit Tommy tut mir ehrlich leid." Und das stimmte. Ich würde vermutlich durchdrehen, wenn Jan oder Marie etwas Vergleichbares zustieße.

Sie kaute zu Ende, hielt inne. „Jenna und die anderen sind der Meinung, er hätte sich selbst umgebracht", erzählte sie, ohne mich anzusehen. „Das haben sie mir vorhin mitten ins Gesicht gesagt. Vor *allen*. Ich würde spinnen und so weiter. Sie glauben ... *Sie* glaubt, sie hätte ihn besser gekannt als ich!" Eine Träne löste sich aus dem Meer von Tränen, welches sich in ihren Augen ansammelte, und rollte ihre Wange herunter. „Vor 7 Wochen hatte er sie noch nicht einmal ausstehen können!"

Plötzlich verstand ich. „Ach, du redest über Jenna!"

Erst jetzt sah sie mich wieder an; auf eine den Umständen entsprechend amüsierte, leicht missbilligende Weise. „Du gehörst ja echt zu den Blitzmerkern!"

Der Moment erlosch und sie wandte sich kopfschüttelnd wieder von mir ab. „Ist auch egal."

„Ist es nicht", hörte ich mich sagen, noch ehe ich etwas dagegen tun konnte. „Vor fast 10 Monaten ist mein Bruder abgehauen und erst vor ein paar

Wochen wieder zurückgekehrt. Wir sind alle fast umgekommen vor Sorge, niemand wusste, wo er steckte oder ob ihm etwas passiert ist."

„Das muss schrecklich gewesen sein."

„War es auch. Aber meine Freunde waren für mich da, das machte es leichter." Vor meinem inneren Auge tauchte das Bild von Carmen auf, wie sie gegen die dreckigen Fliesen gelehnt auf dem Boden saß und auf mich wartete. Ich musste versuchen, ihr zu helfen, und nahm all meinen Mut zusammen. „Ich kann verstehen, dass du deinen Bruder irgendwie … rächen oder herausfinden willst, was wirklich passiert ist, ehrlich. Aber ich finde es nicht in Ordnung, was du Carmen damit antust. Ich meine, du kennst sie nicht so gut wie ich und ich schwöre dir, sie würde nicht einmal einer Fliege etwas zuleide tun!" Um meine Worte zu unterstreichen, kreuzte ich Zeige- und Mittelfinger wie zu einem Schwur.

Sie zuckte mit ihren Schultern. „Sie ist die Einzige, die ein Motiv hätte."

„Und das wäre?"

„Eifersucht."

Ich gab ein Geräusch von mir, welches mit ganz viel Fantasie als Lachen durchgehen konnte. Ihre Worte waren völlig absurd und bewiesen, wie Unrecht Isabel mit ihrer Theorie hatte.

Als sie mich ansah, voller Gewissheit, wurde mir allerdings klar, wie Ernst sie es meinte.

Und als sie meine Ungläubigkeit bemerkte, runzelte sie ihre Stirn und meinte: „Du weißt es nicht?"

Plötzlich fühlte ich mich wie im falschen Film. Eine Vorahnung kroch meine Wirbelsäule hoch, die zu abstrakt war, als dass ich sie hätte fassen können.

„Was weiß ich nicht?"

„Carmen war total verknallt in meinen Bruder. Und irgendwie hab ich auch gedacht, Tommy würde genauso auf sie stehen, aber dann kam er wie aus heiterem Himmel mit Jenna zusammen." Sie wirkte genauso verwirrt wie ich, weil ich nichts davon gewusst hatte.

„Und das wäre ein Motiv", schloss ich daraus und konnte förmlich spüren, wie ich in mich zusammensackte. „Das glaube ich nicht. So etwas würde sie nicht … Sie könnte niemals …"

Jetzt, wo Isabel es ausgesprochen hatte, war es, als würde ich im Zeitraffer die letzten Monate vor meinem inneren Auge ablaufen und all die Momente sehen, in denen mir hätte auffallen müssen, was meine beste Freundin für den größten Mädchenschwarm unserer Schule empfand. Da waren die Pausen gewesen, die sie unbedingt auf dem Hof verbringen wollte, wo Tommy und Moritz immer spielten. Das eine Mal, als sie im Schulflur von Gina absichtlich angerempelt worden war und all ihre Schulbücher herunter gefallen waren, und Tommy auftauchte, um ihr beim Aufheben zu helfen. Ich kam mir so unendlich dumm vor.

„Du hast es echt nicht gewusst", holte Isabel mich aus dem Sumpf meiner Erinnerungen heraus.

Ich schüttelte meinen Kopf. „Sie hat nie etwas gesag."

In diesem Augenblick klingelte es. Ich konnte nicht fassen, wie eine Pause so schnell vergehen konnte – Und fühlte mich alles andere als bereit zum Klassenraum zu gehen und mich neben Carmen zu setzen.

„Hör zu", sagte Isabel, während wir uns erhoben. „Ich muss heute nach der Schule nach Hause. Komm doch mit und wir schauen zusammen Tommys Sachen durch. Vielleicht finden wir ja *irgendetwas*."

Wie in Trance stimmte ich ihr zu. Mit meinen Gedanken war ich ganz woanders.

Wenn ich nicht einmal gewusst hatte, dass sie in Tommy Schneider verknallt gewesen war, kannte ich Carmen dann wirklich?

Konnte ich dennoch felsenfest behaupten, sie wäre nicht zu Mord fähig?

Doch mehr als diese Möglichkeit erschreckte mich die Tatsache, dass ich *überhaupt* darüber nachdenken musste.

Kapitel Vier

Isabel

Es fühlte sich auf eine unerklärliche Weise völlig normal an, mit Emma zu mir zu fahren. Nach Hause. An den Ort, an dem ich 14 Jahre lang gelebt hatte, und der mir schon bei der Vorstellung daran völlig fremd vorkam.

Während der Busfahrt schwiegen wir größtenteils. Sie fragte sich vermutlich, wie sie *es* nicht hatte merken können. Ich dachte derweil an meine Mutter.

Gestern gegen Mittag hatte das Krankenhaus meinen Vater angerufen. Wie es schien, war er noch immer als Notfallperson eingetragen. Meine Mutter hatte nicht nur einen einfachen Nervenzusammenbruch, hatten sie ihm gesagt. Es ging ihr sehr schlecht. Laut den Ärzten bestünde eine hohe Wahrscheinlichkeit, sie könnte an einer Posttraumatischen Belastungsstörung erkranken. Was das genau war wusste ich nicht. Nach dem Anruf ließ mein Vater seine Kontakte spielen.

Nach wenigen Telefonaten hatte sie einen Platz in der renommierten Wilhelm-Wundt-Psychiatrie in Regenhain. Ausgerechnet meine Mutter, diese grundsolide Frau, war nun ein Fall für die Klapse.

Ein Teil von mir wollte Emma davon erzählen;

wollte mit *irgendjemandem* darüber reden. Ich ließ es bleiben. Sie war nicht meine Freundin. Sie war nur bei mir, um Carmen zu entlasten. Um etwas zu finden, was ihre Zweifel zum Schweigen brachte. Sie war nicht *meinetwegen* mitgekommen. Diese Tatsache versuchte ich jedoch möglichst nicht zu beachten. Ich wünschte mir sogar beinahe mir einreden zu können, sie wäre sehr wohl für mich hier.

So wie es aussah, hatte ich abgesehen von ihr niemanden mehr. Fabienne hatte wortlos neben Jenna gestanden, während diese mir sagte, wie albern ich mich doch verhielt. Sie hatte einfach dabei zugesehen.

Wir stiegen aus dem Bus aus und liefen die letzten Meter noch immer ohne ein Wort zu sagen.

Vor meinem Haus blieb ich stehen und kramte ungewöhnlich lange nach dem Schlüssel.

„Hübsch hier", bemerkte Emma, während sie geduldig wartete.

Ich nickte. Fand meinen Schlüssel. Wünschte mir beinahe, ihn vergessen zu haben. Schweigend ging ich auf die Haustür zu, Emma folgte mir. Sie entdeckte die herumliegenden Zeitungen und bemerkte: „Wieso holt ihr die nicht rein?"

Ohne ihr eine Antwort zu geben schloss ich auf und trat in den Hausflur ein.

Es war, als hätte jemand auf *Stopp* gedrückt, aber gleichzeitig das Leben ausgesperrt. Alles stand noch an seinem Platz, nichts hatte sich verändert; und dennoch wirkte das Licht hier grauer, fahler, unscheinbarer.

„Meine Mutter hatte einen Nervenzusammenbruch. Die letzten Nächte hab ich bei meinem Vater geschlafen."

Emma schloss die Tür. „Oh."

„Ja."

„Tut mir leid …"

„Schon gut, sie wird heute in eine Klapse eingeliefert." Ich warf meine Schultasche zur Garderobe und zog meine Schuhe aus. „Zieh bitte auch deine Treter aus, meine Mutter … Sie will nicht, dass überall im Haus Schlamm verteilt wird." Dass es seit Tagen nicht geregnet hatte war bei dieser Argumentation wohl nicht so wichtig.

Emma tat nickend, um was ich sie gebeten hatte, legte danach ihre Tasche zu meiner und folgte mir dann die Treppe hoch. „Ich mag euer Haus", erzählte sie mir, während wir Stufe für Stufe zurücklegten. „Es ist so hell."

„Findest du?" Ich hielt inne, schaute in den Flur hinunter. Versuchte mein Zuhause mit ihren Augen zu sehen … und schaffte es nicht. „Als wir noch Kinder waren, hat sich Tommy manchmal hier aufs Geländer gesetzt und ist runtergerutscht." Ich musste unwillkürlich lächeln bei dieser Erinnerung. „Einmal hatte er sein Gleichgewicht verloren und war mit dem Kopf zuerst auf die Fliesen gefallen. Er hatte echt mehr Glück als Verstand, abgesehen von einer Platzwunde ist ihm nichts passiert, diesem

Blödmann."

Emma grinste. „Mein Bruder und ich haben uns immer auf lange Kissen gesetzt und sind dann auf ihnen die Treppe herunter gerutscht. Wir haben regelrechte Wettrennen veranstaltet!"

Ich kannte ihren Bruder zwar nicht, musste aber bei der Vorstellung, wie eine noch winzigere Emma auf einem Kissen eine Treppe herunter rutschte, lachen.

„Ich gebe zu, manchmal hat er mich auch geschubst", sagte sie auf eine so unschuldig ironische Weise, dass ich noch mehr lachen musste.

Der Moment verrauchte genauso schnell, wie er gekommen war. „Komm mit", murmelte ich und ging weiter. Seine Zimmertür war die Erste auf der rechten Seite. Sie war geschlossen. An dem weißen Holz klebte das Poster eines amerikanischen Gitarristen, keine Ahnung, wer das war.

Ich blieb vor der Tür stehen und legte meine Hand auf die Klinke. So verharrte ich einen Moment lang.

„Ist dir mal aufgefallen, wie viele Sprüche es über Schwestern gibt?", dachte ich laut, ohne die Tür zu öffnen. „Darüber, wie toll es doch ist, als Schwester eine Schwester zu haben und so. Warum gibt es so selten Sprüche über Bruder und Schwester? Einen großen Bruder zu haben ist wie ..." Ich brach den Satz ab. Mir wollte kein passender Vergleich einfallen.

„Ein großer Bruder ist verhasster Verwandter, größter Kritiker und bedingungsloser Beschützer in einem", kam Emma mir zu Hilfe. „Fass das mal in *einem* tollen Spruch zusammen!"

Ich lächelte halbherzig. „Das hast du doch gerade getan."

„Oh, ich weiß einen noch besseren! Wenn dein Vater Captain America wäre, dann ist dein Bruder sein Schild. Bäms!"

„Jetzt kann ich dir nicht mehr folgen."

Vorsichtig, als könnte ich etwas zerbrechen, drückte ich die Klinke herunter und öffnete die Tür.

Tommy war genauso chaotisch wie ich. Als ich eintrat, stieg mir sein vertrauter Geruch nach Schweiß und seinem Duschgel mit Meerwasserduft in die Nase. Unwillkürlich atmete ich tief ein, wollte diesen Geruch aufsaugen, mir einreden, ich könnte ihn so niemals vergessen.

Sein Bett war nicht gemacht, ein Basketball lag darauf, um ihn verstreut vereinzelte Taschentücher und Geldstücke. Es stand in der Mitte des Raumes, links und rechts davon gab es Fenster. Auf einer Fensterbank stand die Figur eines Löwen – die hatte er von mir irgendwann einmal zu Weihnachten bekommen.

Ich ging weitere Schritte hinein. Unter dem Fensterbrett mit dem Löwen stand eine Kommode aus dunklem Holz; die unterste Schublade knarzte beim Öffnen. Ich drehte mich im Kreis. Gegenüber des Bettes hing eine große Weltkarte, sie nahm fast die ganze Wand ein. Ich konnte die Nadeln erkennen, die er hinein gesteckt hatte, an die Orte, die er noch bereisen wollte. Dort, wo er schon gewesen war, führte ein dünner, roter Faden zurück nach Deutschland.

Er hatte noch so viel sehen und erleben wollen.

„Okay, wonach suchen wir?", fragte Emma und klatschte erwartungsvoll in die Hände.

Ich wandte mich wieder der Kommode zu. „Er war nie sonderlich nostalgisch oder so, aber wichtige Sachen hat er hier drin aufbewahrt." Ich kniete mich vor die Kommode und versuchte, die unterste Schublade zu öffnen. „Sie klemmt!"

„Warte, ich helfe dir." Emma kniete sich neben mich und ruckelte mit mir zusammen an der Schublade. Ein lautes Knacken, dann konnten wir endlich die Schublade öffnen.

Ihr Inhalt bestand hauptsächlich aus Zeitungsberichten über gewonnene Basketballspiele, an denen Tommy teilgenommen hatte, und Eintrittskarten für Konzerte. Einen Moment lang hielt ich inne und blickte ehrfürchtig auf das Sammelsurium nieder. Es kam mir so vor, als würde ich in seine Privatsphäre eindringen.

Es war Emma, die anfing, die Zettel zu durchwühlen. Ein uraltes Familienfoto tauchte auf, als wir mit unseren Eltern in der Türkei gewesen waren. Ich muss um die 6 Jahre alt gewesen sein. Behutsam legte Emma es zur Seite und suchte dann weiter.

Wir fanden ein paar weitere Familienfotos oder Bilder von mir und ihm zusammen. Ich entdeckte sogar zwischen zwei Konzertkarten ein Babyfoto von ihm. Der Zeitstempel in der unteren Ecke sagte

23/01/93. Eine Woche nach seiner Geburt.

Elf Monate später kam ich zur Welt. Unsere Mutter hatte einmal erzählt, wie anstrengend es war mit zwei Babys auf einmal, aber sie hatte auch wieder arbeiten gehen wollen. Nicht weil sie so versessen auf ihre Karriere gewesen war, sondern weil eine Frau, die zu lange aus ihrem Beruf raus war, gar nicht mehr genommen wurde.

Ich schob diesen Gedanken beiseite und konzentrierte mich auf unsere Aufgabe. Und da fand ich es. Das Foto, welches alles veränderte.

Es musste in einer Bar oder einem dunklen Konzertsaal aufgenommen worden sein, die Qualität war nur mäßig gut. Rechts war Moritz zu sehen, sein dunkles Haar noch ein wenig kürzer als es jetzt war. Links war ein Junge, von dem ich gedacht hatte, Tommy hätte längst keinen Kontakt mehr zu ihm – Elias Heilmann. Sein schwarzes Haar war feucht, vielleicht vom Schwitzen, und hing ihm in die Augen, die er breit grinsend zusammenkniff. So wie er aussah stand er vermutlich auf einem Stuhl oder einem Hocker oder so etwas, als das Foto aufgenommen wurde.

Neben ihm stand mein Bruder. Seine blonden Locken wirkten in dem Licht dunkler, doch auf seinen Lippen lag ein glückseliges Lächeln, als wäre es der beste Abend seines Lebens gewesen.

„Das glaube ich nicht!", rief Emma aus, riss mir das Bild aus der Hand und betrachtete es genauer.

Ihr Ausruf galt nicht den Jungs, sondern dem

Mädchen in Tommys Armen. Dem Mädchen, die ihre Stirn in seine Halsbeuge gebettet hatte, Zähne zeigend in die Kamera grinste und eine Flasche Bier in ihrer Hand hielt. Dem Mädchen, dessen schwarzes Haar wie Pech über den Rücken floss.

Es war Carmen.

Carmen

Ich lag in meinem Bett und starrte an meine Zimmerdecke.

Als ich noch jünger gewesen war, hatte ich mir einen eigenen Himmel gewünscht. Das hatte nichts mit irgendeinem tiefer gehenden Todeswunsch zu tun oder so, ich wollte lediglich hoch in den Wolken sein. Mein größter Wunsch war es damals mit den Vögeln um die Wette fliegen zu können.

Nachdem ich ein Wochenende bei meinem Onkel in Hannover verbracht hatte, kam ich zurück und erlebte die größte Überraschung meines bisherigen Lebens: Mein Zimmer war hellblau. Nicht nur die Wände, auch die Decke. Weiße Wolken tummelten sich an den Seiten und über mir entlang. Der Lampenschirm war gelb und rund wie die Sonne und über meinem Schreibtisch am Fenster hing ein Mobile aus Vögeln.

Auch noch viele Jahre später traute ich mich nicht, Poster oder Bilder an die Wand zu hängen. Ich konnte mir nicht vorstellen dass man im Himmel irgendetwas an eine Wolke hängen konnte. Mein

Vater hatte an die Wände meines Schrankes Pinnwände angebracht, die ich mit Fotos und Notizen füllen konnte.

Ich weiß noch, wie Emma und ich uns bei ihrer ersten Übernachtung bei mir auf den Boden gelegt und Wolken-Raten gespielt hatten. Und wie es mir imponiert hatte wie sie es schaffte, Muster zu sehen, die ich bis dahin nie bemerkt hatte.

Es hatte nie irgendeinen besonderen Moment gegeben, auf den unsere Freundschaft zurückzuführen war. Keine Kollision auf dem Schulflur noch bevor der Unterricht begonnen hatte, wir saßen während der Klasseneinteilung auch nicht ganz zufällig nebeneinander. Soweit ich mich erinnern konnte war ich ihr in den ersten Schultagen auch gar nicht aufgefallen.

Und dann, kurz vor den Herbstferien, waren wir in der gleichen Arbeitsgruppe gelandet. Da wir die einzigen Mädchen in unserer Gruppe waren und mit drei Jungs zusammen arbeiten mussten, die allesamt die 5. Klasse wiederholten, hatten wir genug Zeit, uns besser kennenzulernen.

So hatte ich mich mit Emma Gold angefreundet. Und es nie bereut.

Dass sie nun mal war wie sie war, da konnte sie nichts für. Emma war einfach Emma. Meine liebe, gute Emma, die sogar Fliegen aus ihrem Eistee rettete.

Das machte es von Zeit zu Zeit am Schlimmsten.

Über meine Gedanken döste ich hinweg ein. Ich

schreckte auf, als es an der Haustür Sturm klingelte. Im ersten Moment war ich völlig desorientiert. Ich versuchte, die Schläfrigkeit aus meinen Augen zu blinzeln, rappelte mich ein wenig benommen auf und tapste aus meinem Zimmer, durch den Flur, an der Küche vorbei zur Wohnungstür.

Die Haustür unten musste offengestanden haben, denn als ich die Wohnungstür öffnete, stand sie bereits im Hausflur.

Emma.

Ich runzelte die Stirn. Sie sah nicht wütend aus, eher enttäuscht. Augenblicklich trat ich zur Seite, damit sie eintreten konnte, doch sie blieb auf der Fußmatte stehen, hob ihren Arm und hielt ein Foto hoch.

Ein Foto von Tommy und mir und seinen Freunden.

Ich spürte, wie das Unbehagen von mir Besitz ergriff.

„Woher hast du das?", wollte ich ein wenig kleinlaut wissen. Als ob das wichtig wäre. Sie hatte es gefunden, Punkt.

Sie suchte meinen Blick, doch ich konnte ihr einfach nicht in die Augen schauen.

„Warum hab ich davon nichts gewusst?", fragte sie, doch es klang wie ein Vorwurf.

Warum hast du nicht hingeschaut?, dachte ich unwillkürlich und hasste mich selbst dafür.

Ich kannte Emma doch nicht erst seit Gestern. Sie war noch nie gut darin gewesen, Taten zu sehen und verließ sich deshalb stets auf Worte.

Erst als sie schniefte, schaute ich hoch. Ihre Augen hatten sich mit Tränen gefüllt, sie rang um Fassung.

Atmete tief ein. Und dann sprach sie die Frage aus, die ihr wohl seit dem Fund dieses Fotos auf der Seele brannte: „Hast du irgendetwas mit Tommys Tod zu tun?"

Ich schüttelte meinen Kopf. „Nein! Emma, das musst du mir glauben!"

Ihre Zweifel taten weniger weh, als ich erwartet hätte. Ich konnte sie verstehen. Wäre es anders herum gewesen, wäre sie das Mädchen in seinen Armen gewesen, hätte ich auch gezweifelt.

Sie wedelte sacht mit dem Foto, um meine Aufmerksamkeit darauf zu lenken. „Dann erkläre mir, warum du ausgerechnet mit Tommy Schneider auf einem Konzert warst!"

Es war ein Albtraum. Ein einziger, schrecklicher Albtraum.

Ich konnte mich an den Abend erinnern. Es war leicht, die Erinnerung vor meinem inneren Auge ablaufen zu lassen wie einen Film. Der Geruch nach Zigarettenrauch und seinem Schweiß. Der Geschmack von Bier und seinen Lippen. Das Gefühl, sich im Takt der Musik zu bewegen, ganz nah an seinem Körper. So nah, dass ich seinen Herzschlag hatte spüren können.

Seine Lippen an meinem Ohr, seine Stimme ein Flüstern. *Das hier muss unser kleines Geheimnis bleiben, okay? Niemand darf von uns erfahren.*

Ich hatte genickt. Hatte es ihm versprochen.

Niemand durfte von uns erfahren.

„Emma, ich ..." Meine Stimme zitterte. Ich wollte sie

umarmen, nach ihr greifen, doch als ich auf sie zu ging, trat sie einen Schritt zurück. „Ich kann nicht!"

Ich konnte sehen, wie etwas in ihr zerbrach; konnte es in ihren Augen sehen, wie ihr Vertrauen in mich einen tiefen Riss bekam.

Sie senkte ihren Arm, hielt das Foto weiterhin fest. „Das war die falsche Antwort", sagte sie monoton und ohne mit der Wimper zu zucken, machte sie auf dem Absatz kehrt und ging.

Sie ging tatsächlich.

Ich blieb solange im Türrahmen stehen bis ich hörte, wie unten die Haustür zufiel. Erst dann schloss ich die Wohnungstür, ging ins Bad, verriegelte die Tür.

Mit dem Rücken an sie gelehnt, ließ ich mich auf den Boden gleiten, die Knie angewinkelt, meine Hände gegen meine Stirn stemmend.

Ich hatte gedacht, Tommy zu verlieren wäre das Schlimmste, was mir jemals passiert war.

Das stimmte nicht.

Zu sehen, wie Emma fortging, mich zurückließ, aufhörte, an mich zu glauben, tat mehr weh.

Tausendmal mehr.

Emma

Ich faltete das Foto zweimal und steckte es in meine Hosentasche. Ein Teil von mir wollte zurück, Carmen bei den Schultern packen und sie so lange schütteln, bis sie mir alles erzählte. Doch ich konnte nicht. Selbst wenn ich gewollt hätte, es war, als hätten meine Beine ein Eigenleben entwickelt und liefen einfach geradeaus.

Meine beste Freundin hatte mir nicht erzählt, dass sie nicht nur verknallt in den größten Mädchenschwarm unserer Schule war, sondern auch mit ihm ein Date hatte. Und ehrlich gesagt wirkten die Zwei auf dem Foto schon nach mehr als *erstes Date*.

Garantiert hatten sie sich geküsst, vielleicht sogar noch mehr.

Ich versuchte den Gedanken zur Seite zu schieben.

Sie war meine beste Freundin. Ich hatte geglaubt, sie würde mir solche Dinge erzählen. Mir vertrauen.

Was war ich denn für sie, wenn sie mir nicht vertrauen konnte?

Tränen brannten in meinen Augen. Ich wollte weg hier. Wollte einfach nur noch … Ich wusste nicht genau, was ich wollte.

Vermutlich wollte ich bloß zurück in die Zeit, als meine beste Freundin noch wirklich meine beste Freundin gewesen war.

Während ich durch die Straßen lief kam plötzlich die Wut. *Ich* hatte ihr vertraut. Hatte ihr in den letzten Wochen und Monaten *alles* erzählt, was mir auf dem Herzen lag. Als ich mich kurz vor den Sommerferien mit Justus gestritten hatte, war sie die Erste gewesen, die Bescheid wusste. Nachdem ich von dem Tod meiner Großmutter vor zwei Jahren erfahren hatte, war sie es, der ich davon erzählte.

Was zur Hölle hatte ich getan, dass ihr Verhalten

rechtfertigte?!

Schwer atmend blieb ich stehen und sah mich um. Ich kannte die Gegend. Von hier aus waren es nur noch knapp zehn Minuten zu Fuß zu Justus, zumindest wenn man direkt über das Feld lief, vor dem ich gerade stand.

Das Feld!

Ich erinnerte mich an ein Erdloch, in dem ich mich zusammen mit Justus oft versteckt hatte, wenn wir so getan hatten, als wären wir unsichtbar. Damals waren wir Kinder gewesen, aber unsichtbar zu sein klang gerade nach dem Paradies auf Erden.

Ich konnte nicht mit Sicherheit sagen wie spät es war, aber um ehrlich zu sein war mir ein gemeinsames Abendessen mit meiner Familie gerade egal. Ich entschied mich für einen Trampelpfad durchs Feld und suchte nach dem Erdloch.

Es wäre schneller gegangen direkt zu Justus zu laufen, aber schließlich fand ich es. In meiner Erinnerung war es größer gewesen. Ungeachtet des Dreckes setzte ich mich hinein, zog meine Knie an mich, beugte mich vor und versteckte mein Gesicht. Vor meinen Augen wurde es schwarz. Hier drin konnte ich kaum die Geräusche hören, die draußen von Leben kündigten. Gut so. Ich wollte alleine sein, mit mir und meinen Gedanken.

Wollte so tun, als wäre nichts der letzten Tage geschehen.

Heute Morgen hatte ich noch geglaubt eine beste Freundin zu haben. Jetzt, nur ein paar Stunden später, war ich mir da plötzlich gar nicht mehr so sicher.

Natürlich hörte ich ihn. Ich war nur so sehr in meinen Gedanken versunken, dass ich nicht damit rechnete gefunden zu werden.
Aber manchmal, ganz selten, wurden wir von jemandem entdeckt ohne zu wissen, das wir gefunden werden wollten.
„Was machst du da?" Seine Stimme klang nicht gerade freundlich.
Ich hob meinen Kopf und entdeckte ihn am Eingang des Erdlochs. Sein blondes Haar schimmerte golden im Licht der Sonne.
„Du bist doch Timon, oder?"
Er nickte. „Also? Was machst du hier?" Er lehnte sich ein wenig zurück und schaute sich vor dem Erdloch um. Als er was-weiß-ich begutachtet hatte, kam er zu mir ins Erdloch gerutscht. Einfach so.
Ich unterdrückte den Drang ihn aus meinem sicheren Versteck zu treten.
„Draußen ist niemand, also glaube ich nicht, dass du dich versteckst", schlussfolgerte er oberlehrerhaft.
„Vielleicht verstecke ich mich ja nicht vor einem *Menschen*", entgegnete ich und rollte genervt mit den Augen, als hätte er eine dumme Aussage gemacht.
Timon legte seinen Kopf schräg und runzelte seine Stirn. „Emma, du glaubst doch nicht ernsthaft an Geister?"

„Ich hab mich nicht vorgestellt. Woher kennst du meinen Namen?"

„Von Till."

Das leuchtete mir ein. Er nahm sich einen kleinen Ast und fing an, kleine Kreise in die dunkle Erde zu malen. „Kornkreise", sinnierte er und schaute mit einem schrägen Grinsen zu mir.

Unwillkürlich musste ich kichern. „Wohl eher Erdkreise!"

„Klugscheißer!"

„Hornochse!"

„Äh – Erdloch-Kriecherin!"

„Der hat jetzt aber gesessen!", lachte ich auf und fühlte mich beinahe wieder ein wenig besser.

Auch Timon musste lachen. „Du bist doch Maries Schwester, richtig?"

Ich nickte. „Gehst du mit ihr in eine Klasse?"

Jetzt war er es, der nickte. „Sie wirkt nur irgendwie so… anders wie du."

„*Als* du", verbesserte ich ihn automatisch.

Zur Antwort streckte er mir die Zunge heraus. „Erklär mir nicht die Welt." Er klang ein wenig genervt.

Schnell zuckte ich mit den Schultern und tat das Ganze ab. „Wie wirke ich denn?"

Plötzlich schienen ihn seine gemalten Kreise brennend zu interessieren. „Weiß nicht genau. Anders eben."

„Wie ein Alien?", schlug ich vor. „Vielleicht hab ich ja deine Erdkreise da gemalt."

Timon hob seine Hand und zeigte mir seinen Ast. „Wohl kaum, wenn *ich* den Pinsel hab."

Mit meinem Zeigefinger machte ich eine Art kreisende Bewegung. „Vielleicht hab ich ja deine Gedanken manipuliert und du hast sie nur gemalt, weil *ich* es so wollte!"

Gespielt bestürzt warf er den Ast weg.

„Das hast du auch nur gemacht, weil ich es wollte."

Er lachte. „Du bist echt schräg!"

Seine Anwesenheit brachte mich auf andere Gedanken. Und obwohl ich erst seit heute so richtig mit drin steckte in dieser ganzen Tommy-ist-tot-Geschichte, fühlte ich mich jetzt schon heillos überfordert. Es tat überraschend gut in diesem Erdloch zu sitzen – Und nicht alleine zu sein.

Auf einmal kam mir der Gedanke, dass er wieder gehen könnte. Ich wollte noch nicht wieder alleine sein. Also fragte ich das Erste, was mir in den Sinn kam: „Habt ihr euch gut in Neustadt-Hausen eingelebt?"

Er zuckte mit den Schultern, nahm sich einen neuen Ast und fing an, dünne Linien durch die Kreise zu ziehen. „Schätze schon."

Ich streckte meinen Fuß aus und berührte mit der Spitze seinen Schuh. Es verfehlte seine Wirkung nicht – Er sah zu mir. „Du siehst aus, als steckt mehr dahinter", meinte ich und klang sanfter, als ich es selbst von mir gedacht hätte.

In seinen Augen konnte ich so etwas wie Überraschung erkennen, als wäre er es nicht gewohnt, genauer angesehen zu werden. Schnell blickte er wieder nach unten und widmete sich seiner Malerei. „Wir sind ziemlich überstürzt umgezogen. Haben vorher in Regenhain gewohnt, in einem großen Herrenhaus. Ist schon seit Jahren im Besitz meiner Familie, ist jetzt also keine große Sache. Jetzt wohnen wir in einer Doppelhaushälfte. Was okay ist, ehrlich, ich bin nicht so ein Arsch der sich für wichtiger hält je größer sein Haus ist, es ist einfach nur anders." Er endete mit einem tiefen Seufzen. „Jetzt du – Warum versteckst du dich in einem Erdloch?"

Für den Bruchteil einer Sekunde trafen sich unsere Blicke, bis ich zu meinen Händen sah. Ich war nie gut darin gewesen, über mich zu reden. In diesem Moment wurde mir erschreckender weise klar, wie viel ich vor Carmen ebenfalls verschwiegen hatte. Nicht die wichtigen Dinge, die hatte ich immer mit ihr geteilt.

Ich dachte dabei an die Dinge, die ich mir selbst nicht eingestand. Die Angst, wenn ich Justus dabei erwischte, wie er mich heimlich beobachtete oder wenn er wie zufällig meine Hand berührte. Wie lange könnte ich noch so tun, als würde ich nicht merken, was er für mich empfand? Und würde ich auf lange Sicht gesehen meinen besten Freund verlieren?

Ich hatte ihr auch nicht gesagt, dass Jan nach seiner Rückkehr erst einmal einen kalten Entzug durchstehen musste, und dass Tante Liv in der Zeit bei uns eingezogen war, um meine Eltern im Haushalt zu unterstützen.

Oder von den Albträumen, die mich seit ich denken konnte manchmal quälten; Träume von Kellern und Schlangen, Geschrei und Dunkelheit, die ich nie hatte deuten können.

Es gab so vieles, was Carmen nicht über mich wusste. Wie hatte ich ihr bloß einen Vorwurf machen können?

„Emma?", holte Timon mich zurück in die Realität.

„Entschuldige", sagte ich hastig. „Es ist nur … Ich weiß nicht genau, was los ist. Ich hab das Gefühl, dass einfach alles aus dem Ruder läuft und ich kann nichts dagegen tun."

„Das kenne ich gut. Aber glaub mir, irgendwann renkt sich das Ruder schon wieder ein", versuchte er mich aufzuheitern.

Als ich ihn ansah, lächelte er mir aufmunternd entgegen und plötzlich fiel es mir unglaublich schwer, ihn als Maries Klassenkameraden zu sehen. Da war etwas an ihm, was ich nicht richtig in Worte fassen konnte, aber es machte ihn älter. Nicht so naiv wie Gleichaltrige.

Wenn seine Gegenwart mir nicht so gut tun würde, hätte ich seine gesamte Existenz vermutlich für gruselig empfunden.

„Warum musstet ihr denn wegziehen?", wollte ich wissen. „Ich meine, in einem Herrenhaus zu wohnen muss ziemlich cool sein. Warum gibt man so etwas auf?"

„Für den Erhalt seiner Familie." Seine Antwort kam schnell, fast so als hätte er sie eingeprobt. Ein verächtliches Grunzen folgte. „Das ist zumindest die Auffassung meiner Eltern." Er brach den Ast mit einer Hand durch. „Es war wegen Till. Er hatte, sagen wir, ein kleines Problem mit Tabletten."

Als er das sagte musste ich unwillkürlich an Jan denken, der monatelang von der Bildfläche verschwunden und als Heroin-Geist zurückgekehrt war.

„Und als er dann die Finger von den Tabletten ließ, hatte er ein großes Problem mit seinem Dealer. Elias hat ihn einfach nicht in Ruhe gelassen. Hast du die Narbe über seiner rechten Augenbraue gesehen? Die hat Elias ihm verpasst. Obwohl meine Eltern ihm die Polizei an Hals gehetzt haben, hat er Till einfach nicht in Ruhe gelassen. Anfang der Sommerferien lauerte dieser Mistkerl meinem Bruder abends auf, schlug ihn k.o. und ritzte ihm ein X in die Schulter. Als unsere Eltern das herausfanden, konnten sie es nicht mehr ertragen und haben den Umzug organisiert. Als wäre Weglaufen die beste Möglichkeit …"

„Warum ein X?", dachte ich laut.

„Ist dass das Einzige, was dich interessiert?"

Ich spürte, wie mir Schamröte ins Gesicht stieg.

„Ähm, natürlich nicht, ich wollte bloß -"

„Schon gut", unterbrach er mich und gab mir mit einem halbherzigen Lächeln zu verstehen, dass es wirklich okay war. „Xelsias war sein Dealername. In

Regenhain kennen ihn alle unter diesem Namen, und in Neustadt-Hausen bestimmt auch."

Xelsias ... Komischer Name. Ob Jan ihn kannte?

„Das muss hart gewesen sein. Ich meine, mit anzusehen, wie dein Bruder bedroht wird, und nichts tun zu können", mutmaßte ich.

„Er ist selbst Schuld. Wenn er sich nie mit Elias angefreundet hätte, wäre es nie soweit gekommen."

„Wenn er einen Dealernamen hat, woher kennst du dann seinen richtigen Namen?", schoss es mir durch den Kopf.

„Du hast echt ein Talent dafür, unwichtige Fragen zu stellen. Außer mir weiß ihn niemand. Ich bin mir nicht einmal sicher, ob Till ihn kennt."

„Und woher kennst du ihn?"

„Von früher." Er zuckte mit den Schultern. „Ist auch nicht so wichtig. Ich glaube, ich muss langsam los." Er warf einen Blick über die Schulter, vermutlich um den Stand der Sonne zu überprüfen. „Seit der Sache mit Till ist meine Mutter noch mehr wie eine Glucke als sonst."

„Wie sonst", verbesserte ich ihn schmunzelnd.

„Sicher?"

Zum ersten Mal dachte ich darüber nach – und war mir plötzlich gar nicht mehr so sicher. „Öh, ich denke schon..."

Timon lachte. Ich kicherte. Er warf seine restliche Hälfte des Astes weg und kletterte anschließend aus dem Erdloch. Ich wusste nicht woher er die Sicherheit nahm, dass ich ihm folgte, doch er wartete vor dem Erdloch, half mir sogar beim Aufstehen. Für sein Alter war er schon recht groß, vielleicht war er sogar schon ein paar Zentimeter größer als ich (wobei das auch keine Schwierigkeit war).

Zum Abschied streckte er mir die Hand entgegen.

„Bis irgendwann, Emma. Und vergiss nicht: Das Ruder renkt sich schon wieder ein!"

Ich schlug ein, und ohne ganz zu wissen warum, zog ich ihn zu mir und umarmte ihn halb, ließ ihn allerdings genauso schnell wieder los. Jetzt, wo er mir bei Tageslicht gegenüberstand, konnte ich seine klaren, blauen Augen sehen, in denen winzige, silberne Sprenkel wie Spiegelscherben glitzerten.

Hastig sah ich weg und trat einen Schritt zurück.

„Ähm, bis dann!", sagte ich schnell, wandte mich um und eilte davon. Ich hielt nicht noch einmal inne um zu sehen, in welche Richtung er davon ging.

Während ich nach Hause lief beschloss ich, dieses merkwürdige Gefühl in mir, als wir uns in die Augen gesehen hatten, genauso zu verdrängen und zu einem Geheimnis zu machen, wie all die anderen Dinge, die ich vor dem Rest der Welt verschwieg.

Es gab Dinge, die sollte man niemals jemandem anvertrauen.

Fabienne

Ich hatte keine Ahnung vom Tod. Meine Familie war, so weit ich mich zurückerinnern konnte, von tödlichen Tragödien verschont geblieben. Mein grand-pére väterlicherseits war verstorben als ich noch ein kleines Mädchen gewesen war und der Rest meiner Großeltern lebte noch in Albi. Meine Mutter hatte eine Großcousine, die vor zwei Jahren von der Kathedrale Sainte-Cécile gesprungen war, doch sie hatte ihr nicht nah genug gestanden um zur Beerdigung zu fliegen.

Irgendwie schlich sich in den letzten Tagen immer wieder die Vorstellung vom Kapuze-tragenden Sensenmann in meine Gedanken. Es war kaum zu glauben, wie ich es in den 14 Jahren meines Lebens geschafft hatte vom Tod indirekt verschont zu bleiben, und ich wusste, dass ich dankbar dafür sein sollte; aber ich wollte es *verstehen*.

Jenna tat zwar die ganze Zeit so, als wäre sie die Einzige, die ein Recht hätte um Tommy zu trauern, aber das stimmte nicht. Sicher, sie war seine Freundin gewesen, aber ich hatte ihn doch auch gekannt.

Ich hatte ihn vor allem *anders* gekannt als sie.

Jenna sah in ihm ihren Freund. Ihre erste große Liebe. Den Helden, der ihr Herz erobert hatte.

Ich sah in ihm Isabels Bruder. Den Jungen, der sich zu uns in unser aus Laken gebautes Zelt setzte und uns Gruselgeschichten erzählte und dann, mitten in der Nacht, zu uns kroch, seine Arme schützend um uns legte und uns vor den Gespenstern beschützte.

Ich sah in ihm den Jungen, der zu jedem Basketballspiel ein Löwenkuscheltier mitbrachte, welches seine Eltern ihm zur Geburt geschenkt hatten. Alle schenkten ihm Löwen. Isabel hatte mal erzählt, dass er seine Locken immer wie eine Mähne getragen und als Kind so getan hatte, als wäre er ein echter Löwe. Der König der Tiere war sein Lieblingstier.

Kein Wunder, dass aus ihm der König der Schule geworden war.

Es war nicht so, dass ich ihn vermisste. Ich konnte mir eine Welt, in der kein Tommy Schneider nachts zu den Mädchen krabbelte, um wieder gut zu machen, was er angerichtet hatte, bloß nicht vorstellen. Erst jetzt, wo er fort war, wurde mir klar, wie selbstverständlich ich seine Anwesenheit gehalten hatte.

Wie selbstverständlich ich jeden, der mir wichtig war, hielt.

Mir wurde erst durch Tommys Tod klar, wie schnell und wortlos Menschen mich verlassen konnten.

Genau darüber wollte ich mit jemandem reden, aber es war, als wäre ich nicht wichtig genug. Als wären meine Gefühle nicht drängend. In der Schule wurde bloß Jenna gefragt, wie sie zurechtkäme. Niemand sprach mit Moritz. Keiner ging zu Dante und klopfte ihm mal auf die Schulter oder sagte zu Henrik, dass er schon wieder jemanden finden würde, mit dem er über Computerspiele fachsimpeln konnte.

Und traurigerweise sprang keiner von uns über seinen Schatten und ging zu Isabel. Es war beinahe so, als hätte Jenna ein unausgesprochenes Gesetz verhängt, dass wir Isabel wie die Pest meiden sollten.

Das Schlimmste daran war, dass wir uns ausnahmslos alle daran hielten.

Nach der Schule hatte ich noch Ballettunterricht, danach wurde ich von unserem Chauffeur abgeholt und nach Hause gebracht. Hier saß ich nun mit meiner Mutter im Fernsehzimmer, auf ihrer geliebten, weißen Couch, und tat so, als würde ich mir die Dokumentation über Bienen ansehen, während mir all diese Gedanken durch den Kopf wirbelten.

Auch ich hatte jemanden verloren.

„Mama?", fragte ich, noch bevor ich ganz fassen konnte, was ich eigentlich sagen wollte. Noch bevor sie eine Reaktion zeigte, fuhr ich fort. „Warum bringen sich Menschen um?"

„Du hast Recht, diese Imkeranzüge sehen wirklich ulkig aus", antwortete sie, ohne ihren faszinierten Blick vom Fernseher abzuwenden.

Ich brauchte einen Moment, ehe ich begriff dass sie mir gar nicht zugehört hatte. Oder sie hatte bloß das gehört, was sie hören wollte.

„Oh hast du gehört, dass in Regenhain eine alte Jagdvilla leersteht?", schien ihr plötzlich einzufallen. „Ich wollte die Besitzer ausfindig machen und sie ihnen abkaufen. Was meinst du?"

Ich sagte nichts dazu. An anderen Tagen hätte ich das Gespräch versiegen lassen. Hätte einfach weiter da gesessen und geschwiegen, weil das nun einmal meine Art war. In meiner Familie konnte man auf 56 verschiedene Arten Schweigen.

Heute konnte ich das nicht. Es war, als würde mich etwas von innen heraus dazu drängen, eine Antwort zu verlangen.

„Mama", sagte ich noch einmal, dieses Mal bestimmter. „Was ist bloß los mit dir?!" Meine Stimme klang viel zu laut in meinen eigenen Ohren. Aber sie hörte darauf. Zum ersten Mal, seit ich mich neben sie gesetzt hatte, sah sie mich an; ihre grauen Augen geweitet, ihr dunkelrot bemalter Mund leicht geöffnet. „Mademoiselle, wie sprichst du denn mit mir?"

Plötzlich ertrug ich all das nicht mehr. Mit zusammengeballten Fäusten stand ich auf. Versuchte mich daran zu erinnern wie man ruhig blieb. Das konnte ich doch sonst so gut. Was war bloß los mit mir?

Ich wollte trauern dürfen. Wollte über Tommys Tod sprechen. Wollte wissen, wie ein so junger Mensch überhaupt hatte sterben können. Das war doch gar nicht fair! Wieso mussten Menschen überhaupt sterben?

Doch als ich meiner Mutter in die Augen sah, wusste ich mit einer ungeheuren Sicherheit, dass sie mir nicht helfen könnte.

„Ich muss Jenna noch etwas vorbeibringen", log ich durch meine zusammengepressten Zähne hindurch und ging, ehe meine Mutter irgendetwas einwenden konnte.

Ich lief nicht zu Jenna. Ich schnappte mir mein altes

Fahrrad, setzte mich auf den Sattel und fuhr los. Es dämmerte bereits. Normalerweise war ich um diese Tageszeit nicht mehr alleine draußen.

Ich hielt erst im nordöstlichen Waldstück von Neustadt-Hausen. So weit war ich noch nie alleine mit dem Rad unterwegs gewesen. Die letzten Sonnenstrahlen verfingen sich in den Baumwipfeln. Bald würde das Zwielicht hier einkehren.

Ich fuhr noch ein paar Meter weiter und kam zur Spuckbrücke. Keine Ahnung, warum diese Brücke so genannt wurde. Ich stieg von meinem Rad und ließ es einfach unachtsam zur Seite kippen.

Es war mir egal.

Ich ging an den Rand der Brücke. Das Geländer bestand aus einfachen Eisenstangen, durch die ein kleines Kind leicht durchrutschen könnte. Ich hatte diesen Ort immer gemieden. Es war gruselig hier.

Ich legte meine Hände auf die oberste Eisenstange und gab dem Drang nach, hinunter zu schauen.

Unter der Brücke gab es ein ungefähr zwei Meter großes Loch, durch das man in die Kanalisationsgänge unserer Stadt gelangte. Demnach konnte ich auf einen kleinen, stinkenden Fluss hinabblicken, der Richtung Norden floss. Ob er im Kanal mündete?

Ich wollte mehr sehen, deshalb stieg ich auf die unterste Eisenstange. Beugte mich vor.

Ich wollte mein Spiegelbild im Wasser sehen; wollte wissen, dass ich wirklich noch hier war.

Niemand fragte mich, wie es mir ging. Selbst wenn ich krank war wurde mir bloß gesagt, ich solle schnell wieder gesund werden. Es war, als würde ich gar nicht richtig existieren, als wäre ich bloß aus Glas, durch das man hindurchschaute.

An Tommy gedachten alle.

Wer würde mich vermissen, wenn ich jetzt –

Ich wurde so ruckartig von dem Geländer gerissen, dass ich nach Luft schnappte. Da war zu viel Schwung gewesen, ich landete mit der linken Schulter zuerst auf dem asphaltierten Boden. Erst jetzt spürte ich den Arm, der sich fest um meine Hüfte geschlungen hatte.

Plötzlich war ich wieder voll und ganz im Hier und Jetzt und schlug den Arm schnell weg. „Das tat weh!", beschwerte ich mich und sprang auf meine Beine, versuchte bereits den Dreck von meiner Jeans zu reiben, als die andere Gestalt sich erst mit dem Oberkörper aufrichtete. „Du hast eine echt merkwürdige Art 'Danke' zu sagen", brummelte der Fremde.

Es war ein Er. Ein Junge. Seine Stimme kam mir entfernt bekannt vor.

„Danke wofür?!", blaffte ich ihn an und stellte fest, dass meine Bluse einen Riss vom Sturz auf die Schulter davon getragen hatte. Und war das etwa Blut, was da leicht durch den weißen Stoff schimmerte?

„Dafür, dass ich dir dein Leben gerettet hab?", entgegnete er, als läge es auf der Hand. Endlich stand er auf. Und obwohl ich ihn noch nie in seinen Sportklamotten gesehen hatte, musste ich mit Erschrecken feststellen, dass es sich bei dem Fremden ausgerechnet um Percival von Neustadt-Hausen handelte.

Zuerst verstand ich nicht was er von mir wollte. Dann machte es Klick. „Ich wollte mich nicht umbringen!"

„Das sah gerade anders aus."

„Du hast doch keine Ahnung!"

Er hob abwehrend seine Hände. „Schon gut, du Furie! Mach dir mal keine Sorgen, ich werde dich beim nächsten Mal einfach springen lassen."

Trotzig wie ein kleines Kind verschränkte ich die Arme vor der Brust. „Ich glaube kaum, dass die Entfernung zwischen Fluss und Brücke groß genug ist, um sich umzubringen. He, was machst du da?"

Er hatte sich einfach von mir abgewandt, war zu meinem Rad gegangen und hatte es aus dem Busch gezogen. „Wonach sieht es denn aus?", entgegnete er, während er mein Rad festhielt und ein paar Meter vorschob.

„Ehrlich gesagt nach Diebstahl!"

Zu meiner Verwunderung musste er kurz auflachen. „Ich bringe dich nach Hause, du Intelligenzbestie."

Seine Nettigkeit verwirrte mich. Ich hatte ihn zwar schon ein paar Mal gesehen, aber nur selten mit ihm gesprochen und meine Meinung über die allgemeine Grafenfamilie war auch nicht die Beste.

Er schob mein Rad einfach weiter. Knapp 10 Meter

legte er zurück, ehe er innehielt und einen Blick zurückwarf. „Kommst du endlich?"
Das ließ ich mir nicht zweimal sagen.

Kapitel Fünf

Carmen

Kein Auge hatte ich letzte Nacht zumachen können. Meine beste Freundin hielt mich für eine Mörderin. Und selbst wenn nicht, so wusste sie, dass ich ihr gewisse Dinge verschwieg. Das ich sie ihr verschweigen musste, konnte sie nicht verstehen. Am Dienstag fuhr ich besonders früh zur Schule, setzte mich in die Aula und wartete. Es war der 6. Tag ohne ihn. Der 6. Tag, an dem ich ganz genau wusste, ihn nicht sehen zu können und trotzdem nach ihm Ausschau hielt. Wie lange würde ich das wohl noch tun? Wie lange würde mein Verstand wohl brauchen um zu kapieren, dass ich Tommys blonde Lockenmähne nie wieder im Meer von Schülern sehen würde? Und wann würde mein Herz aufhören weh zu tun, wenn nicht er durch die Tür in die Schule trat, sondern jemand anderes? Ich seufzte. Versuchte mir nicht vorzustellen, wie er jetzt durch die Glastür käme, mich entdeckte und zu mir schlenderte, sich zu mir setzte und mach fragte, ob alles okay wäre.

Nein, es ist nicht alles okay, würde ich dann sagen. *Jeder an dieser Gott verdammten Schule hält mich für deine Mörderin, dabei war ich in der Mordnacht doch gar nicht alleine!*

Und genau das wollte ich Emma heute klarmachen. Ich konnte ihr die Einzelheiten zwar nicht erklären, aber sie musste wissen, dass ich ein Alibi hatte. Das würde sie wieder auf meine Seite ziehen, da war ich mir ganz sicher.

Es war 7:40 Uhr und die Schule füllte sich allmählich. Zuerst kam Isabel. Sie war alleine unterwegs und trug einen übergroßen, schwarzen Pullover.

Ich erkannte ihn.

Mir wurde schwindelig.

Es war Tommys Pullover.

Aber warum war sie alleine? Wo waren ihre Freundinnen?

Sie hielt im Eingangsbereich inne und ließ ihren Blick über die Menge schweifen, als würde sie jemanden suchen. Sie setzte sich wieder in Bewegung, ausgerechnet nachdem sie mich entdeckt hatte.

Es würde doch nicht so einfach werden, wie ich gehofft hatte.

„Emma hat das Foto mitgenommen", eröffnete sie, als sie bei mir ankam.

„Von dir hat sie es also?", entgegnete ich und konnte den vorwurfsvollen Unterton nicht verhindern.

Aus der Nähe betrachtet hätte ich beinahe gegrunzt. Es war wirklich unfair – Während ich aussah wie ein Zombie, war sie noch immer wunderschön. Ihre Augen vielleicht eine Spur glanzloser als man es von dem Engel gewöhnt war, und sie hatte sich heute

Morgen auch nicht die Mühe gemacht einen Lidstrich zu ziehen, aber sie war noch immer perfekt. Nur Tommys schwarzer Pullover, den sie trug, ließ auf ihre Trauer deuten. Und vielleicht die Tatsache, dass sie außerhalb der Turnhalle einen Pferdeschwanz trug, was sie wirklich nie tat.

„Hör zu, Carmen, ich -"

Doch weiter kam sie nicht. Emma betrat gerade gefolgt von Justus, Till und einem blonden Jungen, den ich für seinen jüngeren Bruder hielt, die Schule.

„Das muss warten!", sagte ich schnell, schnappte meine Tasche und eilte zu meinen Freunden.

„Emma!", rief ich.

Sie blieb stehen. Drehte sich zu mir um. Sie sah nicht erfreut aus, aber sie wartete.

„Ich weiß, du hast sicher tausend Fragen und es tut mir wahnsinnig leid, dass ich sie dir nicht beantworten kann, aber ich war es nicht!", plapperte ich drauf los. „Ich habe nichts mit Tommys Tod zu tun. Ich hab ein Alibi!"

Meine Stimme zitterte. Ich hatte Angst, sie würde mir nicht glauben. Wie würde es dann weitergehen? Wenn nicht einmal mehr sie auf meiner Seite war, wer würde dann noch an meine Unschuld glauben?

„Dann lass mal hören!", schaltete sich Isabel ein, die mir gefolgt offenbar gefolgt war.

Ich warf ihr einen bitterbösen Blick zu. Sie störte hier. „Was mischt du dich eigentlich ein?"

„Komm zur Sache, Carmen", sagte Emma. Sie klang müde und monoton, als wäre es ihr nicht mehr so wichtig, was ich zu sagen hatte.

Ich verdrängte meine Angst. Sah ihr direkt in ihre braun-grünen Augen und hoffte inständig, sie möge sich an unsere jahrelange Freundschaft erinnern.

„Ich war nicht allein", hörte ich mich sagen. Ich sprach leise, doch um uns herum blieben dennoch ein paar Schüler stehen und lauschten. Tief einatmen. Ausatmen. „In der Nacht, als er gestorben ist, meine ich."

„Tommy", warf Isabel unbarmherzig ein. „Sein Name war Tommy."

Sie musste eindeutig ein Racheengel sein, aber darum ging es hier gerade nicht. „Ich hab mich mit jemandem getroffen. So gegen 19 Uhr an der Elfenuhr in der Innenstadt. Wir waren erst was essen und sind dann zu ihm gegangen. Er hat mich so gegen 2 Uhr nachts nach Hause gebracht, ich hab mich rein geschlichen und bin ein paar Stunden später wie gewohnt aufgestanden."

Ich war mir nicht sicher ob Emma mir glaubte, aber Justus lockerte seine Haltung mir gegenüber. Er lächelte mir sogar aufmunternd zu.

„Und wie heißt dein Alibi?", fragte Isabel, als wäre sie die Tochter eines Kommissars und nicht ich.

Vielleicht gab es tatsächlich so etwas wie Schicksal, denn genau in diesem Moment kam er lässig durch die Glastür, sein Rucksack nur an einem Henkel haltend. Vor ihm waren Jenna und ihr weibliches Gefolge rein gehuscht, hinter ihm trotteten Dante und Henrik. Er schaute gerade aus, ein schräges, cooles Lächeln auf den Lippen.

„Moritz!" rief ich nach ihm.

Er blieb stehen und runzelte seine Stirn, als er mich erblickte. Sein Lächeln erlosch.

Ein Kribbeln setzte sich in meine Magengegend, eine leise Vorahnung, die ich nicht wahrhaben wollte.

Dennoch war es meine letzte Chance.

So wie in jener Nacht griff ich nach dem Stoff seines Shirts und versuchte ihn mit mir zu ziehen, während ich mich zu Emma drehte. „Ich war mit ihm unterwegs. Ich weiß, das klingt völlig absurd, aber – Moritz, sag es ihr!"

Meine Freunde – und Isabel – blickten erwartungsvoll zu ihm. Auch Jenna hatte das Szenario inzwischen bemerkt und war zurück stolziert. „Was ist hier los?", wollte sie gebieterisch wissen.

Moritz zuckte mit den Schultern und schüttelte angewidert meine Hand ab. „Ich hab keine Ahnung, Jen. Ich schätze, die muss verrückt geworden sein."

Es dauerte einen Moment, bis ich seine Worte verarbeitet hatte.

„Was?", hakte ich nach. Ich klang wie ein dummes Kind, welches nicht verstanden hatte, wie das Einmal Eins funktionierte.

Jetzt nahm auch allmählich die Verzweiflung von mir Besitz.

Einatmen, erinnerte ich mich selbst. *Ausatmen. Einatmen. Ausatmen.*

„Moritz, wir waren zusammen in der Nacht, als

Tommy ermordet wurde. Wir haben uns an der Elfenuhr getroffen und haben etwas gegessen und dann sind wir noch zu dir." Ich konnte mich noch glasklar daran erinnern. „Du hast mir eine SMS geschrieben, nach der Schule! Und gesagt dass du unbedingt etwas richtigstellen musst!"

Er blickte unberührt zu mir herunter. „Und was sollte das gewesen sein, wenn ich fragen darf?"

Ich schluckte. Warum tat er so, als wäre es nie passiert? Warum ließ er zu, dass mich jeder für verrückt hielt? Und schlimmer noch – Für schuldig?

„Mal ehrlich, warum sollte sich einer wie Moritz mit *dir* treffen?", schaltete Jenna sich ein. Jedes einzelne Wort, welches aus ihrem Mund kam, sprühte Gift. Tödliches Gift.

Und plötzlich war ich nicht mehr hier, in dieser Schule, sondern saß auf einer Picknickdecke im Fliederpark, um mich herum diverse Boxen mit Obst und Gemüse, Brot und Aufstrich. Weil es schon dunkel war, hatte er Kerzen aufgestellt und eine Decke um uns gelegt; sein Arm lag um meine Schulter und wir waren uns nah. So nah.

Schau mal, der große Wagen, hatte Tommy gesagt und nach oben in den sternenklaren Himmel gezeigt. Ich hatte mich an ihn geschmiegt, meinen Kopf an seine Schulter gelegt. *Ich wünschte, dieser Moment würde nie vorbeigehen …*

Er hatte nach meiner Hand gegriffen. Auch jetzt noch konnte ich seine Berührung fühlen. *Ich glaube, ich hab mich in dich verliebt.*

Um mich herum wurden die Stimmen lauter. Als jemand eine Hand auf meine Schulter legte, wurde ich zurück in diese Realität katapultiert, von der ich kein Teil mehr sein wollte.

Es war Emma. Sie stand hinter mir, ihre Augen voller Sorge. „Alles okay?", fragte sie.

Ich glaube, ich habe mich in dich verliebt.

Ich wusste nicht, warum er mit Jenna zusammen gekommen war. Ich verstand auch nicht, warum Moritz hier stand und nicht zugab, sich mit mir getroffen zu haben.

Aber eine Sache wusste ich mit Sicherheit: Er hatte mich geliebt. Ich hab es mir nicht eingebildet. Ich war auch nicht verrückt oder so.

Mit neuer Zuversicht schaute ich Jenna direkt in ihre hässliche Fratze. Ein Mensch konnte so schön sein wie er wollte; all das konnte einen entstellten Charakter nicht wettmachen.

Doch mit einem Mal hatte ich sogar Mitleid mit ihr. „Er hat dich nie geliebt", hörte ich mich zu ihr sagen und konnte es selbst kaum glauben. Ein Raunen ging durch die Menge. Sie verzog ihre Miene zu einer verständnislosen Grimasse.

Und das war's. Ich ging.

Ich bahnte mir meinen Weg an meinen Freunden vorbei und durch die Menge hindurch, aus der Schule heraus, sogar an meinem Fahrrad vorbei und ging.

Es war mir egal.

Alles war egal.

Isabel

Ich fühlte mich wie in einem Kokon. Es tat noch nicht einmal mehr weh. In diesem Zustand, so glaubte ich, könnte ich den Rest meines Lebens verbringen. Ich befand mich in einer Art Seifenblase, in der ich sogar ein bisschen über Joshuas dämliche Scherze lachen konnte.

Nach Carmens Abgang heute Morgen hatte Jenna noch ein paar gemeine Worte über sie fallenlassen, um ihre eigene Fassade zu retten, dann war sie abgezogen.

Während der ersten Schulstunde hatte Fabienne versucht mit mir zu reden. Zur Antwort war ich einen Platz weiter gerutscht, um unauffällig möglichst viel Platz zwischen uns zu bringen.

Sie hatte verstanden und mich nicht einmal mehr angesehen.

Und da Emma gerade offiziell meine einzige Verbündete war, hatte ich mich mit dem Pausenklingeln an ihre Fersen geheftet und war überrascht gewesen, als ihre Freunde mich ohne Umschweife in ihrer Mitte aufnahmen.

Wir saßen hinten auf dem Hof zwischen dem A und dem B Trakt. Hier hatte man drei Holztische mit Bänken hingestellt. Die Möbelstücke hatten schon bessere Zeiten hinter sich.

Ich hatte ein schlechtes Gewissen, während die Jungs betont lässig über Comics philosophierten, als hätte ich sie nie beleidigt oder Gerüchte über sie in die

Welt gesetzt. Justus war es gewesen, dem ich letztes Schuljahr den allgegenwärtigen Spitznamen *Schweinebacke* verliehen hatte und Joshua hatte meinetwegen Nachsitzen müssen, weil ich ihn beschuldigt hatte, einen Kratzer in den Wagen von unserem Direktor gemacht zu haben. In Wahrheit war es Moritz gewesen, auf Jennas Wunsch. Ihr Plan damals war tatsächlich gewesen, Joshua eine reinzuwürgen, weil er versehentlich eine Flasche Wasser über ihrer Schultasche verschüttet hatte.

Und ausgerechnet diese Jungs waren es, die mich kommentarlos annahmen und meine Anwesenheit akzeptierten.

Ich hatte gedacht, die Art und Weise wie ich aufgewachsen war und lebte, würde mich zu etwas Besserem machen. Aber jetzt wurde mir schlagartig klar, dass diese Menschen hier, mit denen ich am Tisch saß, die wirklich Guten waren. Jemand, der schlechte Taten verzeihen konnte, musste ein Heiliger sein.

„Und was ist deine Lieblingssuperheldenkraft?", fragte Joshua breit grinsend und entblößte eine Reihe schiefer Zähne mit braunen Stellen hier und da. Ich konnte mich daran erinnern, wie Tommy und Moritz ihm eine Zeit lang jeden Tag eine Zahnbürste in die Schultasche gesteckt hatten.

Ich blinzelte, noch immer verwirrt über ihre Nettigkeit. „Äh, ich schätze … Gedanken lesen oder so."

„Ah, wie langweilig!", kommentierte Justus und

schlug auf die Holzfläche. „Ich hab gedacht, wenigstens du hättest was Cooles!"

„Justus steht total aufs Fliegen", erklärte Emma augenrollend, aber schmunzelnd.

„Und er versucht uns alle davon zu überzeugen, dass seine Kraft die Beste ist", fügte der Neue, Till oder Thomas oder wie er auch hieß, hinzu. Mit den Jahren der Schikane hatte ich irgendwann gelernt Justus und Joshua auseinander zu halten, aber was den Schwarzhaarigen anging stieß ich an meine Grenzen.

„Ich wäre gerne superschlau", sagte er noch und deutete auf Joshua neben ihm. „Und er hier würde sich gern unsichtbar machen."

So wie er auf sein Marmeladenglas mit schmutzigem Wasser schaute glaubte ich, dass er sich jetzt gerade am liebsten unsichtbar machen würde und ich verstand. Sein Wunsch war meine Schuld.

Ich wandte schnell meinen Blick von ihm ab und Justus zu. „Was ist denn bitte am Fliegen cooler als Gedanken lesen?"

Er machte eine ausladende Handbewegung. „So ziemlich alles?! Stell dir mal vor, du wärst noch ganz frisch von einer radioaktiven Spinne gebissen worden und könntest auf einmal alle Gedanken deiner näheren Mitmenschen lesen. Und zwar echt *alles*. Du würdest verrückt werden!"

Ich dachte darüber nach und musste ihm vermutlich Recht geben. „Aber du würdest vermutlich gegen irgendein Gebäude fliegen und dir sämtliche

Knochen brechen, weil du es noch nicht kontrollieren kannst."

„Touché!", gackerte Joshua auf und auch Emma und Till mussten lachen. Justus verzog seine Mundwinkel zumindest zu einem Grinsen.

Da klingelte es auch schon und die Pause war vorbei. Traurigerweise konnte ich mich nicht mehr daran erinnern, wann ich das Letzte mal so viel Spaß in einer Pause hatte.

Wir standen auf und während ich neben Emma her lief, ließ ich die Jungs vorlaufen. Als ein gewisser Abstand zwischen ihnen und uns war, hielt ich Emma am Arm zurück und sagte: „Ich glaube nicht mehr, dass Carmen Schuld hat."

Emmas Augen weiteten sich und ihr entglitt ein erleichtertes Seufzen. „Gott sei Dank! Aber was hat deine Meinung geändert?"

„Keine Ahnung, ehrlich gesagt", gab ich zu. „Mein Bauchgefühl sagt mir, dass sie irgendetwas damit zu tun hat, aber ich glaube nicht, dass sie ihn auf dem Gewissen hat. Nicht nach der Aktion heute."

Wir setzten uns langsam wieder in Bewegung. „Das war echt übel ..."

„Nicht so sehr, wie du gerade denkst. Alleine die Tatsache, dass sie sich vor allen hingestellt und vehement behauptet hat, sich in jener Nacht mit Moritz getroffen zu haben, macht sie unschuldig."

„Weil..?"

„Ganz einfach: Ich hab dafür gesorgt, dass jeder an dieser Schule Carmen für Tommys Mörderin hält.

Oder zumindest einen gewissen Zweifel an ihrer Unschuld gesät. Jemand, der wirklich schuldig wäre, hätte doch jetzt den Ball flach gehalten und sich möglichst ruhig verhalten. Sie nicht. Sie wollte ihre Unschuld beweisen, koste es was es wolle. Und jemand, der sein letztes bisschen Würde einsetzt, um zumindest ihre Freunde zu überzeugen, ist in meinen Augen unschuldig." Während ich es aussprach, wurde ich mir immer sicherer. Als wir die Tür erreichten, ging ich vor und hielt sie ihr offen.

„Danke."

„Was ist eigentlich deine Lieblingssuperheldenkraft?"

„Bitte?"

Ich grinste sie an. „Du hast gar nichts dazu gesagt. Verrätst du es mir?"

Sie sah auf ihre Füße hinunter, als sie mir antwortete. „Dinge verändern, die passiert sind."

Und in diesem Moment lernte ich Emma Gold kennen. Für den Bruchteil einer Sekunde gewährte sie mir einen Einblick in ihr tiefstes Inneres – und ich konnte sehen, dass sie nicht immer dieser lachende, nie unterzukriegende Sonnenschein war, den ihre Freunde in ihr sehen wollten.

Sie trug eine metaphorische Maske, genau wie ich.

Wer weiß, vielleicht gab es ja doch einen Gott und ich hatte dieses Mädchen richtig kennenlernen müssen, um mich selbst zu finden.

Nach der Schule wartete ich direkt vor der Turnhalle. Jeden Dienstag trainierte die

Basketballmannschaft am 15 Uhr. Ich musste zwar eine Dreiviertelstunde warten, aber es war ein schöner Tag, weswegen ich mich vor die Halle ins Gras setzte. Ich neigte mein Gesicht der Sonne entgegen und stellte mir vor, wie mein Bruder auf einer Wolke saß und zu mir herunterblickte.

Heute fanden die Auswahlspiele statt. Tommy wollte dieses Jahr als Mannschaftskapitän kandidieren, und vermutlich hätte er die Wahl auch gewonnen. Nicht, weil er beliebt war; diese Regeln zählten im Sport nicht. Hier ging es ganz alleine um Können.

Und er war gut gewesen. Sein Ansehen hatte er sich durch seinen Schweiß verdient.

Obwohl es eigentlich zu warm war, behielt ich seinen Pullover an. Nachdem Emma gestern gegangen war, hatte ich noch weiter durch Tommys Sachen … Okay, ich hatte nicht gewühlt, ich hatte sie bloß in Augenschein genommen. In seinem Kleiderschrank hatte ich ganz unten den Pullover gefunden. Er roch nach ihm. Kein Stinken, einfach nur sein Duft, vermutlich einmal nach dem Training übergeworfen. Ich hatte ihn angezogen in der Hoffnung, mich ihm so näher zu fühlen.

Und seit dem nicht mehr ausgezogen.

Als mein Vater mich abends abgeholt hatte waren wir wortlos zu dem Entschluss gekommen, nicht darüber zu sprechen.

Jeder trauerte auf seine Weise. Während ich meinen Vater nicht darauf ansprach, dass ich ganz genau wusste, dass er sich Nachts alte Fotos von Tommy anschaute und dabei weinte, ließ er mich diesen Pullover tragen.

Während ich darüber nachdachte, tauchten plötzlich die ersten Spieler auf. Einige der älteren Mannschaftsmitglieder begrüßten mich, wollten sogar wissen wie es mir ginge. Ich gab mich tapfer. Versuchte stets so schnell wie möglich das Thema zu wechseln.

Und dann kam er.

Natürlich würde Moritz auch dieses Jahr wieder spielen. Er kam lässigen Schrittes auf mich zu, ließ aber nicht erkenn, was er bei meinem Dasein dachte.

„Na?", begrüßte er mich und blieb vor mir stehen.

„Warum glaubt Carmen du hättest dich mit ihr getroffen?", fragte ich rundheraus und beobachtete sein Gesicht ganz genau.

Nichts Außergewöhnliches.

Er zuckte mit den Schultern. „Woher soll ich das wissen? Ich schätze, sie bildet sich da was zurecht."

Ich schnalzte mit meiner Zunge. „Das glaubte ich nicht."

„Hä?"

„Ich glaube nicht, dass sie so eine Geschichte erfinden würde."

Jetzt hatte ich ihn. Seine unscheinbare Miene bekam Risse, als er seine Augenbrauen zusammenkniff.

„Moment mal – *Du* hast sie doch vor der ganzen Schule des Mordes bezichtigt!"

„Jaah, weißt du, das war so 'ne Kurzschlussreaktion."

Sein linkes Augenlid zuckte. Er war so oft bei uns zu

Hause gewesen; ich kannte ihn gut genug um zu wissen, dass dies ein deutliches Anzeichen für Nervosität war.

Mehr brauchte ich nicht. „Aber ihr denkt ja sowieso alle er hat sich selbst umgebracht." Freundschaftlich schlug ich ihm auf die Schulter. „Ich bin dann mal wieder weg! Viel Glück bei den Auswahlspielen!" Mit diesen Worten nahm ich meine Schultasche und stolzierte davon, ließ ihn einfach zurück.

Mit jedem Meter, den ich zwischen uns brachte, verlor sich mein aufgesetztes Lächeln mehr und mehr.

Sein Augenlid hatte gezuckt. Und er war nur nervös, wenn er log oder bluffte.

Welchen Grund hatte er, Carmen etwas anhängen zu wollen?

Fabienne

Ich hatte mit ihr reden wollen. Nicht nur vorhin in der ersten Stunde. Ich hatte gewusst, dass ich während des Unterrichts keine Diskussion anfangen sollte. Deswegen hatte ich mich nach der Schule beeilt und war ihr hinterher gelaufen, doch sie war verschwunden. Es war, als wäre sie vom Erdboden verschluckt worden.

Jenna und Gina warteten am Vertretungsplan auf mich. „Du siehst aus wie 7 Tage Regenwetter", kommentierte Gina und fragte, wo Cho blieb.

Erst jetzt wurde mir klar, dass ich sie in meiner

Überstürzung ganz alleine gelassen hatte.

Gott sei Dank kam sie kurze Zeit später zu uns. Dante und Henrik waren laut Jenna schon weg.

„Ich kann es immer noch nicht fassen, was sich die Irre da zusammen reimt!", eröffnete Gina das Schussfeuer, als wir uns Richtung Ausgang begaben.

„Nicht wahr? Was bildet die sich eigentlich ein!", schoss Jenna zurück. „Ich kann nur für sie hoffen, dass sie vorhat, die Schule zu wechseln. Ich werde ihr das Leben zur Hölle machen!"

„Nichts anderes hat sie verdient", bestätigte Gina, als wir das Gebäude verließen.

Ich schaltete ab.

Statt ihren Hassreden weiter zu folgen, ließ ich meinen Blick schweifen.

Und blieb wie angewurzelt stehen.

Dort, am Eingangstor, lehnte ausgerechnet Percival!

„Fabienne, kommst du?", rief Jenna nach mir.

Ich schluckte und eilte ihnen hastig hinterher. In der Hoffnung, er hätte mich nicht gesehen, senkte ich meinen Blick.

„Was will *der* denn hier?", hörte ich Gina zu Jenna raunen. „Das ist doch der Graf!"

„Der *Sohn* des Grafen, du Dummerchen", kicherte Jenna zurück.

Mir wurde heiß und kalt zugleich.

Er hatte mich gestern Abend tatsächlich nach Hause gebracht. Gesprochen hatten wir kaum miteinander. Als wir vor meiner Einfahrt angekommen waren hatte ich bloß leise „Tschüss" gemurmelt und war geflüchtet.

Ihn jetzt hier zu sehen fühlte sich richtig und falsch zugleich an.

Vermutlich ist er gar nicht deinetwegen hier, redete ich mir ein. Und wunderte mich gleichzeitig darüber, dass ich es mir überhaupt einreden musste.

„Hey, Furie!", rief er da, stieß sich leichtfüßig vom Tor ab und kam auf uns zu.

Nein, auf mich.

Ohne es zu wollen fing mein Herz sofort an, schneller zu schlagen.

Jenna blieb stehen und wir taten es ihr gleich. Ich konnte ihren fragenden Blick im Nacken spüren, hatte aber plötzlich nur noch Augen für Percival, der mit seinen zerrissenen Jeans und seiner schwarzen Lederjacke über einem weißen Shirt so ganz anders aussah als gestern. Und ganz sicher nicht wie ein angehender Graf.

Und dann stand er plötzlich direkt vor mir. Ich konnte ihn nicht mehr ansehen.

„Hi", begrüßte er mich und ich konnte sein Schmunzeln heraushören. „Ich wollte nur mal sichergehen, ob du auch wirklich in der Schule angekommen bist."

„Was ist denn hier los, Fabienne?", wollte Jenna wissen und stand ganz plötzlich dicht neben mir, eine Schulter vorgeschoben, als müsse sie mich vor Percival beschützen.

Ich wusste nicht, was ich sagen sollte. Was war denn los? War überhaupt irgendetwas los?

Er antwortete ihr selbsz. „Ihr könnt schon mal vorgehen. Fabi und ich haben noch etwas vor."

„Fabi?", wiederholte Jenna argwöhnisch. Dann griff sie nach meinem Handgelenk und drückte einmal fest zu. Ich verstand und sah sie an. „Willst du mit ihm gehen oder sollen wir bleiben, bis er verschwindet?"

Man musste etwas über Jenna wissen: Sie mochte vielleicht nicht der allerbeste Mensch auf Erden sein, aber sie stand hinter ihren Freunden. Ich wusste, ich konnte mich auf sie verlassen.

Ich stolperte ein wenig über diesen Gedanken. Hatte ich gestern nicht noch gedacht, völlig alleine dazustehen?

Mit einem Mal wurde mir klar, dass ich mir vielleicht nur einredete, Jenna wäre für mich da. Einem Großteil von mir war das egal. Im Grunde genommen wollte ich kein anderes Leben. Ich war zufrieden.

Nichts wurde mir versagt. Jeder Wunsch wurde mir erfüllt. Ich brauchte nur zu fragen. Dank meiner guten Noten und dem gesellschaftlichen Stand meiner Eltern würden mir später alle Türen offenstehen. Ich konnte alles werden, was ich wollte. Meine Zukunft bestand aus rosa Schäfchenwölkchen unter einem Himmel, in dem ewig die Sonne schien. Ich konnte Ärztin werden, Jura studieren oder in die Fußstapfen meines Vaters treten.

Aber dann war da noch dieser winzige Teil in mir, der ausbrechen wollte. Der dieses geregelte Leben in meinem goldenen Käfig satthatte. Überraschenderweise war es dieser Teil, so winzig klein er auch sein mochte, der heute überwog.

„Schon gut", hörte ich mich selbst sagen und schüttelte Jennas Hand ab. Ich machte einen Halbschritt in seine Richtung, wobei ich mich zu Jenna umdrehte, um ihr in die Augen sehen zu können. „Geht schon mal vor."

Sie sah nicht erfreut aus. Ich war mir nicht sicher, was ihr Problem war. „Schön!", brummte sie verdrießlich, wandte sich von mir ab und hakte sich demonstrativ bei Gina und Cho unter. „Na los, ich will den Bus noch kriegen!" Und zu Dritt stolzierten sie davon.

Wortlos schaute ich ihnen hinterher, unsicher, wie es jetzt weitergehen würde.

„Ist die immer so drauf?", brach Percival das Schweigen. „Das ist ja eine ziemliche Zicke!"

„Ach, sie macht sich bloß Sorgen, weil sie dich nicht kennt", versuchte ich Jennas Verhalten herunterzuspielen.

Er sah mich an, als würde er ganz genau wissen, dass ich mir selbst nur versuchte etwas einzureden. Mir gefiel das Gefühl, durchschaut zu werden, nicht im Geringsten. Wenn man nie gesehen wurde, gewöhnte man sich ironischerweise daran und lernte, sich dennoch in seiner Haut einigermaßen wohlzufühlen. Plötzlich gesehen zu werden brachte mich leicht aus der Fassung.

„Ist auch gerade nicht so wichtig. Komm mit!" Und

schon war er losgelaufen, völlig überzeugt, ich würde ihm folgen.

„Aber wohin denn?", wollte ich wissen.

In einem ausladenden, schwungvollen Schritt drehte er sich zu mir um, seine Lippen zu einem strahlenden Grinsen hochgezogen. „Das ist ein Geheimnis. Was ist? Hast du Angst?"

Ja, das hatte ich. Ich kannte ihn schließlich nicht. Außerdem war ich noch nie mit einem Jungen unterwegs gewesen, mit dem ich nicht befreundet war.

Ich stellte mir das wütende Gesicht meiner Mutter vor, wenn sie erfuhr, mit wem ich heute unterwegs war.

Vorausgesetzt ich ging mit.

Vorausgesetzt sie interessierte sich genug für mich, mit mir zu sprechen.

Meine Füße entschieden schließlich für mich. Ich bewegte mich schon auf ihn zu, ehe ich begriff, was ich da tat.

Er führte mich zu einem Wald hinter dem Schulgebäude. Ich wusste das hinter der ersten Baumgruppe eine Art Hügel wartete. Als er den Weg ausgerechnet dorthin einschlug, war ich mir plötzlich nicht mehr so sicher, ob ich ihn wirklich begleiten wollte.

„Was ist?", fragte er, als er mein Zögern bemerkte.

„Na ja, ich – Du willst mich doch nicht vergewaltigen, oder?"

„Erst vergewaltigen, dann erdrosseln und im Anschluss werde ich dich zerstückeln und deine Leichenteile hier überall vergraben." Er grinste. „Das war ein Scherz, okay?"

Erleichterung stieg in mir auf. Erst jetzt bemerkte ich wie ich mich angespannt hatte.

Er streckte mir seine Hand entgegen. „Komm mit. Ich will dir etwas zeigen. Es wird dir gefallen!"

„Was macht dich da so sicher?"

„Einfach so ein Gefühl."

„Na schön. Aber ich kann alleine gehen."

Achselzuckend drehte er sich um und ging zwischen den Bäumen hindurch. Ich folgte ihm. Während ich den Hang hoch krabbelte, rutschte ich versehentlich aus, konnte mich aber noch rechtzeitig mit meinem Knie abfedern. Wenn ich nach Hause kam müsste ich so schnell wie möglich meine Jeans loswerden. So unsichtbar ich mir daheim auch vorkam, Dreck stach meiner Mutter grundsätzlich ins Auge. Dreck passte nicht zu einer Roux.

Auf dem Hang führte uns ein dünner Trampelpfad weiter in den Wald hinein. Mit jedem Schritt wurden die Bäume und Büsche dichter, die Luft feuchter. Mir fröstelte es. Am Ende des Trampelpfades ging es plötzlich steil bergab. Ich konnte gut 3 Meter nach unten in eine Art halbe Schlucht blicken; eine Seite erdig, der Rest von hohen, dicken Bäumen umgeben.

„Da siehst du mal wie tief 3 Meter sein können", neckte Percival mich, setzte sich an den Rand der

Schlucht und ließ sich herunter rutschen, hielt sich hier und da an einer hervorstehenden Wurzel fest und sprang den letzten Meter herunter. Unten stellte er sich direkt unter mich und breitete seine Arme aus. „Ich fang dich auf, versprochen!"

Als ob ich so blöd wäre. Wortlos setzte ich mich ebenfalls an den Rand der Schlucht und hangelte mich ein wenig plump herunter. Den letzten Meter fiel ich eher, als das ich sprang.

„Oder so", kommentierte der Grafensohn mein Handeln.

„Nur damit du es weißt, ich wollte mich nicht umbringen", entgegnete ich ihm keck.

Und schreckte beinahe vor mir selbst zurück. Ich klang mehr wie Isabel, als nach mir. Sie war immer schon die Selbstbewusste von uns Beiden gewesen. Die Mutige.

Lachend nahm Percival meine Hand und führte mich zwischen zwei Bäumen hindurch. Hier gab es keinen Trampelpfad mehr, doch er achtete darauf, mir keine Äste ins Gesicht zu schlagen.

Ich ließ ihn mich festhalten. Seine Berührung beruhigte mich merkwürdigerweise. Ich konnte ein Kribbeln spüren, dort, wo sich unsere Haut traf.

Und dann blieb er so plötzlich stehen, dass ich gegen ihn lief.

„Vorsichtig", lachte er, ließ meine Hand los und streckte sich zu mir, packte mich bei den Schultern und schob mich vor sich. Er drehte mich von sich weg.

Und vielleicht hätte mich diese Geste verletzt, weil es so einfach schien, sich von mir wegzudrehen, wenn ich nicht meine Augen geöffnet hätte.

Ich meine, sie waren offen gewesen. Aber ich hatte nicht *gesehen*.

Doch der Anblick, der sich mir jetzt bot, verschlug mir die Sprache.

Rechts und links von uns war nicht viel Platz, hier wuchs der Farn meterhoch. Direkt vor uns war ein kleiner Tümpel, übersät mit weißen Seerosen. Frösche quakten, Grillen zirpten, Libellen flogen über die glitzernde Wasseroberfläche. Ich schaute hoch. Es war, als hätte der Tümpel ein Loch in den dichten Wald geplatzt und ein Fenster zum Himmel geöffnet.

„Wow!", entfuhr es mir.

Und das beschrieb diesen Ort nicht einmal annähernd. Es war magisch.

„Ich weiß", stimmte mir Percival zu. Dann beugte er sich an mir vorbei herunter und fischte etwas aus dem Wasser. „Oh, schau mal", sagte er, wischte etwas an seiner Hose trocken und hielt mir einen rundlichen, grünen Stein entgegen.

Ich nahm ihn in die Hände. Überraschenderweise fühlte er sich warm an. Wenn ich ihn drehte, glitzerte er. „Der ist wunderschön", hauchte ich, völlig überwältigt von diesem Ort.

„Der ist für dich. Ein Glücksbringer. Damit du nie wieder so nah an das Geländer einer Brücke gehst."

Ich schaute auf. Zum ersten Mal sah ich ihm wirklich

in seine sturmblauen Augen. „Ich wollte mich nicht
_"
Doch er unterbrach mich, in dem er mir einen Finger
auf die Lippen legte. An der Stelle, wo er mich
berührte, brach ein Feuer auf meiner Haut aus. „Ich
glaube dir, Fabienne. Aber solltest du irgendwann
doch auf die dumme Idee kommen, wirklich über das
Geländer zu gehen, dann werde ich vielleicht nicht
da sein um dich wegzuziehen. Deswegen nimm den
Stein. Er soll dich davon abhalten, wenn ich es nicht
kann."
Ich versuchte ihm nicht zu erklären, dass ein Stein
wohl kaum eine solche Macht hätte, sondern
schwieg. Ich wollte diesen Moment nicht vernichten.
Es hätte mich erschrecken sollen, denn ich wollte
diesen Moment noch nicht einmal beenden. So wie
wir dastanden, die Natur um uns herum in völligem
Frieden mit sich selbst, konnte ich mich nicht
erinnern, jemals glücklicher gewesen zu sein.

Emma

In meiner Familie gab es viele Traditionen. Eine
davon war: Es wird zusammen gegessen. Egal wie
stressig es ist, egal wie viel man noch vor einer
Klausur lernen musste. Nur in seltenen und ganz
besonderen Fällen durften wir in unseren Zimmern
essen – Grippe zählte nicht, meine Mutter würde nur
so etwas wie ein frisch amputiertes Bein dulden.
Wenn ich woanders übernachtete war meine Mutter

Gott sei Dank nicht so streng. Ansonsten musste ich mich jedes Mal mit an den Tisch setzen.

Und genau dort saß ich. Abendbrot. Mein Vater Viktor saß am Tischende, links von ihm Marie, rechts ich. Neben mir saß meine Mutter und ihr gegenüber Jan, der eher zu den schweigsameren Zeitgenossen zählte. Während seines Entzuges hatte Svea ihm drei Tage Frieden gewährt; dann musste er auch mit am Tisch essen. Oder sich zumindest zu uns setzen, selbst wenn er stark zitterte und wie ein Haufen Elend aussah.

Ich war froh darüber, dass er sich wieder gefangen hatte. In den letzten Wochen hatte er sogar gut zugenommen. Er war immer noch schlaksig, was durch sein kurzgeschorenes Haar nicht kaschiert wurde, aber er sah nicht mehr aus wie ein wandelndes, farbloses Skelett.

Marie erzählte gerade ausführlich, wie unfair ihre Klassenlehrerin war, weil sie heute zwei Minuten zu spät zur 3. Stunde erschienen war und deswegen nächste Woche Mittwoch eine Stunde nachsitzen sollte. „Kannst du da nicht was machen, Papa?", fragte sie am Ende.

Er schluckte seinen Bissen Brot herunter und sah sie mit einer hochgezogenen Augenbraue an. „Was denn?"

„Keine Ahnung, da anrufen oder so und sagen, dass das keine pädagogisch sinnvolle Bestrafung ist."

„Pädagogisch sinnvoll?", wiederholte ich. „Seit wann befinden sich denn Fachbegriffe in deinem

Wortschatz?"

„Ach, Emma", brummte meine Mutter und nahm sich noch zwei Tomaten. Marie ihrerseits streckte mir ihre Zunge entgegen, an der noch Brotkrümel hingen. An unseren Vater gewandt fügte sie hinzu: „Monas Vater hat das vorhin gemacht, jetzt muss sie nicht nachsitzen."

„Mona Müller?", hakte unsere Mutter interessiert nach. „Die war schon lange nicht mehr bei uns, fällt mir gerade auf. Ihre Eltern wollten letztes Jahr auch gar nicht zu uns zum Grillen kommen, erinnert ihr euch noch daran? Das fand ich echt komisch."

Es war ein Wunder, welche Informationen meine Mutter im Kopf behalten konnte.

„Das sind doch auch Ärzte", grunzte mein Vater und verschluckte sich prompt an seinem Essen.

„Ja, aber deswegen kann man doch trotzdem Freizeit haben, oder? Ihre Tochter haben sie ja auch erzogen."

„Oder von einem Kindermädchen erziehen lassen", warf Jan mit einem gehässigen Unterton ein.

„Boah, könnten wir mal beim Thema bleiben?", zickte Marie drauflos. „Papa, bitte! Ich will nicht nachsitzen!"

Unser Vater war noch ganz rot vom Husten, hatte sich aber wieder gefangen. „Vergiss es", sagte er krächzend und nahm erst mal einen kräftigen Schluck Wasser. „Das hast du dir selbst zu zu schreiben, Liebes. Und wenn du nicht nachsitzen willst, dann musst du dich mit deiner Lehrerin zusammensetzen und eine andere Lösung finden. Du bist alt genug."

Sie lehnte sich störrisch auf ihrem Stuhl zurück und verschränkte ihre Arme vor der Brust. „Dann bin ich ja jetzt auch alt genug für Sex. Ha!"

Mein Vater verschluckte sich noch einmal. Meiner Mutter fiel ihr Brot aus der Hand. Während Jan anfing zu lachen, konnte ich nichts anderes tun als dieses blonde Biest, mit dem ich nun einmal verwandt war, zu bewundern. Sie wusste ganz genau, wo sie hinfassen musste, um einen Nerv zu treffen.

„Jaha, stell dir vor, die Zeiten, in denen ich Jungs doof fand, sind vorbei!", setzte sie noch einen drauf und bedachte unseren Vater mit einem bitterbösen Blick.

Und genau in diesem Augenblick klingelte es an der Tür.

„Ich geh schon!", sagte ich schnell und war bereits auf halbem Weg zur Tür, ehe meine Mutter noch etwas einwenden konnte.

Zu meiner Überraschung war es Carmen. Ihr Dutt hatte sich gelockert, einzelne Strähnen ihres schwarzen Haares waren herausgerutscht und ihr Mascara hatte sich überall in ihrem Gesicht verteilt. Als sie in den Flur trat stolperte sie über ihre eigenen Schritte, konnte sich aber gerade noch rechtzeitig an einer Ecke unseres Schuhregals festhalten. Ich warf ein Dankgebet gen Himmel, dass wir so eine große Familie waren und ein dementsprechend großes Regal benötigten.

„Ämmmmmma", lallte sie und bei dem Versuch, mich anzusehen, wirkte sie irgendwie verwirrt, als könnte sie keinen Gegenstand richtig fokussieren. „Eeech musss dir dasss ... erklären. Hicks. Bittä."

„Bist du betrunken?!", schoss es aus mir heraus, doch die Frage beantwortete sich von selbst.

Sie ließ das Regal los, formte mit ihrem Daumen und Zeigefinger eine Art Entfernung, murmelte „'n büsschen" und verlagerte dabei ihr Gewicht so, dass sie zur Seite zu kippen drohte.

Ich griff nach ihrem Arm und führte sie stützend zu einem Korbsessel, der neben der Tür stand. Handtaschen und Jacken stapelten sich hier, doch das schien Carmen nicht weiter zu stören.

„Wie bist du überhaupt an Alkohol gekommen?!"

„Da war so 'ne Kneipe", antwortete sie schulterzuckend. „Keene Ahnung, bin halt rein un' da wa so'n netter Barkeeper un' der hat mir immer wieda Drinkssspendiert. Isch hab ihm – Hicks – gesacht das ich erst Fffünfzähn bin, aber er hat einfach nich auf mich gehört!" Sie breitete ihre Arme aus, Handflächen nach oben, und rutschte plötzlich vom Stuhl. „Autsch!", murmelte sie und kratzte sich verwirrt an der Schläfe, blieb mit ihrem Hintern aber auf den dunklen Dielen sitzen.

War vielleicht auch besser so.

„Ich hab versucht, dich anzurufen", teilte ich ihr mit.

„Den ganzen Tag lang! Du hättest mich zurückrufen sollen, echt. Das war total dumm von dir!"

„Wer war es denn? Oh!" Svea war aufgetaucht und

stand im Türrahmen zum Esszimmer. „Ich rufe wohl besser Fabricio an." Und schon war sie wieder verschwunden.

Carmen schüttelte ihren Kopf. „Das is wirklich 'ne doofe Idee", sagte sie, machte aber auch keine Anstalten, etwas dagegen zu tun.

Ich kniete mich vor sie. Nach der Wut kam nun die Sorge. „Was wolltest du mir denn erklären?" Behutsam legte ich ihr eine Hand aufs Knie.

„Ich kann dir nich allesss erzähl'n, sorry, abba ich hab's ihm versproch'n", lallte sie und zog ihre Rotze hoch. Sie war kurz vorm Weinen. Sie so zu sehen schmerzte mir selbst.

„Abba ich hab Tommy gekannt. Hicks. Wir hab'n uns 'n paar mal getroffen, auch bei dies'm Konzert da vom Foto un' hab'n uns auch geküsst un' andres getan, abba egal jetzt. Hicks. Dann wa er mit Jenna zusamm'n und ich hab's nich' verstand'n abba er wollte auch nich mehr mit mir reden … Und dann am ersten Schultag wollte Moritz sich mit mir treffen und dann hab ich mich mit ihm getroff'n, ehrlich wahr, un' er sachte mir, dass es Tommy unendlich leid tut un' ich wissen soll, dass er mich liebt und so was, un' dann haben wir gegessen und Moritz sachte, dass er Tommy nich versteh'n kann un' hat mich überredet noch mit zu ihm zu gehen, was ich auch gemacht hab, un' da lagen wir dann in seinem Bett un' dann hat er versucht … Na ja, er hat versucht mir unter's Shirt zu fass'n, abba da bin ich dann weggerannt. Ehrlich wahr!"

Ihr lief eine einzelne Träne über die Wange.

„Ich glaube dir", versicherte ich ihr und es war die Wahrheit.

Ein weiterer Schwall Tränen schoss nahezu heraus und sie fiel mir schluchzend in die Arme. „Oh Danke!"

„Ihr Vater ist unterwegs", ertönte Sveas besorgte Stimme. „Und jetzt hole ich mal Taschentücher." Ich hörte, wie sie sich wieder entfernte, und schaffte es irgendwie, Carmen auf Armeslänge von mir weg zu halten. So lieb ich sie auch hatte, sie stank bestialisch nach Alkohol.

„Un' dann war diese blöde Isabel noch imma bei dir!", heulte Carmen und rotzte schließlich in ihren Jackenärmel. „Echt mal, die war überall! *Ü-ber-all!*"

Ich strich ihr sanft über die Schulter. „Mach dir da mal keine Sorgen. Sobald diese ganze Sache vorbei ist wird sie uns wieder in Ruhe lassen. Im Moment sind wir wichtig für sie, aber wenn wir das nicht mehr sind, wird sie uns fallenlassen."

Etwas quietschte. Es klang nach Turnschuhen auf Dielen.

Ich schaute auf. Und da stand sie, ausgerechnet jetzt, noch immer in diesem schwarzen Pullover. Sie schaute zu uns herunter und sah aus, als wäre sie sich nicht sicher, ob sie verwirrt oder verärgert sein sollte.

Ich hatte vergessen, die Haustür zu schließen.

„Isabel", murmelte ich und fühlte mich mit einem Mal unglaublich schuldig.

„Das is' ja jetz' blöd", meinte Carmen wenig hilfreich.

Isabel öffnete ihren Mund, doch es kam kein Ton heraus, also schloss sie ihn wieder. Sie öffnete ihn erneut, mit demselben Effekt. Stattdessen beschloss sie, ihre Sporttasche enger an sich zu drücken, sich umzudrehen und zu gehen.

„Isabel!", rief ich und wollte ihr hinterherrennen, doch da griff Carmen nach meinem Handgelenk und hielt mich eisern fest. Sie sah gar nicht gut aus.

„Ich glaub, ich muss kotz'n", eröffnete sie, griff plötzlich mit der freien Hand nach Sveas Handtasche und kotzte hinein.

Wie hatte nur alles so aus dem Ruder laufen können?!

Kapitel Sechs

Isabel

Seit dem Tag der Tage brachte mich mein Vater immer zur Schule. Heute Morgen winkte ich ihm zum Abschied zu. Ich ging sogar in die Schule hinein. Da ich noch immer Tommys Pullover trug, brauchte ich nur die Kapuze aufzusetzen und niemand erkannte mich. Ich lief an den Trakten vorbei zum Hinterausgang und verließ wieder das Schulgelände.

Noch nie zuvor hatte ich geschwänzt. Ich hatte mich noch nicht einmal absichtlich krank gestellt, um eine Klausur nicht mitzuschreiben.

Dennoch fiel es mir erstaunlich leicht, einfach wieder zu gehen. *Zu* leicht. Aber der Zweck heiligt bekanntlich die Mittel, oder so ähnlich.

Ich war mir nicht ganz sicher, warum ich wieder ging. Es war mehr so ein nicht ganz greifbares Gefühl, dass ich es heute nicht aushalten könnte.

Und mit *es* meinte ich nicht den Unterricht, sondern alles drumherum.

Jenna und ihre gespielte Trauermiene.

Fabienne.

Carmen.

Moritz.

Und Emma.

Als ich mich an gestern Abend erinnerte, spürte ich

einen Stich durch meine Brust zucken. Ihre Worte hatten mich mehr getroffen, als ich erwartet hätte.

Ich schüttelte meinen Kopf und wollte nicht mehr daran denken.

Es gab einen Bus, doch ich wollte mich nirgendwo rein setzen wo ich Mitschülern begegnen könnte, also lief ich den Weg in die Innenstadt zu Fuß. Ich hatte mit dem Gedanken gespielt nach Hause zu fahren und dort meine Zeit totzuschlagen, doch die Einsamkeit und das Gefühl, Tommy wäre nur einmal kurz zur Tür herausgegangen, stimmten mich zu traurig.

Ich brauchte Farbe. Wollte umgeben sein von Leuten.

Also beschloss ich, nach einem Kleid für die Beerdigung zu suchen.

Die Polizei hatte seinen Leichnam noch nicht freigegeben und würden das wohl auch erst wenn die Ermittlungen abgeschlossen waren.

Ermittlungen … Das klang so falsch. Ein kleiner, sehr naiver Teil von mir wollte sich noch einreden, dass solche Dinge nicht den Reichen und Schönen passierten. Ich meine, dass war doch das, was sich all die verpickelten, dicken Mädchen einredeten. *Die sind so schön, die leiden nie.*

Das dachten doch alle. Das hatte ich doch auch geglaubt.

Aber so war es nicht.

Leid und Schmerz machten vor niemandem Halt. Das Leben verschonte nicht. Es kannte keine

Kompromisse. Der Unterschied lag nur in dem, was jeder für sich selbst aus seinem Schmerz machte.

Ich fand ein kleines Geschäft, welches schon um diese Uhrzeit geöffnet hatte, und ging hinein. Eine Frau mittleren Alters steckte gerade an einer Kleiderpuppe einen roten Stoff ab. Als ich den Laden betrat, warf sie mir ein Lächeln zu. „Guten Morgen. Hast du keine Schule?"

„Der Lehrer ist kurzfristig verhindert", log ich und schaute mich flüchtig um. „Sind die Kleider hier alle selbst genäht?"

Die Frau nickte. Ihr schulterlanges Haar war glatt und die obere Hälfte orange gefärbt, der untere Teil war rot. Als sie sich zu mir umdrehte, konnte ich in ihre stark geschminkten Augen blicken, die trotz allem eine überraschende Natürlichkeit ausstrahlten.

„Suchst du denn etwas Bestimmtes?"

Die meisten Kleider hier waren bunt, eins ausgefallener als das nächste. Ich glaubte nicht ernsthaft daran, mein Vorhaben könnte von Erfolg gekrönt sein.

Ich könnte mich in ein Café setzen. Ein Buch hatte ich dabei, welches ich lesen könnte. Ich würde den Vormittag schon herumkriegen.

Ich wollte mich gerade verabschieden und dem Ausgang zuwenden, als ich es entdeckte.

Der schmal geschnittene Laden hatte noch eine weitere Etage, die ich zuvor nicht bemerkt hatte. Eine Wendeltreppe führte nach oben, wo hinter einem altmodischen Geländer noch eine dieser

Puppendinger stand, an dem ein schwarzes Kleid hing. Es war schlicht, schien weder zu glitzern, noch zu schimmern. Der knielange Stoff hatte an der rechten Seite einen Schlitz, die dreiviertellangen Ärmel bestanden aus schwarzer Spitze. Das war schon alles.

Es war nichts Besonderes, und das machte es perfekt.

Die Frau folgte meinem Blick. Als könne sie Gedanken lesen verstand sie mein Schweigen und ihre Mundwinkel zogen sich zu einem schelmischen Grinsen hoch. „Dann komm mal mit in mein Hinterzimmer, damit ich deine Maße nehmen kann!"

Als ich später in einem Café saß, tauchte Emma plötzlich auf.

Ich wusste nicht, wie sie mich gefunden hatte, oder warum sie nach der Pause die Schule verlassen hatte.

Sie stand auf einmal einfach da und sah mich an, ihre Lippen leicht geöffnet. Ich konnte ihren Augen ablesen, wie schuldig sie sich fühlte.

„Du bist wie ein offenes Buch", sagte ich ihr und widmete mich wieder meinem Krimi.

„Ich hab dich durchs Schaufenster gesehen", erwiderte sie, ohne auf mich einzugehen.

Ich zuckte mit den Schultern. Es war vielleicht doch keine gute Idee gewesen sich ans Fenster zu setzen.

Sie kam einen Schritt auf mich zu. „Isi, es tut mir leid."

„Braucht es nicht", gab ich zurück, ohne von meinem Buch aufzusehen. Lesen tat ich allerdings nicht. Ich fragte mich, warum sie hier war und sich nicht einfach darüber gefreut hatte, mich zumindest heute nicht an der Backe zu haben.

„Wenn es kein Problem wäre, warum schwänzt du dann?" Ihre Stimme klang sanft.

Es tat ihr wirklich Leid, man konnte es beinahe in der Luft zwischen uns spüren.

„Ich schwänze nicht wegen dir, sondern weil mein Bruder umgebracht wurde", konterte ich brüsk.

Einen Moment lang sagte sie nichts. Sie musste einsehen, dass das ein verdammt guter Grund war, nicht in die Schule gehen zu wollen. Dann, als ich schon mit keiner Antwort mehr rechnete, murmelte sie ehrlich bedrückt: „Es tut mir leid."

Und dieser Satz, so klein er auch sein mochte, klickte meinen inneren Schalter plötzlich um. „Wie schaffst du das?", rief ich aus, leicht säuerlich, und sah sie an. „Ich kann dir einfach nicht böse sein! Es ist, als wärst du einer dieser superniedlichen Welpen, die nur deswegen so süß aussehen, damit sie nicht gefressen werden."

„Das nennt sich Kindchenschema", erklärte sie mit einem vorsichtigen Lächeln.

Unsere Blicke trafen sich. Und obwohl ich eigentlich vor hatte, sie ab sofort in Ruhe und ihr Leben leben zu lassen, kicherte ich.

„Was machst du hier?", fragte ich.

Sie setzte sich neben mich auf einen der Barhocker.

„Ich hab mir Sorgen gemacht, als du heute nicht in der Schule warst. Und ja, ich weiß, es ist albern, aber es hätte dir ja auch irgendetwas passiert sein können."

„Und was?" Ich grinste skeptisch.

Sie beugte sich zu mir, damit die wenigen anderen Gäste nichts mitbekamen. „Dein Bruder wurde ermordet. Wer sagt, dass der Täter es nicht auch auf dich abgesehen hat?"

„Soweit hatte ich noch gar nicht gedacht", gab ich zu.

„Weil es allerdings auch völliger Blödsinn ist. Du dramatisierst. Und ehe du mich jetzt fragst, weshalb ich mir da so sicher bin: Ich hab kein Dreck am Stecken. Ich meine, schau dir doch die ganzen Krimis an. Niemand wird einfach so getötet. Ob es nun ein Verbrechen aus Leidenschaft war oder man dummerweise auf einen Serienmörder traf, es gibt immer einen Grund. Ich weiß nicht was passiert ist, oder warum, aber Tommy hatte ganz offensichtlich ein verdammt großes Problem, von dem ich nichts wusste."

Irgendwie schmerzte diese Tatsache. Ich hatte immer geglaubt ihn zu kennen.

Nun musste ich der Tatsache ins Auge blicken, keine Ahnung gehabt zu haben.

Wer wusste schon, was er alles vor mir verheimlicht hatte.

„Wir werden schon herausfinden, was los war", zeigte Emma sich zuversichtlich.

Ein anderer Gedanke kam mir und stimmte mich überraschenderweise trauriger als erwartet. „Und danach werden wir dann so tun, als wäre nichts gewesen, schätze ich, und uns nicht einmal mehr *Hallo* sagen.“

Sie brauchte einen Moment ehe sie begriff, dass ich mit „uns“ sie und mich meinte. Dann: „Ich denke, wir werden sehen was die Zeit so mit sich bringt.“

Als sie mich mit dem Ellbogen anstupste und ich zu ihr rüber sah, lächelte sie zuversichtlich.

Und plötzlich war ich mir sicher, dass wir nicht einfach aufhören würden Freundinnen zu sein, wenn diese ganze Sache vorbei war. Ich konnte nicht genau sagen, woher ich diese Sicherheit nahm; manche Dinge wusste man einfach.

„Jetzt bring mich mal auf den neuesten Stand“, bat ich sie und schlug endlich mein Buch zu. „Was hat Carmen dir erzählt? Warte – War sie eigentlich wirklich so stockbesoffen, wie ich befürchte?“

Emma nickte. „Sie hat sogar in die Handtasche meiner Mutter gekotzt.“

„Himmel, wie eklig!“

„Jep, aber meine Mutter hat es Gott sei Dank mit Fassung getragen. Sie wusste ja, dass Carmen es nicht mit Absicht gemacht hat.“

„Es geht ihr ziemlich schlecht, hm?“, sprach ich meine Befürchtungen aus. Das schlechte Gewissen breitete sich unerträglich in mir aus. „Ich kann nicht fassen, dass ich ihr das angetan hab.“

„Also, genau genommen war es der Barkeeper.“

„Nein. Er hat ihr bloß ein Mittel gegeben um das zu betäuben, was ich angerichtet hab. Ich hätte sie nicht so bloßstellen dürfen. Und überhaupt nicht so übereilt handeln sollen."

„Sie hat sich mit Moritz getroffen", erzählte Emma, vermutlich um das Thema zu wechseln.

„Ich weiß, ich hab ihn gefragt."

Ihre Augen wurden groß. „Hat er dir etwa die Wahrheit gesagt?"

„Ach Quatsch, als ob. Aber ich kenne ihn gut genug um zu wissen wann er lügt. Weißt du, warum sie sich getroffen haben?"

„Also, schon ..." Sie biss sich auf die Unterlippe.

„Mach das nicht, sieht nicht gut aus", entgegnete ich und deutete auf die Fensterscheibe, damit sie ihr Spiegelbild bemerkte. „Was hat sie dir erzählt?"

„Ich glaube, sie hatte irgendwie so was wie eine Beziehung mit deinem Bruder." Ihre Stimme war leise, als erwartete sie meinen Unglauben. Ich konnte in der Scheibenspiegelung sehen, wie sie mich musterte.

„Vor ein paar Monaten", erinnerte ich mich, „irgendwann Ende Mai, glaube ich, kam er spät abends mit einem Picknickkorb zurück. Eine Fliederblume – oder nennt man die Blüten Fliederstangen? So ein Fliederding eben - lugte heraus. Ich saß gerade in der Küche und hab ihn darauf angesprochen, mit wem er sich getroffen hat."

Ich konnte ein trauriges Lächeln bei der Erinnerung nicht verhindern.

„Wahnsinn, ich hab die ganze Zeit nicht mehr daran gedacht. Wie dumm ich doch wahr.

Er hat sich zu mir gesetzt und mir erzählt, er hätte

ein Mädchen kennengelernt, das so ganz anders wäre als alle, die er bisher kennengelernt hatte. Er sagte, er wüsste zwar nicht wo das ganze noch hin führen würde, aber das er sie sehr gern hätte. Und ich klopfte ihm bloß auf die Schulter und sagte, er soll mich auf dem Laufenden halten. Als nichts mehr kam dachte ich, es wäre nicht weiter wichtig."

„Mach dir keine Vorwürfe", versuchte Emma mir mein schlechtes Gewissen zu nehmen. „Du hättest es nicht wissen können. Davon aber mal abgesehen, wollte Moritz sich mit Carmen treffen um ihr zu sagen, Tommys Verhalten ihr Gegenüber wäre unverständlich."

Sie erzählte mir alles, was sie von Carmen wusste, bis hin zu der Sache mit dem Kuss.

Ich runzelte meine Stirn. „Das klingt alles total merkwürdig."

„Ich weiß, es wird immer abstruser." Ihr Handy piepte. „Es ist eine Nachricht von Carmen", erzählte sie mir nach einem Blick drauf. „Sie ist aufgewacht und hat höllische Kopfschmerzen. Sie fragt, ob wir uns treffen können."

Ich zuckte mit den Schultern. „Du kannst dich treffen mit wem du willst."

„Nein, sie meinte uns. Wir. Zu Dritt."

„Oh."

Sie steckte ihr Handy zurück in ihre Tasche und machte Anstalten aufzustehen. „Wir sehen uns heute Abend bei mir, okay?"

„Wo willst du denn hin? Es ist gerade mal 11 Uhr

mittags.“

Sie hielt inne. „Mist, da hab ich gar nicht mehr dran gedacht.“

Darüber musste ich lachen. „Komm“, sagte ich, stand auf und packte mein Buch in meine Tasche zurück. „Wir gehen jetzt shoppen.“

Carmen

Kurz nachdem ich Emma eine SMS geschickt hatte, ging meine Zimmertür auf und meine Eltern kamen herein.

Es gab nur eine Sache, die schlimmer war als mein brummender Schädel: meine Eltern *zusammen* in meinem Zimmer.

„Bist du wach, Schatz?“, fragte meine Mutter, obwohl sie längst meine offenen Augen bemerkt hatte. Sie trat ein, mein Vater kam hinter ihr her. Während sie sich zu mir aufs Bett setzte, blieb mein Vater erst mal mit vor der Brust verschränkten Armen in der Mitte stehen.

„Fabricio, setz dich doch.“

Mein Vater sah mit einem ziemlich wütenden Gesichtsausdruck zu mir. „Mir ist gerade nicht nach sitzen, Valencia.“

Ich schluckte. Kein gutes Zeichen. Ich versuchte mich aufzurichten, doch bei dem Versuch fing alles um mich herum an sich zu drehen.

Behutsam nahm meine Mutter meine Hand und hielt sie fest. „Ganz ruhig, Liebes. Wenn du erst mal was gegessen hast geht es dir besser."

Schon bei dem Gedanken an Frühstück drehte sich mir der Magen um.

„Jetzt fass' sie nicht so mit Samthandschuhen an, Valencia!", brummte mein Vater, ließ sich nun doch auf meinem Schreibtischstuhl nieder und stemmte seine Ellbogen auf seinen Knien ab. Mit seinen zusammengekniffenen Augen musterte er mich. „Wo hattest du den Alkohol her?"

„Das ist doch jetzt nicht wahr, oder?", entgegnete meine Mutter fassungslos. „Vielleicht fragen wir unsere Fünfzehnjährige Tochter erst mal, *warum* sie das Bedürfnis hatte sich die Birne weg zu saufen, ehe du den Polizisten spielst."

„Das ist nun mal mein Job! Aber das hast du ja noch nie verstanden."

Dass war das Problem an geschiedenen Eltern: Sie gaben sich keine Mühe mehr, nett zueinander zu sein.

Wobei sie, wenn ich so darüber nachdachte, noch nie wirklich netter zueinander gewesen waren.

„Danke, dass ihr mich nicht in die Schule gezerrt habt", warf ich ein, ehe sie wirklich anfingen, sich zu streiten.

„Ich wollte ja, aber dann hatte ich Angst du könntest danach wieder ausreißen und dich volllaufen lassen, ehe du richtig nüchtern bist", entgegnete mein Vater trocken.

Meine Mutter rollte mit ihren Augen. Mir fiel einmal mehr ihre natürliche Schönheit auf, um die selbst ich sie manchmal beneidete. Obwohl sie schon 40 Jahre alt war, sah sie aus wie 30. Wenn sie ihre Familie in Spanien besuchte musste sie sich auch nicht dafür schämen im Bikini herumzulaufen.

Vermutlich hatte ihre exzentrische Art sie jung gehalten.

„Ist es denn wegen der Schule gewesen?", wollte meine Mutter wissen. Sie sprach extra ein wenig leiser als sonst. „Was bedrückt dich denn?"

Ich wusste, dass ich nicht lügen konnte. Mein Vater war nicht Kommissar geworden, weil er nicht richtig hinsah. Aber vielleicht kam ich ja mit einer Halbwahrheit davon.

„Ich hab mich mit Emma gestritten und irgendwie … Ach, ich weiß auch nicht. Ich bin jetzt in der 9. Klasse, nächstes Jahr geht schon die Oberstufe los und ich hab einfach keine Ahnung, was ich mit meinem Leben machen will! Herr Maßlab erzählt uns jeden Tag wie wichtig es ist einen Plan zu haben … Ich hab aber keinen."

Ich versuchte, besonders theatralisch zu klingen.

Meine Mutter kaufte es mir ab. „Ach, Liebes!", seufzte sie und drückte meine Hand. „Du bist doch noch so jung und hast noch so viel Zeit. Mach dir nicht so viele Gedanken. Und wenn du magst, können wir am Wochenende mal zusammen schauen was man mit deinen Interessen und Fähigkeiten so machen kann. Wäre das nicht was?"

Dankbar nickte ich. „Klingt gut, Mami."

„Na siehste! Und das nächste Mal sprichst du gleich

mit uns, ja? Ich möchte nicht noch einmal Svea eine Handtasche schulden." Sie stand auf und beugte sich zu mir herunter, um mir einen Kuss auf die Stirn zu geben. Danach blieb sie noch einen Moment so stehen und strich mir eine Haarsträhne aus dem Gesicht; betrachtete mich, als hätte sie mich schon lange nicht mehr gesehen. „Ich bin stolz auf dich, Mäuschen. Und jetzt mache ich dir etwas zu essen!" Mit diesen Worten machte sie auf dem Absatz kehrt und verließ das Zimmer.

Mein Vater saß einfach nur da und sah mich mit seinen dunklen Augen an.

Ich wusste, dass viele Frauen ihn attraktiv fanden. Seine Falten um Augen und Mund herum, genauso wie seine grauen Strähnen in seinen Locken, ließen ihn männlicher wirken, behauptete meine Mutter zumindest immer. Ich wusste auch, dass er immer mal wieder kurze Liebschaften nach meiner Mutter gehabt hatte – eine hab ich nur in einem seiner Hemden bekleidet eines Morgens in unserer Küche kennengelernt – aber nie war eine länger geblieben.

Keine Ahnung warum ich gerade jetzt daran dachte.

„Papa, sag doch etwas", bat ich ihn leise. Ich konnte die Stille zwischen uns nicht mehr ertragen.

Endlich bewegte er sich. Er lehnte sich zurück und zog einen Zettel aus seiner Jeans. Mit einem Gesichtsausdruck, den ich nicht deuten konnte, faltete er das Blatt Papier auseinander. Wortlos reichte er es mir.

Es war kein Zettel, sondern Foto.

Wo tauchten nur diese ganzen Fotos auf?!

Es zeigte mich und Tommy. Wir standen einander gegenüber, schauten uns in die Augen, seine Hände an meinem Hintern und meine in seinen Locken. Auch dieses Bild war an dem Abend des Konzertes aufgenommen worden. Ich schluckte.

Und wartete.

„Du weißt sicher, dass ebendieser Junge letzten Donnerstag tot aufgefunden wurde. Warum hast du mir nicht gesagt, dass du ihn gekannt hast?"

Seine Stimme klang Lichtjahre entfernt, alt und rau. Er klang, als würden ihn seine Worte unglaublich anstrengen.

Es tat mir so sehr weh, dass ich ihn nicht mehr ansehen konnte. Aber vor mir lag dieses Foto von Tommy und mir und erinnerte mich schmerzlich an das, was niemals wieder sein würde.

Nie richtig da war.

„Jeder hat ihn gekannt", murmelte ich vor mich hin und versuchte, nur meine Hände anzustarren, nichts anderes. Ich wollte das Foto nicht mehr sehen und gleichzeitig konnte ich es nicht weglegen. Was, wenn mein Vater es mitnahm und es verschwand? Ich hatte sonst kein einziges Bild von ihm. Von uns.

„Ich schätze, nicht jeder hat sich ihm hingegeben."

Ich schaute auf. Konnte nicht fassen, was er gerade gesagt hatte. Sein Gesicht war so voller Schmerz und Abscheu.

„Du denkst, ich hätte mit ihm geschlafen?"

Er atmete hörbar aus. „Hast du?"

Mein Vater war ein aufgeklärter Mann. Er wusste, dass heutzutage nicht mehr unbedingt mit dem Sex bis zur Ehe gewartet wurde. Als ich langsam aber sicher in der Pubertät steckte, hatte er sich mit mir zusammen an den Esstisch gesetzt und erklärt, er würde mich niemals verurteilen. Ich könnte ein Mädchen mit nach Hause bringen oder einen Jungen, es war ihm egal. Am liebsten wäre ihm ein anderer Spanier, aber das hatte etwas mit Patriotismus zu tun, hatte er gesagt und gelacht, und mir versprochen, dass es ihm völlig egal war. Er hatte mir auch gesagt, dass ich vielleicht über Sex nachdenken würde. Vielleicht auf die Idee käme, mit meinem ersten Freund zu schlafen.

Auch das wäre okay, hatte er gesagt. Er hatte mir lediglich dass Versprechen abgenommen, dass ich so lange warten würde, bis ich mir wirklich sicher war, es auch zu wollen. Und dass ich ihm den Kerl vorstellte.

Nachdem er dieses Foto gesehen hatte, musste mein Vater denken, ich hätte ihn verraten.

Ich richtete mich auf, das Schwindelgefühl war mir egal. „Hab ich nicht, Paps!", versicherte ich ihm und klang weinerlich. „Ich hab mich nur ein paar Mal mit ihm getroffen und ..." Plötzlich rollte mir eine Träne über die Wange. Beschämt wischte ich sie weg. Das war nun wirklich der falsche Zeitpunkt zum heulen. „Ich hatte ihn echt gern, aber ich hab nicht mit ihm geschlafen!"

Wieder atmete er unüberhörbar aus. Schüttelte kaum

merklich seinen Kopf, als müsste er die Gedanken in seinem Kopf neu ordnen. „Laut seiner Familie war er mit einem anderen Mädchen zusammen", sagte er. „Und in seinem Tagebuch steht, du wärst damit nicht klargekommen."

Ich schniefte ein letztes mal. „Tagebuch?"

„Von dem Jungen. Es lag im Handschuhfach des Autos, in dem seine Leiche gefunden wurde." Unwillkürlich versuchte ich mir Tommy dabei vorzustellen wie er Tagebuch schrieb, doch das passte nicht zu ihm. Er war nicht so einer, kein Poet oder überhaupt kreativ. Mir kam ein Gedanke. „Das Foto hast du aus diesem Tagebuch, oder?"

Mein Vater nickte. „Carmen, ich muss dich das jetzt fragen." Bei diesen Worten zog sich alles in mir zusammen. „Hast du irgendetwas mit Tom Schneiders Tod zu tun?"

Ich konnte es nicht fassen. Konnte nicht begreifen, wie es so weit hatte kommen können. Was war nur aus meinem Leben geschehen?

„Nein!", keuchte ich. Nie im Leben hatte ich darüber nachgedacht, dass mein Vater mich eines Tages verhören könnte. In meinem eigenen Zimmer. Während ich im Bett lag. Mit einem Kater.

Noch nie zuvor hatte ich meinen Vater so gequält wie jetzt gesehen. „Die Schwester von dem Jungen verdächtigt dich."

„Isabel? Klar hat sie das getan." Ich bekam Kopfschmerzen. Höllische Kopfschmerzen. „Aber sie hat sich bei mir entschuldigt. Wir treffen uns heute

Abend."

Etwas veränderte sich an seiner Miene. „Warum?"

„Weil sie mich *nicht* mehr für schuldig hält", entgegnete ich matt. Plötzlich fühlte ich mich unsagbar erschöpft. „Und das bin ich auch nicht. Ich hätte ihm niemals etwas antun können."

Das mit der Entschuldigung war zwar nicht ganz wahr, und ob Emma sie von meiner Unschuld überzeugt hatte konnte ich auch nicht mit Gewissheit sagen, aber das wollte ich vor meinem Vater nicht zugeben.

„Frühstück!", ertönte plötzlich die unpassend fröhliche Stimme meiner Mutter. Ohne auf uns zu achten, kam sie herein und brachte mir ein Tablett mit einem Brötchen, Marmelade, Spiegelei und einem Becher Kakao. Schnell ließ ich das Foto unter der Decke verschwinden, ehe sie es noch entdeckte.

„Hier mein Schatz. Und iss auf!", mahnte meine Mutter mit einer gespielt drohenden Geste. „Ich schnappe mir jetzt deinen Vater und bringe ihn dazu dich in Ruhe zu lassen. Das ist ja nicht mehr auszuhalten!" Prompt fasste sie ihn am Arm und zog ihn mit sich.

Im Türrahmen blieb er plötzlich stehen. „Ist ein Fax angekommen, Valencia? Von Blume? Er wollte mir ein paar Auszüge schicken."

„Faxe?", wiederholte meine Mutter, als wüsste sie nicht worüber er sprach. „Nein, hier sind keine Faxe angekommen."

„Oh, stimmt. Dann muss ich die Kopien schon in

meiner Tasche haben.“

Demonstrativ rollte meine Mutter mit den Augen, dann scheuchte sie ihn aus dem Zimmer und schloss die Tür.

Sie verstand ihn nicht. So sehr ich sie liebte, aber das hatte sie noch nie getan.

Ich schon.

Fabienne

Nach meinem Klavierunterricht bekam ich Besuch von Jenna. Wir zogen uns in mein Zimmer zurück, wo wir uns auf mein Bett setzten und sie mir ihre Gästeliste zeigte.

„Das sind ja um die 60 Leute!“, staunte ich. „Kennst du die denn alle?“

„Natürlich, Dummerchen“, kicherte sie. „Sonst würde ich sie ja nicht einladen.“

Die Einladungen waren natürlich schon raus, darum hatte sie sich selbst gekümmert. Was sie von mir noch wollte waren Platzkarten, damit jeder wusste wo er hingehörte.

Ich fand es übertrieben, schließlich wurde sie nur 15 und heiratete keinen Scheich. Sagen tat ich allerdings nichts. Es war ihre Party und mich brauchte sie nur für den Kram, für den sie sich zu fein war.

Seit wann dachte ich so kritisch?

Ich bekam ein schlechtes Gewissen. Sie war eine meiner besten Freundinnen.

Aus einer Mappe nahm ich drei Vorschläge für

Platzkärtchen. Sie alle waren versehen mit einer Bordüre voller Schnörkel und die Schrift sollte kursiv sein. Die Pappen gab es einmal in einem hellen beige, hellblau und flieder.

Letztere gefiel ihr am Besten.

„Sag mal, muss ich den Grafensohn jetzt eigentlich mit auf die Gästeliste setzen?", fragte sie irgendwann während sie mit der Karte herumspielte.

Es widerstrebte mir mit ihr über Percival zu sprechen. Schnell schüttelte ich meinen Kopf und reichte ihr einen Vordruck mit verschiedenen Schriftarten. „Hier kannst du dir mal eine aussuchen."

Sie nahm den Vordruck und warf einen Blick darauf. „Ist wahrscheinlich auch besser so."

Ich verstand nicht. „Du musst dir eine Schriftart aussuchen, wenn du Platzkärtchen willst."

Sie sah mich an, als könnte ich nicht bis 3 zählen. „Ich meinte dich und den Sohn des Grafen!"

Obwohl es keine direkte Beleidigung war, taten ihre Worte irgendwie weh. Allerdings war ich auch nicht gewillt, dieses Thema mit ihr breitzutreten.

„Jeder weiß schließlich, dass er ein ziemlicher Draufgänger ist", sagte sie und vertiefte sich dann in die verschiedenen Schriftarten. „Die finde ich ganz toll!"

Ich sah nicht hin. „Was meinst du mit *Draufgänger*?"

Zugegeben, die Lederjacke und die zerrissenen Jeans könnten leicht einen solchen Eindruck verleihen, allerdings hielt ich die Wahrscheinlichkeit, dass

Jenna ihn oft in seiner privaten Kleidung gesehen haben könnte, für nicht sonderlich groß.

Jeder wusste, dass der Graf seine Kinder auf die Victor-Hugo-Privatschule schickte, wo eine Schuluniform Pflicht war.

„Ach, ist nicht so wichtig. Die Schrift hier oben ist auch toll. Sieht irgendwie edler aus. Ach, verflucht!" Sie seufzte und richtete sich auf. „Ginas Nachbarin, Lisbeth oder so, geht auch auf die Hugo und hat Gina erzählt, dass er letzte Woche noch was mit einem Mädel namens Corinna hatte und vor den Sommerferien war er noch mit irgendeiner Nicole zusammen, die er aber mit einer Anderen betrogen haben soll."

Ein Teil von mir wusste, dass sie log, obwohl ich Percival nicht wirklich kannte. Der andere, überwiegende Teil allerdings konnte sich nicht vorstellen, warum sie mir eine solche Geschichte erzählen sollte, wenn sie nicht der Wahrheit entsprach. Nur weil Jenna bekanntermaßen egoistisch war, würde sie mir so etwas nicht einfach so erzählen.

„Außerdem", fügte sie hinzu, „hat er mal versucht, sich umzubringen." Sie musterte mich ungeniert und deutete meine Sprachlosigkeit richtig. „Das hast du nicht gewusst."

Ich schüttelte meinen Kopf. „Ich schätze, eine solche Information behält man erst mal für sich."

„Das stand in der Zeitung. Und im Internet hab ich auch einen Beitrag dazu gefunden", erzählte sie mir

mit einem Unterton, den ich nicht deuten konnte.
„Aber selbst wenn er nicht so ein offensichtlicher Freak wäre – Du hättest wahrscheinlich eh keine Chance bei ihm. Er sieht schon verdammt gut aus!"
Ich schaute weg. Tat so, als müsste ich meinen Daumennagel genaustens inspizieren. Versuchte so zu tun, als würden mich ihre Worte nicht verletzen. Ich verstand mich ja selbst nicht mehr. Vor zwei Tagen war Percival mir noch völlig egal gewesen. Nur irgendein Kerl am Rande meines persönlichen Universums.
Ich hatte mir keine Hoffnungen gemacht, schließlich war ich auch nicht in ihn verliebt oder so.
Ich konnte bloß nicht aufhören, an unseren gemeinsamen Nachmittag zu denken. An den Tümpel, die Seerosen, die Frösche … Ich dachte an den grünen Stein, den ich gestern Abend in der Schublade meines Nachttisches verstaut hatte.
War das wirklich *nichts*?

Emma

Unser Haus hatte einen Dachboden, wo wir alte Kisten und ein Sofa aufbewahrten, welches vor vielen Jahren einmal meiner Mutter gehört hatte. Normalerweise mied ich den Dachboden. Heute hatte ich die Leiter zu ihm absichtlich heruntergelassen und war hochgeklettert. Ich schob ein paar Kisten zur Seite, entstaubte das Sofa so gut es ging, und stellte auf eine Truhe, die als

Tisch dienen sollte, eine Lampe.

Hier würden wir besser reden können. Ungestörter sein. Wenn man Geschwister hatte, bekamen die Wände manchmal Ohren, doch diese ganze Sache ging niemanden etwas an.

Gegen 16 Uhr kam Isabel. Während sie ihre Schuhe auszog und mir eine Packung Kekse reichte, betrachtete sie die Vertäflung an der Wand im Flur. Aufwendige Holzschnitzereien, die die liebsten Märchen meiner Mutter aus Schweden symbolisierten, die sie in ihrer Kindheit immer vorgelesen bekommen hatte.

„Wahnsinn! Da sind ja richtige Menschen drin!", bestaunte Isabel die geschnitzten Darstellungen.

Früher hatte ich die Wände genauso bewundert wie sie, aber mit der Zeit war es alltäglich geworden. Ich blieb nicht mehr stehen um durch den schimmernden Glaseinsatz zu gucken, auf dem ein Mädchen aus Holz hockte, um die Prinzessin auf dem Glasberg zu symbolisieren. Vermutlich passierte das mit allen Dingen. Sobald man sich an sie gewöhnt hatte, wurden sie uninteressant.

Kurz darauf kam auch Carmen. Sie und Isabel begrüßten sich verhalten, aber eine überschwängliche Umarmung hätte genauso fehl am Platz gewirkt.

„Sind deine Eltern nicht da?", wollte meine beste Freundin wissen, die mir selbstbewusst die Treppe hoch folgte. Sie bedachte die Vertäflungen nicht; sie war schon so oft hier gewesen, dass sie für sie ebenfalls keine Rolle mehr spielten.

„Marie ist beim Handball und meine Mutter macht Dienstags meistens Überstunden. Und Jan ist in seinem Zimmer."

„Und dein Vater?", schaltete Isabel sich ein. Sie trug noch immer Tommys Pullover. Ob sie ihn wohl irgendwann wieder ausziehen würde?

Und was wäre, wenn nicht?

„Viktor arbeitet meistens bis 17 Uhr", antwortete Carmen mit einem gereizten Unterton. „Heute wird er im Anschluss Marie vom Sport abholen."

Wir erreichten die Leiter zum Dachboden. „Lasst uns hoch gehen, dort sind wir ungestört." Ich ging voran, die anderen Beiden folgten mir.

Carmen und ich setzten uns aufs Sofa, Isabel auf die Truhe vor uns. Sie achtete auf die Lampe, die ihr dämmriges Licht ausstrahlte.

„Schon irgendwie gruselig hier", bemerkte Carmen und schlang ihre Arme um ihre Brust.

Ich wollte ihr eine Decke anbieten, doch als ich meinen Mund öffnete, hob Isabel schnell gebieterisch einen Zeigefinger. „Erst einmal muss ich etwas los werden."

Ich schluckte. Was kam jetzt? Ich konnte spüren wie sich Carmen neben mir versteifte.

Doch dann kam etwas, was ich niemals erwartet hätte.

Seit der 5. Klasse kannten wir Drei uns. Isabel war immer der blonde Engel gewesen, der gar nicht so engelhaft war. In vielerlei Hinsicht kam sie mir mehr wie Maries ältere Schwester vor, als ich es sein könnte.

Sie hatte uns getriezt. Fiese Kommentare durch den Klassenraum hinweg an Kopf geschmissen. Ich konnte nicht zählen, wie oft sie über uns gelacht hatte.

Und ausgerechnet von ihr kamen die Worte, von denen ich mir sicher gewesen war, sie würden noch nicht einmal zu ihrem Wortschatz gehören.

„Carmen? Es tut mir leid."

Die Luft zwischen ihnen schien stillzustehen. Sie sahen einander in die Augen.

Eine endlos lange Zeit sagte keine von ihnen ein Wort. Oder kam es mir nur so vor? Mit jeder Millisekunde, die verstrich, wurde ich nervöser.

Und dann kam endlich die Erlösung durch Carmen: „Schon okay, ich kann dich verstehen." Sie kramte in ihrer Tasche herum und zog einen Stapel Zettel heraus. „Hier. Das sind Kopien aus Tommys Tagebuch."

„Tommy hat kein Tagebuch geschrieben", entgegnete Isabel selbstsicher.

„Dann sind das hier sicher Auszüge aus einem Tagebuch, das von einem anderen Tommy geschrieben wurde", brummte Carmen säuerlich.

Okay, so leicht sollte es also doch nicht werden. Eine einfache Entschuldigung hatte wohl noch nie ausgereicht.

„Lasst uns doch erst mal lesen!", schlug ich betont fröhlich vor.

Unser blonder Engel nickte und streckte ihren Arm nach den Auszügen aus.

„Ich würde sagen, wir lesen nacheinander laut vor", reagierte Carmen auf diese Geste und reichte mir den Stapel. „Emma, fängst du an?"

Nickend nahm ich den Stapel in meine Hände. Ein mulmiges Gefühl überkam mich bei dem Gedanken. „Wisst ihr, ich hab auch mal Tagebuch geschrieben und irgendwie … Mir gefällt der Gedanke nicht, in Tommys herum zu schnüffeln."

„Er hat kein Tagebuch geschrieben", trällerte Isabel, während Carmen genervt ihre Augen verdrehte.

„Aber vermutlich müssen wir lesen, um es genau zu wissen", ruderte Isabel zurück. „Fang an."

Ich seufzte, widmete mich aber der Kopie vor mir.

„*19. April 2008*", begann ich. „*Heute ist Samstag. Es war ein ziemlich langweiliger Tag … Bis auf diese eine Sache. Okay, es war keine Sache, sondern eine Begegnung.*

Ich bin kurz in die Stadt gefahren um noch etwas zu besorgen, und da hatte ich sie gesehen. Ich meine, ich hatte sie schon öfter gesehen, in der Schule und so, aber heute habe ich sie wirklich gesehen. Ich traf sie in der DVD-Abteilung und wir haben über Filme gesprochen. Ihr Lieblingsfilm ist High School Musical – Er spricht von dir?" Überrascht schaute ich zu Carmen, die mir mit gerunzelter Stirn zugehört hatte.

Es war nicht so, dass ich ihr nicht geglaubt hatte. In seinem Tagebuch zu lesen, ausgerechnet Tommy

Schneider hätte etwas mit meiner besten Freundin gehabt, machte es nur realer.

Und die Tatsache brutaler, dass sie es mir verheimlicht hatte.

„Eigentlich schon", murmelte Carmen und kratzte sich an ihrer rechten Augenbraue – Das tat sie immer, wenn sie angestrengt nachdachte. „Aber er hat mich nicht gesehen. Es war in der DVD-Abteilung, das stimmte. Ich hab ihn schon von Weitem entdeckt und wollte nicht, dass er mich sieht, also bin ich ziemlich komisch gegangen – rückwärts, um ihn im Blick zu behalten – und hab dabei eines dieser Pappregale umgeschmissen, wo immer Angebote und Aktionen liegen. Das hat natürlich seine Aufmerksamkeit erregt, genauso wie die eines Mitarbeiters, der mich ziemlich angeschrien hat. Und während er mich vor allen Kunden bloßstellte, kam Tommy und half mir. Erst im Anschluss daran sprachen wir über unsere Lieblingsfilme."

„Vielleicht fand er das unwichtig", meinte Isabel taktlos und wollte den Stapel Zettel haben. Als sie sich ihrer Worte bewusst wurde, fügte sie hastig hinzu: „Wenn er dieses Tagebuch denn wirklich geschrieben hätte."

Carmen nahm den Stapel wieder an sich. „*Ich* lese weiter. *03. Mai 2008. Heute war Elias' Konzert. Er hat mit seiner Band im* FoxTrott *gespielt. Ich hab Carmen gefragt, ob sie mitkommt, und sie hat sich sehr gefreut.*

Sie ist echt hübsch wenn sie lächelt.
Das Konzert war echt cool. Elias hat es wirklich drauf. Ich habe mit Carmen getanzt. Moritz war auch da. Zwischendurch ist Carmen zur Toilette gegangen. Ich gebe zu, ich war echt betrunken, aber ich wollte es auch. Ich bin ihr gefolgt. Auf die Toilette. Dort hab ich sie wohl ziemlich überrascht, aber sie hat sich auch gefreut. Wir haben uns geküsst."

Sie stockte.

„Du musst nicht weiterlesen", versicherte ich ihr behutsam, doch sie schüttelte ihren Kopf.

„Es ist nur, dass der Eintrag hier zu Ende ist", meinte sie stirnrunzelnd. „Ich meine, es kommt noch ein '*Der Abend war echt toll*', aber mehr auch nicht."

„Gibt es denn noch mehr, was da drin stehen müsste?", hakte Isabel nach. Ihr kam ein Gedanke. „Obwohl, nein, sag es mir nicht!"

Schlagartig wurde mir klar, worauf sie anspielte, und ich war nicht gewillt, dieses Thema einfach fallenzulassen. Ich könnte es ertragen, wenn meine beste Freundinnen mir ein bisschen Rumgemache verschwieg, aber *das*? „Carmen, gibt es da mehr?"

Sie seufzte. „Nicht so, wie ihr gerade denkt", erklärte sie schlicht. „Wir haben nie miteinander geschlafen. Und der Grund weshalb nicht, war in dieser Nacht."

„Außerdem waren wir an dem Tag auch bei unserer Großmutter", schaltete Isabel sich ein. „War langweilig, aber müsste so etwas nicht auch in einem Tagebuch stehen?"

Guter Punkt. Ich hatte immer *alles* aufgeschrieben, sogar die langweiligen Sachen.

Isabel streckte ihren Arm nach den Auszügen aus. Gerade als Carmen sie ihr geben wollte, schoss mir etwas anderes durch den Kopf, ein Geistesblitz. Ich griff eigens nach den Zetteln und nahm sie Carmen weg, überflog den eben vorgelesenen Abschnitt. Da stand er. „Elias", murmelte ich und dachte an das, was Timon mir im Erdloch verraten hatte.

„Elias Heilmann", bestätigte Isabel nichts ahnend.

„Das ist der Typ mit der Gitarre gewesen. Von dem Foto, das wir in Tommys Schublade gefunden hatten. Erinnerst du dich?"

Tat ich, ich konnte nur nicht glauben, dass ein Drogendealer mit meiner besten Freundin zusammen auf einem Foto sein konnte.

„Ein ziemlich komischer Kauz", kommentierte Carmen. „Ich hab nie verstanden, warum Tommy mit ihm befreundet war."

„Ich hab bis dieses Foto auftauchte gar nicht gewusst, dass sie noch Kontakt hatten", grunzte Isabel und überschlug ihre Beine. „Elias ist älter als er, ich glaube zwei Jahre, bin mir aber nicht sicher. Keine Ahnung, wie Tommy ihn kennengelernt hat, aber irgendwann brachte er ihn mit nach Hause. Ich glaube, er war damals 6 Jahre alt. Zuerst mochten wir alle Elias. Er war freundlich, hat im Haushalt geholfen und so weiter. Vielleicht wollten meine Eltern ihn auch gernhaben, weil Elias praktisch bei uns gewohnt hat, ohne das ihn *irgendwer* vermisst hat. Ist auch nicht so wichtig. Ich weiß nur noch, dass mein Vater Tommy eines Tages dabei erwischt hat, tote Frösche zu entsorgen, die am Bauch aufgeschlitzt waren, und als er ihn danach fragte hatte Tommy gemeint, Elias hätte ihn dazu gezwungen. Ich weiß jetzt nicht was so schlimm an aufgeschlitzten Fröschen ist, aber danach durfte Tommy nichts mehr mit Elias unternehmen und ich hab ihn nie wieder gesehen."

„Elias ist einer von Tommys besten Freunden", sagte Carmen. Selbst ein Blinder hätte ihr ihre Verwirrung angesehen. „Im Grunde genommen sind sie sogar *die* besten Freunde. Sie haben immer gesagt, sie wären mehr wie Brüder."

„Wie kommst du überhaupt auf ihn?", fragte Isabel und fixierte mich mit ihren blauen Augen, die in dem dämmrigen Licht fast schwarz wirkten.

Im ersten Moment wollte ich so tun, als wüsste ich gar nicht was sie meinte. Ich wollte Timon nicht mit reinziehen. Auf der anderen Seite musste er nicht wissen, dass ich es ihnen erzählte … Ich wollte einfach nur mein altes Leben zurück. Zurück in die Zeit, als ich mir keine Gedanken um irgendwelche Toten machen musste.

Ich hatte keine andere Wahl. Also erzählte ich ihnen alles, was ich von Timon wusste.

„Ein Drogendealer?", wiederholte Isabel skeptisch.

„Würde aber zu ihm passen", warf Carmen ein.

„Ich lese jetzt weiter, ehe wir uns auf irgendetwas versteifen", entgegnete ich und nahm mir den nächsten Auszug vor. *„14. Mai 2008. In der Schule geht Carmen mir aus dem Weg. Ich habe nach der Schule auf sie gewartet und sie gefragt, was los ist. Sie sagte, sie könne das nicht. Sich mit mir treffen, mich küssen und dann in der Schule so tun, als wären wir Fremde. Sie sagte, wir hätten keine Chance.*

Ich sagte ihr, dass ich sie liebe."

„Stopp!", unterbrach Carmen mich energisch. „Das hat er nicht gesagt. Ich meine, er hat es gesagt, aber nicht an dem Tag. Er hat auf mich gewartet, das stimmt. Das war an dem Tag, wo ich länger bleiben musste, weil ich noch Kunst-AG hatte. Er sagte, er könne verstehen warum ich mich von ihm fernhalte, aber das er mich vermisst. Er sagte, wir müssen zwar vorsichtig sein, aber er will mich weiterhin sehen, mich kennenlernen. Am Nachmittag haben wir uns an einer Kanalbrücke getroffen und auf eine Bank gesetzt und ... einfach nur geredet." Ihre Augen füllten sich mit Tränen, als sie sich erinnerte. Sie sah zu Isabel. „Er hat mir erzählt wie lieb er dich hat, und wie sehr er hoffte, dass du eines Tages von Jenna loskommst. Wir haben über die Scheidung unserer Eltern gesprochen; er hat mich gefragt wie ich damit klarkomme, weil er das Gefühl hat, nicht stark genug zu sein."

Während sie erzählte überflog ich den Rest des Auszuges. „Hier steht nichts von einem Treffen am Kanal", warf ich in einer kurzen Sprechpause ein.

„Aber er war da!", versicherte sie mir und eine Träne

rollte ihre Wangen herunter.

Isabel beugte sich vor und wollte ihr tröstend eine Hand aufs Knie legen, entschied sich dann aber dagegen und nahm die Auszüge an sich. Sie blätterte. „Der nächste Eintrag ist vom 24. Mai. Ein DVD-Abend mit Tommy und seinen Freunden, also Elias und Moritz."

Carmen nickte schniefend. „Das war an dem Wochenende. Tommy war den ganzen Abend aber irgendwie komisch drauf, sehr distanziert. Er wollte schon ziemlich früh wieder gehen."

„Was kam danach?"

Ich verstand nicht, worauf Isabel hinaus wollte, doch Carmen spielte mit. „Am Freitagabend darauf haben wir uns im Fliederpark getroffen. Er hat ein Picknick organisiert." Ich reichte ihr ein Taschentuch, welches sie dankend annahm. Tapfer versuchte sie zu lächeln. „Er hat mich in den Arm genommen und wir haben uns den Sonnenuntergang angeschaut. Wir sind erst nach Hause, als die Sterne über uns leuchteten. An dem Tag hat er mir gesagt, dass er sich in mich verliebt hat."

„Der Tag steht hier nicht drin." Isabels Stimme klang nüchtern und sanft zugleich. „Der Freitag darauf müsste der 30. Mai gewesen sein. Auf den 24. Mai folgt allerdings bloß ein Eintrag vom 07. Juni."

„Das ist der Abend des Sommerballs", erinnerte sich Carmen.

Während Isabel wissend nickte, verstand ich nichts mehr. „Was denn für ein Sommerball?"

„Der Graf veranstaltet zweimal im Jahr Bälle. Einen Winterball am ersten Advent und einen Sommerball im Sommer", erklärte Isabel. „Wir sind jedes Jahr dort. Echt nervig. Hier steht -"

„Er hat sich davongeschlichen", unterbrach Carmen sie, schluckte ihre restlichen Tränen herunter und klang plötzlich distanziert. „Von dem Ball, meine ich. Wir haben uns getroffen, bei den Ställen. Und ja, Emma, die Grafenfamilie hat einen eigenen Stall auf dem Grundstück."

„Ich hab mich eher gefragt wie du es geschafft hast, auf das Gelände zu kommen, ohne gesehen zu werden", entgegnete ich.

„Ich kenne Odine, wir hatten früher mal zusammen Flötenunterricht. Und da ihr als Tochter des Grafen keiner Fragen stellt, was sie bei den Ställen macht, hab ich sie um Hilfe gebeten." Sie atmete tief ein und aus. „Ich hab mich mit Tommy getroffen. Er war ganz aufgeregt, sagte mir, er hätte einen Weg gefunden wie wir zusammen sein könnten, er bräuchte nur noch ein paar Wochen. Ich hab ihn nicht verstanden, er war schon fast wahnhaft. Er hat mir ein bisschen Angst gemacht. Und immer wieder sagte er mir, dass er endlich eine Lösung gefunden hätte, ich müsste nur noch ein bisschen warten. Ich wollte aber nicht mehr warten, wisst ihr? Ich wollte wissen, was los war. Und als er es mir nicht sagen wollte, hab ich Schluss gemacht. Wenn man überhaupt Schluss machen kann, ohne richtig zusammen gewesen zu sein. Dann bin ich gegangen."

„Hier wirst du mit keiner Silbe erwähnt", berichtete Isabel. „Hier steht, er hätte sich mit Jenna getroffen und sie hätten sich geküsst und das er sich in sie verliebt hätte. Der nächste Eintrag ist von dem Tag, als er offiziell mit Jenna zusammen kam."

„An dem Tag hatte ich eine Nachricht von ihm in meinem Spind. *Es tut mir leid,* stand da drauf. Mehr nicht." Carmen schnaubte leise. „Erst hab ich nicht verstanden was er meinte, doch dann hatte ich sie zusammen gesehen. Händchen haltend. Und es hat mir das Herz gebrochen."

„Am nächsten Tag heißt es, du wärst ihm gefolgt und hättest ihn zur Rede gestellt. Hier steht, du hättest ihn angeschrien und ihm gedroht, ihm etwas anzutun", erzählte Isabel. „Carmen, nur damit du das weißt: Ich glaube nicht, dass irgendetwas in diesem Tagebuch von ihm ist. Ich bin mir ziemlich sicher, dass Tommy niemals ein Tagebuch geschrieben hat – und wenn doch, dann hätte er die wichtigen Momente auch hier drin." Sie hielt inne. Dann: „Er hat eine Blüte von einem Fliederstrauch an dem Abend des Picknicks mit nach Hause genommen. Ich hab sie in seinem Zimmer gefunden, in einer Truhe unter seinem Bett. Es war keine Lüge, Carmen. Als er sagte, dass er sich in dich verliebt hat, da hat er es ernst gemeint."

Sie klang so ehrlich und zuversichtlich, und Carmen sah so fertig mit den Nerven aus, dass ich selbst am liebsten geheult hätte. Aber ich musste stark sein. Ich war die Einzige zwischen uns, die keinen emotionalen Bezug zu Tommy hatte. Ich sollte mit mehr Objektivität an die Sache gehen.

„Wer hat dann das Tagebuch geschrieben?", warf ich ein.

„Keine Ahnung", seufzte Isabel. „Ich glaube zwar, dass es nicht Tommys Schrift ist, bin mir aber auch nicht sicher."

„Wir könnten sie mit Tommys vergleichen", schlug ich vor. „Ihr habt doch sicher irgendwo ein Schriftstück von ihm."

„Ja, na ja, im Grunde genommen hast du Recht, aber da gibt es ein kleines Problem."

„Das da wäre?"

„Ingrid hat mir meinen Haustürschlüssel geklaut."

„Wieso?"

Ein wenig beschämt deutete Isabel auf den schwarzen Pullover, den sie trug. „Sie fand es ein wenig *too much* mich in seinen Klamotten zu sehen und hat dann gedacht, es wäre besser für mich, wenn ich nicht jeder Zeit nach Hause könnte. Das war heute Mittag. Und mein grandioser Vater fand ihre *Erziehungsmaßnahme* gut." Bei diesem einen Wort malte sie mit ihren Fingern Anführungszeichen in die Luft. Sie sah zu Carmen. „Hast du den Zettel noch, den er dir ins Schließfach gesteckt hat?"

Sie schüttelte ihren Kopf. „Hab ich zerrissen und in Müll geschmissen."

„Mist. Dann müssen wir überlegen, wer in Frage käme. So, wie ich das sehe, wären das drei Personen", überlegte Isabel laut. „An erster Stelle steht Jenna. Sie könnte das mit Carmen herausgefunden haben und wütend geworden sein. Ich traue ihr allerdings keinen Mord zu und eines kann ich euch versichern: Sogar ihre Schrift ist perfektioniert ordentlich. Sie ist schon krankhaft. Nicht so krankhaft wie Fabienne, aber -"

„Bleib bei der Sache, Isi", erinnerte ich sie schnell.

„Richtig. An zweiter Stelle wäre Moritz", erzählte sie weiter. Während sie ihre Verdächtigten nannte, zählte sie an den Fingern mit. „Er hat gelogen was das Treffen mit Carmen angeht, was höchst auffällig ist. Und dann wäre da natürlich noch Elias, unser Drogendealer."

„Es konnte auch wer ganz anderes sein", warf ich ein.

„Ach, papperlapapp!", wies Isabel mich zurück. Mit einem Mal schien sie ganz aufgeregt. „Fokussieren wir uns auf das, was wir wissen. Okay, folgender Plan: Ich ergattere irgendetwas Geschriebenes von Moritz, damit wir vergleichen können. Carmen, so leid es mir tut, aber du weißt vermutlich mehr über Tommys letzte Monate als ich. Du musst dich an alles versuchen zu erinnern und wenn dir etwas wichtig erscheint, dann sag es uns. Und du, Emma, wirst dem Kätzchen entlocken wo man Elias alias Xelsias finden kann."

„Kätzchen?", wiederholte ich und zog fragend eine Augenbraue hoch.

„Ich kann mir doch seinen Namen nicht merken."

„Timon!"

„Jaja, von mir aus." Sie winkte ab. „Carmen, bist du

damit einverstanden?"

Sorge stieg in mir auf. Sie sah unglaublich blass aus, als würde sie jeden Augenblick vom Sofa fallen. „Sogar mein Vater hält es für möglich, dass ich etwas mit Tommys Tod zu tun hab. Also ja, ich bin dabei. Ich will diesen Mistkerl, der mein Leben zerstört hat, in die Finger kriegen!"

Kapitel Sieben

Emma

„Moritz war es nicht", stöhnte Isabel auf und lehnte sich auf dem Sofa zurück. „Ich war mir so sicher!" Es war Donnerstagnachmittag und wir saßen zu Dritt auf meinem Dachboden, nur das dieses mal ich auf der Truhe saß. Isabel hatte Moritz in der heutigen Pause einen Aufsatz über Franz Kafka aus der Schultasche geklaut, doch bei dem Vergleich mit der Schrift des Tagebuchs war deutlich geworden, dass er eine so schlimme Sauklaue hatte, gegen die noch nicht einmal mehr Medikamente helfen würden – Isabels Worte. Er konnte kaum ein vollständiges Tagebuch geschrieben und so getan haben, es wäre von Tommy.

„Ich fürchte, wir wollten einfach nur zu sehr, dass Moritz es ist", meinte Carmen, sah allerdings genauso enttäuscht aus wie Isabel. „Wir wollten einfach, das es vorbei ist und wir weitermachen können."

Ich nickte bekräftigend, während Isabel innehielt und sie von der Seite mit einem Blick ansah, den ich nicht deuten konnte. „Oh, stimmt", sagte sie dann und klang, als wäre ihr ein trüber Gedanke gerade erst gekommen.

„Was stimmt?", hakte Carmen verwirrt nach.

„Für dich ist es irgendwann vorbei." Sie veränderte

ihre Sitzposition, beugte sich ein wenig zu Carmen. „Versteh mich nicht falsch. Nach allem, was ich in den letzten paar Tagen von dir erfahren habe, glaube ich dir, dass du Tommy sehr gernhattest. Mag sein, dass du ihn auch wirklich und wahrhaftig geliebt hast. Aber du … wirst eine neue Chance bekommen, dich zu verlieben. Irgendwann, wenn du so weit bist und dein Herz jemand Neuen hereinlassen kann. Ich werde nie einen neuen älteren Bruder bekommen. Was mich betrifft, wird in meinem Leben immer dieser eine Stuhl am Esstisch frei bleiben."

Ich schluckte. So weit hatte ich gar nicht gedacht. Und Isabel auch ehrlich gesagt nicht zugetraut, zu denken.

„Ich will damit nicht sagen, dass mein Verlust größer ist", fügte Isabel hinzu, als niemand reagierte. „Ich will damit auch nicht deinen Schmerz mit meinem vergleichen. Es ist bloß -"

„Es tut mir leid, Isabel", unterbrach Carmen sie sanft. „Du musst nichts vergleichen. Er war dein Bruder. Und vor mir liegt noch ein ganzes Leben in dem ich mich noch mit ein Dutzend Typen treffen kann. Aber eines werde ich dir versprechen: Ich werde ihn nie vergessen." Sie legte sich ihre Hände über ihr Herz. „Er wird immer einen Platz bei mir haben."

Plötzlich fühlte ich mich unglaublich falsch hier. Dieser Moment gehörte ihnen, diesen beiden trauernden Mädchen; ich spielte bloß unfreiwillig Voyeur. Ich war kein Teil dieses Augenblickes.

„Wirst du irgendwann diesen Pullover eigentlich

wieder auszuziehen?", fragte Carmen behutsam.

Ich konnte sehen, wie Isabel mit den Schultern zuckte. „Keine Sorge, ich dusche jeden Tag und ziehe frische Unterwäsche an. Und eigentlich riecht dieses Ding noch nicht einmal mehr nach ihm, es ist bloß … Als wäre er so noch bei mir." Sie seufzte, dann klatschte sie einmal in ihre Hände. „Genug Melancholie, lasst uns weitermachen! Emma, du weißt, was du zu tun hast?"

Froh darüber, wieder dazuzugehören, nickte ich. „Gebt mir bis morgen, und ich werde wissen, wo wir Elias finden können!"

Ganz so einfach wurde es allerdings nicht. In der ersten Pause hielt ich Ausschau nach Timon, fand ihn aber nicht. In der zweiten Pause stellte ich mich direkt neben den Vertretungsplan, doch wieder erfolglos. Es war, als wäre er vom Erdboden verschluckt worden. Gerade als ich meinen Standpunkt verlassen und zum Klassenraum gehen wollte – Carmen versteckte sich noch immer auf der alten Toilette, inzwischen allerdings in Isabels Gesellschaft – tauchte Justus auf.

Und in diesem Augenblick erinnerte ich mich an unsere Verabredung gestern.

Zu der ich nicht erschienen war.

„Oh verdammt! Es tut mir so leid! Ich hab dich total vergessen!", sagte ich schnell und fasste mir an den Mund. Noch nie in meinem Leben hatte ich Justus vergessen.

„Das hab ich gemerkt", brummte er in seinen nicht vorhandenen Bart hinein. Er sah ganz und gar nicht erfreut aus.

„Es tut mir schrecklich dolle leid!", wiederholte ich noch einmal. „Ehrlich. Wir holen das nach, okay?"

„Wann denn?", entgegnete er mit einem vorwurfsvollen Unterton. „Du gluckst ja nur noch mit Isabel zusammen."

Ich fiel aus allen Wolken. „Ich dachte, du magst sie?"

Er grunzte verächtlich. „Natürlich, abgesehen von all ihren Hetzattacken gegen uns ist sie sicher ein netter Mensch."

„Sie hat gerade erst ihren Bruder verloren!"

„Ist jetzt jede, die ihren Bruder verliert, ab sofort deine neue beste Freundin?" Er steckte seine Hände in die Taschen seines Parkas; ein deutliches Anzeichen, dass er echt sauer auf mich war.

Mein Herz wurde schwer. Ich hasste es, wenn Justus mir böse war.

„Du könntest mir auch einfach sagen, was los ist", fügte er hinzu.

Ich blinzelte. „Hä?"

„Warum verbringst du so viel Zeit mit Isabel? Und seit wann will sie Carmen nicht mehr die Augen ausstechen?"

„Also, genau genommen wollte sie nie -"

„Emma", unterbrach er mich, „lenk nicht vom Thema ab und sag mir die Wahrheit."

Ich schaute ihm in seine braunen Augen; diese braunen Augen, die mich gefühlt mein Leben lang schon begleiteten. Die mir zur Seite gestanden hatten, wenn ich alleine nicht weiterkam. Diese braunen, anklagenden Augen, die ich niemals enttäuschen wollte – Und wusste, dass ich genau das tun würde.

„Ich kann es dir nicht sagen. Ich wünschte, ich könnte, aber ich kann nicht!"

Wir hatten es uns geschworen – solange wir nicht ganz genau wussten, wer hinter allem steckte, würden wir niemanden mit reinziehen. Wer auch immer hinter Tommys mysteriösem Tod steckte, und egal wie die Gründe auch aussehen mochten, dieser jemand ging über Leichen.

Und wenn Justus etwas passierte, würde ich mir das nie verzeihen können.

Es klingelte. Die Pause war vorbei. Doch Justus blieb, wo er war, und sah mich weiterhin an. „Du hast mir immer alles gesagt. Wann hat das aufgehört?"

Mit Schrecken stellte ich fest, dass es genau derselbe Vorwurf war, den ich Carmen gemacht hatte. Ich wollte es ihm erklären. Ich wollte ihm diese grausige Geschichte erzählen und mich dann mit ihm über die beste Superheldenkraft zanken.

Doch selbst wenn ich es gekonnt hätte – Genau in diesem Augenblick lief Timon mit seinen neuen Freunden an uns vorbei. Es war, als würde mein Blick magisch von ihm angezogen werden, was natürlich Quatsch war. Doch genau in dem Augenblick, als ich in seine Richtung sah, wandte er sein Gesicht in meine Richtung. Als sich unsere

Blicke trafen, hielt er inne.

„Es tut mir leid, Justus", hörte ich mich bereits sagen, ehe ich wusste, was ich tun würde. „Ehrlich, du ahnst ja gar nicht wie sehr. Aber ich muss jetzt gehen!"

Ich wartete seine Reaktion nicht ab. Ich konnte nicht. Mir rannte die Zeit davon.

Schnellen Schrittes eilte ich auf Timon zu, der seinen Freunden vermutlich sagte, sie sollen schon mal vorgehen – Zumindest taten sie genau das.

„Emma, was gibt's?", begrüßte er mich mit einem zaghaften Grinsen.

Schüler liefen an uns vorbei auf den Wegen zu ihren Klassenräumen. Intuitiv wusste ich, dass Justus ebenfalls gegangen war. Er gehörte nicht zu dem Typ Mensch, der hinterherlief, wenn man ihn stehenließ. Niemand beachtete uns; wir waren unwichtig. Ich fragte ihn einfach geradeheraus.

„Ich muss wissen, wo ich Elias finden kann!"

Sein Grinsen verschwand. „Nein", sagte er ohne zu blinzeln. „Das werde ich dir nicht sagen."

„Timon, bitte!", flehte ich und griff nach seiner Hand, ließ sie allerdings sofort wieder los. „Ich bin mir ziemlich sicher, dass Elias etwas mit Tommys Tod zu tun hat. Ich kann es dir nicht erklären, du musst mir einfach vertrauen!"

„Das hat nichts mit Vertrauen zu tun", entgegnete er viel zu standhaft für einen Zwölfjährigen. „Sondern mit Schutz."

„Ich kann auf mich selbst ganz gut aufpassen!"

„Ja, bestimmt!", er grunzte. „Deswegen willst du dich auch mit einem Typen treffen, der das Wort *unberechenbar* erfunden hat!"

Er wollte an mir vorbei gehen, doch das ließ ich nicht zu. „Timon, es geht um Leben und Tod!", versuchte ich zu dramatisieren.

„Hab ich mir gedacht. Und ich werde garantiert nicht Schuld daran sein, wenn dein Name auf seiner Opferliste steht. Und jetzt lass mich durch, ich hab Physik."

„Nein!", entgegnete ich und meine Stimme duldete keinen Widerspruch. „Es ist nicht deine Aufgabe mich zu beschützen, okay? Das kann ich gut alleine. Ich brauche deine Hilfe. Es ist verdammt wichtig. Ich *muss* wissen, wo ich Elias antreffen kann."

Er sah mich lange und eindringlich an. Dann: „Du weißt nicht, was du da tust, Emma. Der Typ ist gefährlich."

Ich versuchte seine Angst nicht herunterzuspielen; und natürlich hatte er Angst. Ich konnte ihn verstehen. Wenn es umgekehrt wäre, würde ich genauso handeln wie er.

Mir kam eine Idee, wie ich ihn vielleicht doch dazu bringen konnte, mir diese eine Information zu geben, die ich so dringend brauchte. Eine Idee, die ich selbst so abscheulich fand, dass ich es nicht aussprechen wollte und gleichzeitig wusste, keine andere Möglichkeit zu haben.

„Ich werde es ohne deine Hilfe wahrscheinlich nicht herausfinden, aber das wird nicht heißen, dass ich es

nicht weiter versuchen werde. Mir fallen bestimmt sicher viele Möglichkeiten ein … Ich könnte mich als Junkie ausgeben oder direkt zu Till gehen oder -"
„Hör auf", unterbrach er mich, „schon gut. Sonntags ist Elias immer bei einem alten Fabrikgelände in Regenhain anzutreffen. Es ist leerstehend und ziemlich tief im Wald." Man konnte ihm seinen Unmut dieser Offenbarung deutlich ansehen.
„Danke!", sagte ich ihm und versuchte zu lächeln; ich meinte es ernst. Ich war ihm wirklich unendlich dankbar.
Und während ich wegging und zu meinem Klassenraum rannte, nahm ich mir fest vor, Timon niemals wieder in eine solche Situation zu bringen.

Fabienne

Schlimme Dinge passierten. Unwiderruflich. Wir sagten etwas, das wir nicht so meinten, doch so leid es uns im Nachhinein auch tat, wir konnten es nicht mehr zurücknehmen.
Und manchmal lag unser Fehler darin, dass wir glaubten.
Als Kleinkinder glaubten wir unseren Eltern, die Geschichten vom Weihnachtsmann oder vom Osterhasen erzählten. Wenn wir älter wurden glaubten wir daran, dass uns nichts Schlechtes passierte, solange wir gute Menschen waren.
Und manchmal glaubten wir unserer besten Freundin, wenn sie uns erzählte, dass der Junge, an

den wir ununterbrochen denken mussten, ein ganz großes Arschloch war.

Percival versuchte mich zu erreichen. Ich wünschte schon, ihm niemals meine Handynummer gegeben zu haben. All seine Anrufe und Nachrichten ließ ich unbeantwortet.

Ich wollte nichts mit ihm zu tun haben. Wollte nicht bloß eine von vielen sein. Außerdem gefiel mir der Gedanke nicht, er könnte sich selbst umbringen. So etwas passte nicht in mein Leben.

Es war Sonntag. In der Innenstadt gab es an diesem Wochenende einen Markt, den ich mit meiner Mutter besuchte. Unser Chauffeur hielt in der Nähe vom Rathaus und von dort aus gingen wir den Rest zu Fuß.

Es war ein warmer, sonniger Vormittag. Ich trug einen weißen, luftigen Rock, Sandalen in derselben Farbe, und ein gelbes T-Shirt. Meine Mutter sah wie immer aus, als würde sie zu einer wichtigen Veranstaltung gehen.

Der Markt in Neustadt-Hausen fand alle zwei Wochen am Sonntag statt und war keine sonderlich große Sache. Auch heute waren wieder nicht so viele Besucher da wie man sich vermutlich erhoffte. Wir gingen zu einem Stand mit frischem Gemüse und meine Mutter ließ sich von der Verkäuferin mittleren Alters beraten, als ob es sie wirklich interessieren würde.

Ich wandte mich ab und ließ meinen Blick über die verschiedenen Stände schweifen.

Und da war er. Ausgerechnet er.

Das Schicksal war ein wirklich mieser Komödiant.

An einem Stand mit Kerzen wartete er auf seine Familie, die Hände in seine Hosentaschen gesteckt. Ohne seine Lederjacke hätte ich ihn beinahe nicht erkannt.

Ich wollte mich hastig von ihm wegdrehen, doch das Schicksal war nicht auf meiner Seite. Aus dem Augenwinkel heraus konnte ich noch sehen, wie er seinen Kopf hob und in meine Richtung schaute.

Hoffentlich hat er mich nicht erkannt, dachte ich und nahm ohne zu Murren die Tüte mit dem frisch erworbenen Gemüse entgegen. „Danke", murmelte ich.

„Ach, eine ganz liebe Tochter haben Sie da, Frau Roux", sagte die Verkäuferin und reichte meiner Mutter das Wechselgeld.

„*Madame* Roux", verbesserte meine Mutter sie, steckte das Geld ein und ging, ohne einen schönen Tag zu wünschen. Mit gesenktem Kopf folgte ich ihr. Penibel genau achtete ich darauf, mich nicht der Menge zuzuwenden.

Doch als wir einen Stand mit Kartoffeln erreichten, passierte es: Hinter dem Markt führte ein breiter Weg direkt zum Busbahnhof. Es heißt, auf diesem Weg wären vor vielen Jahrhunderten die Händler nach Neustadt-Hausen gekommen, um hier auf dem Marktplatz ihre Waren zu verkaufen.

Und genau auf dem Weg schlichen Isabel, Emma und Carmen entlang. Erstere trug traurigerweise noch immer Tommys Pullover. Er stank sicherlich schon bestialisch.

„Fabienne, was meinst du: Lieber die … ähm … *Pommes de Terre* aus dem Schwarzwald oder aus der Region Hannover?"

Blinzelnd schaute ich zu ihr. „Kartoffeln", verbesserte ich sie. „Und ist mir egal." Als ich wieder nach meiner alten Freundin schauen wollte, waren sie weg.

Ein Teil von mir wusste, dass ich hier bleiben sollte, bei meiner Mutter. Jenna hatte Recht. Es war besser, Isabel erst einmal in Ruhe zu lassen.

Aber sie trug noch immer seinen Pullover … Sie war alleine, wurde mir schlagartig klar. Und das war meine Schuld. Ich hatte es so weit kommen lassen.

Wenn ich sie nicht im Stich gelassen hätte, wäre sie vielleicht nie so weit gegangen und hätte Tommys alten Pullover angezogen – Und ihn nicht mehr ausgezogen.

„Ich bin gleich wieder da", hörte ich mich sagen und huschte zwischen dem Kartoffelstand und der Nachbarhütte hindurch, ehe meine Mutter sich beschweren konnte.

Der alte Handelsweg war umsäumt von Buchen. Ich glaubte, Isabel und ihre vorübergehenden Freunde weit hinten zu sehen, und wunderte mich über ihre Schnelligkeit. Ich würde mich beeilen müssen, wenn ich sie noch einholen wollte.

„Fabienne!"

Das durfte nicht wahr sein. Ausgerechnet jetzt

musste Percival auftauchen. Er kam auf meiner Höhe zwischen den Buchen hervor. „Fabienne, warte!"
Doch das konnte ich nicht. Ich musste *sie* einholen. Musste Isabel das Gefühl geben, nicht alleine zu sein, und dann würde sie diesen schrecklichen Pullover ausziehen und einsehen, dass Tommy tot war. Und nie mehr zurückkommen würde, egal wie viele Mörder sie versuchte zu finden.
Ich spürte, wie sich eine Hand um meinen Ellbogen legte und mich zum Stehenbleiben zwang. „Lass mich los!", schrie ich.
Er ließ mich zwar los, baute sich aber so vor mir auf, dass ich nicht einfach weiter rennen konnte. Mir blieb nichts anderes übrig als ihn anzusehen. „Was willst du?!", keifte ich wütend und lugte an ihm vorbei. Wenn ich mich gleich wirklich beeilte, könnte ich sie noch einholen.
„Warum reagierst du auf keinen Anruf?"
Vielleicht lag es an seinem zermürbten Unterton, oder an der schlaffen Armbewegung, mit der er seine Worte unterstrich; vielleicht lag es auch an etwas völlig anderem, aber auf einmal hatte ich ein schlechtes Gewissen. Als ich meinen Blick von Isabels Rückseite ab- und ihm zuwandte, ihm in seine sturmblauen Augen sah, war es, als wären Jennas Worte nicht mehr wichtig.
Zumindest rückten sie in einen entfernten Teil meines Hirns.
„Hab ich irgendetwas gesagt oder getan, was dich gekränkt hat?", fragte er leise.

„Fabienne? Mademoiselle, komm sofort hier her!", rief auf einmal meine Mutter vom Marktplatz aus. Und sie klang nicht gerade erfreut.

Vermutlich hatte sie ihn gesehen und erkannt und wollte nicht, dass ich etwas mit dem Grafensohn zu tun hatte.

Als wäre dies ein Stichwort musste ich plötzlich an all die Male denken, in denen meine Mutter irgendetwas nicht wollte, was ich tat. Als Kind hatte ich einmal mit einem dunkelhäutigen Mädchen gespielt. Als meine Mutter mich sah musste ich sofort reinkommen. Ich konnte mich noch daran erinnern wie sie mir sagte, dass dieses Mädchen im Tierviertel wohnte und daher kein Umgang für mich war.

Ich konnte mich auch noch an meine anfängliche Abneigung Jenna gegenüber erinnern. Aber unsere Eltern hatten uns so oft zum Spielen zusammengesetzt, dass wir irgendwie zusammengewachsen waren.

Ich hatte immer getan, was meine Mutter wollte. Was *irgendwer* wollte. Bei dem Versuch mich an etwas zu erinnern, was ich aus eigenen Stücken heraus tat, scheiterte ich kläglich.

Mit einem Mal wurde es mir klar. Es ging nicht nur um Isabel oder Percival, sondern auch um mich.

Konnte ich mutig genug sein, meinen eigenen Weg zu gehen?

„Fabienne Apolline Roux!", schrie meine Mutter von dem Kartoffelstand aus. „Komm *sofort* hierher!"

Ich *konnte* mutig genug sein.

Ich *wollte* mutig sein.

„Komm mit", sagte ich zu Percival und lief an ihm vorbei hinter meiner Freundin her, fort von meiner wütenden Mutter. Wenn ich nach Hause kam, würde sie mir die Hölle heiß machen, aber darüber würde ich mir dann immer noch Gedanken machen können.

Percival folgte mir. „Wohin gehen wir?"

„Erst mal weg von meiner Mutter. Schneller!" Ich beschleunigte meinen Schritt und war schon fast am Rennen. Kleine Kieselsteinchen rutschten in meine Sandalen und machten mir das Laufen schwerer.

„Siehst du die drei Mädchen da vorne?"

„Ja."

„Die müssen wir einholen."

„Und warum?"

Ich versuchte ihn anzulächeln. „Weil ich ausnahmsweise einmal das Richtige tun will!"

Wir holten die Drei nicht direkt ein. Wie erwartet führte der alte Handelsweg zum Busbahnhof. Wir erreichten gerade die Hauptstraße, die uns noch von dem Busbahnhof trennte, als Isabel und ihre Schatten in einen Bus stiegen. In großen, grünen Lettern stand über der Windschutzscheibe das Fahrziel. *Regenhain.*

„Was will Isabel denn da?", murmelte ich mehr zu mir selbst.

„Das werden wir nie herausfinden, wenn wir hier stehenbleiben", entgegnete Percival und schaute um sich. Von beiden Seiten kamen uns Autos entgegen. „Allerdings fährt der Bus in zwei Minuten ab."

„Zwei Minuten?! Das schaffen wir nie!"

„Nicht wenn wir warten", entgegnete er, warf mir ein schelmisches Grinsen zu und riss seinen Arm hoch. Schnipsend trat er an den Rand der Straße, wo ihm ein Pkw-Fahrer hupend klar machte, was er von seiner Aktion hielt.

„Percival!", schrie ich auf. „Das ist gefährlich!"

„No risk, no fun!", sagte er noch, dann trat er auf die Straße. Einfach so.

Quietschend kamen die Wagen der linken Spur zum Stehen. „Los, Fabienne!", rief er zurück.

Erst jetzt bemerkte ich, wie steif ich war. Ich versuchte mich aus meiner Starre zu lösen und rannte zu ihm auf die Straße. Als wäre es selbstverständlich griff er nach meiner Hand und zog mich hinter sich her.

Als wir überraschenderweise lebend die andere Straßenseite erreichten ließ er mich nicht los; bis wir den Bus erreichten hielt er mich fest.

Die Busse, die von hier starteten, mussten meistens längere Strecken zurücklegen und waren daher meistens Reisebusse. Regenhain war zwar mit dem Auto nur eine halbe Stunde von Neustadt-Hausen entfernt, aber dennoch stiegen wir in einen dieser ranzigen Reisebusse ein, in denen man immer saß, wenn man einen Klassenausflug unternahm.

Sie saßen ganz hinten. Isabel in der Mitte, die beiden anderen links und rechts in der Reihe vor ihr.

Sie war die Erste, die mich entdeckte. Ihre blauen Augen weiteten sich erst vor Überraschung, dann zog sie ihre Brauen zusammen. Als ich bei ihr ankam, schnalzte sie missbilligend mit ihrer Zunge und fragte mit einem gehässigen Unterton: „Was willst du denn hier?"

Emma und Carmen drehten sich zu mir um und musterten mich, sagten aber nichts.

„Ich wollte mich entschuldigen", sagte ich.

Ich konnte sehen, wie Isabels eiserne Miene kurz ins Wanken geriet. Mit einer Entschuldigung hatte sie nicht gerechnet.

Menschen wie wir mussten sich nicht entschuldigen.

„Okay", sagte sie dann und nickte auf den freien Platz vor Emma. „Du und dein Freund da – Sag mal, bist du nicht dieser Pascalpatrickphilip von Neustadt-Hausen? - Ähm, wie auch immer. Ihr kommt eh nicht mehr raus."

Als sie das sagte, warf ich schnell einen Blick aus dem Fenster. Sie hatte Recht. Ich war so auf Isabel fixiert gewesen, dass ich gar nicht gemerkt hatte, wie der Bus sich in Bewegung gesetzt hatte.

Jetzt würde ich wohl erfahren, warum sie auf dem Weg nach Regenhain war.

Das hatte man nun davon, mutig sein zu wollen.

Isabel

„Wir hatten einen Deal!", erinnerte Emma mich flüsternd, als Fabienne und der Typ zurück zum

Fahrer gingen und sich Fahrkarten lösten. „Niemanden reinziehen!"

„Es ist Fabienne", versuchte ich mich herauszureden.

„Wenn sie merkt, wie ernst die Sache ist, wird sie freiwillig wieder umdrehen wollen."

„Dieser Bus hält erst wieder in Regenhain", schaltete sich Carmen ein.

„Dann bleiben sie halt sitzen und fahren gleich wieder zurück. Sie wird uns schon nicht in die Quere kommen."

Der Plan war, nach Regenhain zu fahren, zu dem alten Fabrikgelände zu gehen und abzuwarten. Und wenn Elias auftauchte, würden wir ihn zur Rede stellen. Glücklicherweise war Regenhain mehr Dorf als Stadt und es gab nur ein altes Fabrikgelände, knapp 5 Kilometer vom Bahnhof entfernt. Mitten im Wald.

Zugegeben, bei der Vorstellung wurde sogar mir mulmig und ich bereute jeden Horrorfilm, den ich mit Tommy zusammen heimlich geschaut hatte.

„Wir müssen mit meinem Vater reden!", sagte Carmen noch. Ihre Stimme duldete keine Widerworte. „Sobald wir etwas in der Hand haben, gehe ich zu meinem Vater. Das ist total irre was wir hier tun!"

„Es wird uns nichts passieren", versuchte ich sie halbherzig zu beruhigen. „Aber ja, du solltest heute Abend mit deinem Vater sprechen. Und sicherlich haben wir dann Beweise, die dich entlasten."

Sie kamen zurück. Fabienne setzte sich auf den Sitz

vor Emma, der Typ auf den Platz vor Carmen. Beide drehten sich so gut es ging zu uns.

„Wer bist du überhaupt?", fragte ich, noch bevor Fabienne irgendetwas sagen konnte. „Ich meine, klar, der Sohn des Grafen. Ich meinte eher deinen Namen und was ihr hier" - dabei machte ich mit meinem Zeigefinger eine Bewegung, die ihn und Fabienne einschloss - „zusammen treibt."

Er lachte. „Ich bin Percy und kenne Fabienne von einer ungewollten Begegnung an der Spuckbrücke."

Ich runzelte die Stirn. Während ich meine Freundin dabei beobachten konnte, wie sie leicht rot um die Nasenspitze wurde, konnte ich mir die Frage nicht verkneifen: „Du? Spuckbrücke? Mitten im Wald? Wo hattest du deine Diener versteckt?"

Der gehässige Unterton tat mir allerdings leid. Ein bisschen zumindest.

„Ihr habt Diener?", schaltete Emma sich ungläubig ein.

Fabienne blinzelte sie verwirrt an. „Ja … Ihr nicht?"

Ich hörte wie Carmen etwas Unverständliches murmelte und Emma wie ein begossener Pudel dreinschaute. Das konnte ja noch lustig werden.

Unsere versnobte Französin hob ihr Kinn und sah zu mir. Obwohl wir in einem Reisebus waren und ihre Mutter nirgends zu sehen war, achtete sie auf einen geraden Sitz. Ihre Hände hatte sie in ihren Schoß gelegt. „Was genau haben wir eigentlich vor?"

„*Ihr* seit hier einfach reingeschneit", korrigierte Carmen sie gereizt. „*Wir* sind auf dem Weg nach

Regenhain, um -"

„Den Mörder meines Bruders zu fassen." Ich konnte sehen, wie sie mit den Wimpern zuckte. Obwohl sie hier war glaubte sie mir noch immer nicht.

Ich unterdrückte ein Stöhnen. Das war ja klar. Sie war vermutlich nur hier um vor ihrem neuen Lover Eindruck zu schinden.

„Wer ist denn der Mörder?", wollte Fabienne wissen. Doch sie stellte diese Frage nur um so zu tun, als würde sie sich dafür interessieren. In Wahrheit hielt sie noch immer nichts von meiner These. Die Lüge war einfacher für sie zu glauben. In ihrer Welt wurden Menschen nicht umgebracht. Mord passierte nur den Armen in irgendwelchen Gassen, zu einer Zeit, wenn der Mond hoch über uns am Himmel schien. In ihrer Welt passierten Verbrechen nur spät in der Nacht und niemals den Reichen und Schönen.

In ihrer Welt passierte nichts Außergewöhnliches. Und ganz sicher setzte man sich nicht in einen dreckigen Reisebus.

Es war Emma, die ihr antwortete. In kurzen Sätzen teilte sie ihr alles Wichtige mit. Das Tommy umgebracht wurde, höchstwahrscheinlich von einem Jungen namens Elias. Und das wir genau diesem einen Besuch abstatten wollten.

„Habt ihr euch das auch gut überlegt?", fragte Percy, als wir auf den Busbahnhof in Regenhain fuhren. „So ein Drogendealer scheint mir doch eine Nummer zu groß für euch zu sein, was jetzt nicht böse gemeint ist."

Ich nahm meinen Rucksack an mich und stand schon auf. Blickte dem Jungen, der so gar nicht zu Fabienne passte, direkt in die Augen. „Deswegen hat Gott uns vielleicht dich geschickt."

Vom Busbahnhof aus liefen wir. Carmen hatte eine Karte besorgt, doch einige der eingezeichneten Trampelpfade waren zugewachsen. Fabienne beschwerte sich alle paar Meter über Kieselsteine und Äste in ihren Schuhen und ich musste mir einen bissigen Kommentar nach dem anderen verkneifen.

Als wir nach knapp Anderthalb Stunden endlich ein altes Fabrikgelände zwischen den Bäumen entdeckten, glaubte ich bereits an ein Wunder.

Nicht mehr lange, und ich würde Elias gegenübertreten. Würde ihm den Rest seines Lebens vermiesen. Ihm das antun, was er meiner Familie angetan hatte.

Plötzlich wurde ich von Carmen an meinem Rucksack zurück gezogen. Durch den Schwung landeten wir beide in einem Gestrüpp voller Brennnesseln.

„Bist du irre?!", kreischte ich drauf los und sprang so schnell wie möglich wieder auf den Trampelpfad, doch zu spät. Überall, wo diese fiese Pflanze meine nackte Haut an den Beinen erreicht hatte, juckte es.

„Nicht kratzen", mahnte Emma, schlug meine Hände weg und half anschließend Carmen beim Aufstehen.

„Du wärst einfach weiter gegangen", meinte Carmen mit einem bösen Blick in meine Richtung. „Ich hab versucht dich anzusprechen, aber du hast mir gar nicht zugehört. Ich musste dich wegziehen. Wir haben nichts davon, wenn Elias dich sieht, bevor *wir* ihn sehen."

„Ihr Vater ist Kommissar", hörte ich Fabienne hinter mir zu ihrem Typen sagen. „Deswegen spricht sie auch so komisch."

„Sie hat Recht", entgegnete Percy. „Wir sollten uns im Dickicht verstecken und abwarten."

Wir taten, was Percy vorgeschlagen hatte, und versteckten uns im Dickicht. So gut es ging versuchte ich weiteren Kontakt mit Brennnesseln zu vermeiden.

„Es juckt!", jammerte ich und versuchte heimlich zu kratzen. Emma war wie ein Aasgeier. Sobald ich mit einer Fingerspitze die Haut an meinem Oberschenkeln berührte, schlug sie sie weg.

„Wir sollten uns aufteilen", sagte Percy, nachdem wir uns ungefähr zehn Meter vom Trampelpfad entfernt hatten. „Wenn wir alle auf einem Fleck hocken sehen wir nicht was auf der anderen Seite passiert."

„Er hat Recht", stellte ich fest. „Fabienne, du bleibst hier. Setz dich hinter den Baum da."

„Okay, aber wie bleiben wir in Kontakt?", fragte sie.

„Stell dein Handy auf stumm, aber behalte es im Auge. Wenn irgendwer etwas sieht, schreibt er eine SMS. Alle damit einverstanden?" Als keine Einwände kamen, setzten wir anderen uns in Bewegung.

Ungefähr alle 20 Meter blieb einer zurück und setzte sich ins Dickicht, so das wir am Ende einen Kreis um das alte Fabrikgelände bildeten. Von meinem Punkt aus glaubte ich den Haupteingang im Blick zu haben, war mir allerdings nicht ganz sicher. Das Gebäude bestand hauptsächlich nur noch aus Ruinen.

Inzwischen hatten sich unansehnliche Quaddeln auf meinen Beinen gebildet. Die ein oder andere kratzte ich während der Warterei auf. Emma würde mir den Kopf abreißen, wenn sie direkt neben mir säße.

Unwillkürlich musste ich an meinen Bruder denken. Solche Aktionen wie diese hier hätten ihm gefallen. Er war immer schon der Draufgänger von uns gewesen. Der mutige große Bruder, der mit 8 Jahren aufs Dach geklettert war um sich den Sonnenuntergang anzuschauen.

Wenn man so aufwächst wie wir lernt man selten, wirklich für sich selbst einzustehen. Es war ja immer jemand da, der für dich kämpfte. Ich konnte mich noch an einen Tag in der 7. Klasse erinnern, als eine Lehrerin mir eine schlechtere Note gegeben hatte, bloß weil sie mich nicht leiden konnte. Ich hatte mich auf dem Nachhauseweg bei Tommy beschwert und war wie immer davon ausgegangen, dass er die Sache schon wieder geradebiegen würde. Das hatte er immer getan.

Doch statt sich am nächsten Tag mit meiner Lehrerin zu streiten, sagte er mir, ich sollte das selbst in die Hand nehmen. Mir könnte ja nichts passieren, aber ich musste es wenigstens versuchen.

Und das hatte ich getan. Ich war eigenständig zu der Lehrerin hingegangen und hatte ihr erklärt, warum ich mich unfair behandelt fühlte. Sie konnte ihren Fehler zwar nicht eingestehen, gab mir aber die Möglichkeit, ein Referat vorzubereiten um die Note wieder zu verbessern.

Es ging nicht darum, immer füreinander da zu sein.

Sondern darum, hinter einem zu stehen, wenn man seine eigenen Schlachten kämpfte.

Das war es, was Geschwister füreinander sein sollten. Weder Schild noch Schwert, sondern Verbündete.

Mein Handy vibrierte. Eine Nachricht von Carmen, die irgendo rechts von mir im Dickicht hockte.

Er ist da!!!

Ich schaute auf. Sie hatte Recht. Zumindest war da eine Gestalt in einer schwarzen Jeans, einem schwarzen Kapuzenpulli und schwarzem Rucksack, den er nur über einer Schulter trug. Er stand mit dem Rücken zu mir.

Tommy konnte nicht mehr für sich selbst einstehen. Nie wieder würde er sich wehren können. Wir würden uns nie mehr um das letzte Fischstäbchen streiten. Nie wieder uns über unseren Vater oder Ingrid aufregen.

Er würde sich niemals über meinen neuen Freund aufregen können. Niemals in einer Kirche in der ersten Reihe sitzen und glauben, ich würde den größten Fehler meines Lebens begehen. Denn das war es doch, was Brüder ausmachte. Sie wollten beschützen. Helden spielen.

Mein Bruder würde mich nicht mehr beschützen können. Nie mehr Held für mich spielen.

Er war tot. Ermordet.

Hass loderte in mir auf, so stark und unberechenbar, dass es mir beinahe die Luft zum Atmen nahm.

Ich wollte *ihn* genauso tot sehen.

Wie in Trance stand ich auf. Bahnte meinen Weg durchs Gestrüpp. Trat auf den sandigen Untergrund, der das alte Fabrikgelände säumte.

Mein Handy vibrierte. Es war mir egal. Ich wollte diesem Scheusal in die Augen sehen.

Ein Geräusch war zu hören. Einen Augenblick lang war ich abgelenkt.

Und da schossen plötzlich zwei Gestalten aus dem Wald, zwischen Carmen und der Stelle, an der ich Percy zurückgelassen hatte. Sie liefen direkt auf Elias zu.

„Ey du Schwuchtel!" rief einer. „Du hast unserer Schwester k.o. Pillen verabreicht!"

„Jetzt bist du dran!", drohte der andere.

Ich blieb stehen. Beobachtete die Szene voller Unglauben. Passierte das gerade wirklich?

Die Fremden waren groß und breitschultrig. Hatten beide kurzgeschorenes Haar und trugen Muskelshirts. Einer von ihnen hatte ein Schlangentattoo auf dem Oberarm.

Elias wollte wegrennen, doch die Beiden waren schneller. Sie rissen ihn an der Schulter zurück, traten ihm in den Bauch. Er verlor seinen Rucksack.

Keiner beachtete diesen blöden Rucksack.

Nur ich.

Es gab Schmatzgeräusche, ein Reißen war zu hören, schmerzvolles Stöhnen. Einer der Riesen riss ihm die Kapuze vom Kopf. Schwarzes Haar kam zum Vorschein, und ich war nah genug um seine giftigen, grünen Augen zu erkennen.

Es war, als würde er mich direkt anstarren.

Sein rechter Mundwinkel zog sich zu einem schiefen Grinsen hoch.

Eine Faust traf ihn mitten im Gesicht.

Was danach geschah, passierte sehr schnell. Irgendwie schaffte Elias es, sich loszureißen und rannte in die Richtung davon, aus der wir anfangs gekommen waren. Die beiden Riesen liefen ihm hinterher.

Und ich?

Ich nahm meine Beine in die Hand, preschte vorwärts, griff nach dem Rucksack und lief dann so schnell ich konnte in den sicheren Wald zurück. Sobald ich das schützende Dickicht erreicht hatte, ließ ich mich in den Dreck fallen.

Mein Atem kam stoßweise, mein Herz schlug viel zu schnell. Emma war die Erste, die bei mir ankam. „Was sollte das?", tadelte sie mich und ich konnte die Sorge in ihren Augen erkennen. „Dir hätte sonst etwas passieren können!"

„Alles gut", winkte ich ab und richtete mich mit dem Oberkörper auf. Beim Sturz hatte ich mir die Knie aufgeschürft, doch das war mir egal. Wichtig war nur noch der Rucksack zwischen meinen Beinen.

Elias' Rucksack.

Percy und Carmen stießen zeitgleich zu uns. Letztere ließ sich so wie Emma zu mir fallen. „Du bist echt irre, weißt du das?"

Kurz darauf kam auch Fabienne bei uns an. Ihre Augen waren vor Aufregung geweitet. Sie musste kurz vor einem Herzinfarkt stehen, wenn ich an ihr sonst eher langweiliges Leben dachte. „Was waren das für Typen?", fragte sie.

„Ist doch egal", entgegnete ich und wollte mich dem Rucksack in meinem Schoß widmen.

Genau in diesem Augenblick kehrten die beiden Riesen zurück. „Wir kriegen dich noch!", schrie der mit dem Tattoo.

„Ey, Wladimir, wo is'n der Rucksack hin?", hörte ich den anderen fragen.

„Das war unser Stichwort!", trällerte ich und stand auf, ließ den Rucksack aber nicht los. „Wir sollten verschwinden, ehe wir entdeckt werden!"

Carmen

Wir fuhren zurück nach Neustadt-Hausen und weiter zu Emma, wo wir uns wieder einmal auf den Dachboden zurückzogen. Sie besorgte noch ein paar alte Kissen, auf denen sich Fabienne und Percy niederlassen konnten. Isabel saß in der Mitte des Sofas, in ihrem Schoß der Rucksack. Emma und ich hatten an ihren Seiten Platz genommen.

Ich wollte es mir nicht anmerken lassen, konnte aber

in Wahrheit kaum ruhig sitzen bleiben. Wir hatten Elias' Rucksack. Endlich könnte ich allen beweisen, nichts mit Tommys Tod zu tun zu haben. Endlich konnte ich meinem Vater klarmachen, unschuldig zu sein.

Endlich bekam ich mein Leben zurück.

„Jetzt mach schon auf!", drängte ich ungeduldig.

Wie in Zeitlupe öffnete Isabel den Rucksack. „Also, hier ist eine Wasserflasche, zwei Packungen weißes Pulver und eine Tüte mit bunten Pillen", murmelte sie.

Enttäuschung machte sich in mir breit. „Mehr nicht?"

„Das weiße Pulver wird Koks sein", meinte Percy, woraufhin Fabienne ihn schockiert über sein Wissen von der Seite ansah.

„Ein paar Kräuter sind hier auch noch", sagte Isabel, nachdem sie ein wenig wühlte. „Also, vermutlich ist das Gras oder so. Ansonsten ... Oh! Briefe!" Euphorisch zog sie einen dünnen Stapel Briefe hervor.

Handgeschriebene Briefe.

Erleichterung machte sich in mir breit. Es war doch nicht umsonst gewesen. Mit einer Schriftprobe könnten wir beweisen, dass Elias dieses Tagebuch geschrieben hat und sobald eine Verbindung bestand, könnte mein Vater ihn vernehmen lassen.

Meine Ungeduld trieb mich dazu, Isabel die Briefe aus der Hand zu reißen. Ich wusste noch ganz genau, worauf ich zu achten hatte. Ein schwungvolles, kleines e. Gerade nach unten zeigende Schwänzchen beim g und y. Ein nach oben spitz zulaufendes großes A. Die Angewohnheit, so schnell zu schreiben, dass sich Buchstaben manchmal überlappten.

Ich wusste, wie die Schrift im Tagebuch aussah.

Und konnte nach einem ersten Blick schon sagen, dass diese Briefe von einer anderen Person verfasst worden waren.

Noch nie im Leben war ich so enttäuscht gewesen. Und verzweifelt. Ohne Beweise standen wir wieder ganz am Anfang.

Isabel nahm die Briefe wieder an sich und warf selbst einen Blick drauf. „Die sind von einem Mädchen geschrieben."

„Woher willst du das wissen?", hakte Emma nach und nahm sich den obersten Brief. „Oh. Okay. So ordentlich kann kein Junge schreiben, schätze ich." Um sicherzugehen, reichte sie den Brief an Percy weiter.

Er nickte. „Das sieht nach einem Mädchen aus, tut mir leid."

„Ist doch logisch, dass er die Briefe, die ihm geschrieben werden, hat, und nicht die, die er selbst schreibt", kommentierte Fabienne besserwisserisch.

Ehrlich, Isabel könnte ich vielleicht sogar mögen, aber Fabienne ging dann doch eine Nummer zu weit.

„Was ist mit dem vorderen Fach?", wollte Emma wissen.

Wortlos fasste Isabel hinein. Ihr Blick hellte sich mit einem mal auf. „Ein Zettel!", rief sie und zog ihn heraus. Während sie ihn auseinander faltete, schien eine halbe Ewigkeit zu vergehen. Als sie den Inhalt studierte, wartete ich auf die Enttäuschung in ihrem Blick, doch nichts veränderte sich.

„Liebe kleine J", las sie dann vor. „Es sind nun schon einige Monate vergangen seit meinem letzten Brief. Tut mir leid. Danke, dass du mich auf dem Laufenden gehalten hast. Ich freue mich für dich, dass du in deinem Deutsch-Aufsatz eine 3 geschrieben hast. Ich bin sehr stolz auf dich und ich weiß, dass du dir viel Mühe gibst. Du kannst es schaffen besser zu werden, wenn du es wirklich willst. Und lass dich von Mutter nicht unterkriegen. Sie sieht dich nicht so, wie ich dich sehe. Keiner wird das jemals tun. Ich arbeite gerade an etwas, aber wenn das vorbei ist, kann ich dich zu mir holen. Und dann beginnt für dich das Leben, welches du verdient hast.

Gezeichnet, dein Bruder. E."

„Elias hat eine Schwester?!", entfuhr es mir.

„Offenbar", sagte Isabel. „Das hab ich aber auch nicht gewusst."

„Das ist gerade nicht wichtig", warf Fabienne ein. „Ihr habt jetzt eine Schriftprobe. Stimmt es über ein?"

„Ich denke schon." Mit diesen Worten reichte Isabel den Zettel an mich.

Ich nahm ihn entgegen und las den Text ein weiteres mal. Da war das schwungvolle kleine e. Der gerade Schwanz unter dem g. Das spitz zu laufende, große A. Und hier und da ein Überlappen der Buchstaben.

Vor Erleichterung musste ich grinsen. „Ja", bestätigte ich, „es stimmt überein"

Isabel und ich tauschten einen Blick. Es war vorbei. Wir hatten es geschafft. Was jetzt noch kommen würde lag nicht mehr in unserer Macht.

„Dann solltest du jetzt mit deinem Vater sprechen", sagte sie, auf ihren Lippen eine Art Lächeln, die man nur in dem Gesicht einer kleinen Schwester finden konnte, die den Mörder ihres Bruders gefunden hatte. Und wusste, dass man ihn fassen würde.

Nickend stand ich auf. „Nimmt es mir nicht übel, aber ich will so schnell es geht nach Hause."

„Das nehmen wir dir sehr übel!", witzelte Emma, nickte dann aber mit einem aufmunternden Lächeln zur Dachluke. „Rede mit deinem Vater. Wir warten auf deine Antwort!"

Ich beschloss, ein Stück zu Fuß zu gehen. Die Luft hatte sich angenehm abgekühlt und die Sonne beschloss allmählich unterzugehen. Ich erreichte das Feld zwischen Emmas Gegend und dem Neubaugebiet und blieb stehen. Ich betrachtete die kleinen Hügel und Sträucher und musste unwillkürlich an Emma denken. An die Zeit mit ihr und Justus und Joshua.

Bald würde sich alles wieder normalisiert haben. Bald würden wir wieder unsere Pausen zusammen auf dem Schulhof mit den Basketballkörben verbringen und unsere Pausenbrote miteinander teilen.

Als wäre nie etwas gewesen. Als hätte sich nichts geändert.

Wir würden wieder unbeliebt sein und von Jenna aufs Korn genommen werden und ich würde nichts dagegen haben.

Endlich wusste ich, wo ich hingehörte.

Und selbst wenn man mir ein anderes Leben anbot, ich würde es nicht wollen.

Langsam setzte ich mich wieder in Bewegung. Es kam mir vor, als hätte ich alle Zeit der Welt.

Wir hatten die Schriftprobe. Das Tagebuch und der Brief befanden sich sicher verwahrt in meiner Tasche.

„Carmen?"

Ich zuckte nicht zusammen. Ich hatte keine Angst. Warum auch? Es würde sich endlich alles zum Guten wenden.

Hinter mir stand Moritz. Noch nicht einmal auf ihn konnte ich wütend sein. Ich war glücklich.

„Hi!", begrüßte ich ihn überschwänglich. „Was machst du hier?"

„Das wollte ich dich gerade fragen." Ein Lächeln huschte über seine Lippen. „Ich bin froh, dich mal alleine anzutreffen."

„So? Warum?"

„Ich wollte mich entschuldigen. Mein Verhalten war völlig ... Es war abscheulich."

Ich nickte. „Das stimmt, das war es. Aber ich verzeihe dir."

Ich glaubte, Erleichterung in seinem Gesicht zu

sehen.

„Da bin ich froh, ehrlich. Es gibt da nämlich etwas, was ich dir sagen muss..." Er schaute zu Boden, spielte nervös an dem Saum seiner Strickjacke herum.

Komisch, dachte ich, *für eine Strickjacke war es dann doch noch zu warm.*

„Was möchtest du denn sagen?", hakte ich freundlich nach.

Hinter ihm, am Ende der Landstraße, bog ein kleines schwarzes Auto ein. Das unnütz eingeschaltete Scheinwerferlicht blendete mich.

„Carmen", hörte ich Moritz meinen Namen sagen. Er kam näher. Ehe ich mich versah, stand er direkt vor mir und legte seine Hände um meinen Hals.

Ein eiskalter Schauder lief mir über den Rücken.

Das Auto kam näher.

„Ich liebe dich. Immer schon. Ich habe Tommy nie verstanden. Ich … Ich liebe dich!"

Und als das Auto auf unserer Höhe war, direkt neben uns stand, beugte er sich zu mir herunter und küsste mich.

Kapitel Acht

Fabienne

Als ich gemeinsam mit Jenna und den anderen die Schule betrat, entdeckte ich Isabel und Emma in der hintersten Ecke der Aula. Letztere schien zu telefonieren. Beide wirkten allerdings ziemlich in Aufruhr.

„Oh Gott, trägt sie immer noch dieses Ding?", fragte Jenna mit einem angewiderten Blick zu Isabel.

„Manche wetten schon, wann eine grüne Duftwolke über ihr auftaucht, so wie in dem einen Computerspiel", meinte Gina. Dante und Henrik lachten über ihren bissigen Kommentar.

Mir wurde schlecht. Nach allem, was ich gestern erfahren hatte, gab es so viele Gründe Jenna eine reinzuhauen. Ich ertappte mich sogar bei dem Gedanken, ihr von dem *Mord* zu erzählen. Von der Tatsache, dass ihr Freund umgebracht worden war.

Doch da fiel mir Carmen ein. Ich dachte an ihren Gesichtsausdruck, als wir einen Beweis gefunden hatten, der sie entlastete. So sah nicht nur jemand aus, der unschuldig war.

Sie war in ihn verliebt gewesen. Die unscheinbare Spanierin und der beliebteste Junge der Schule.

Wenn ich es nicht besser gewusst hätte, hätte ich diese Geschichte für einen Disney-Film gehalten.

„Ich bin gleich wieder da", hörte ich mich sagen, entfernte mich von meinen Freunden und ging auf Isabel und Emma zu.

Sie waren nur zu Zweit. Von Carmen fehlte jede Spur.

„Was gibt es Neues?", fragte ich, als ich bei ihnen ankam.

Emma, noch immer mit ihrem Handy in der Hand, drehte mir den Rücken zu, während Isabel mit sorgenvoller Miene antwortete: „Wir können Carmen nicht erreichen."

„Hat sie sich gestern Abend denn nicht noch gemeldet?"

Sie schüttelte ihren Kopf, wobei ihre blonden Locken im Pferdeschwanz hin und her wippten.

„Verdammt!", fluchte Emma und wandte sich uns zu. „Inzwischen geht nur noch die Mailbox ran."

„Das ist wohl kein gutes Zeichen", schlussfolgerte ich und erntete bitterböse Blicke.

Emma schüttelte ihren Kopf. Erst jetzt, wo ich sie so besorgt erlebte, wurde mir klar, sie sonst immer nur gutgelaunt und lachend zu sehen. Ich meine, gestern war sie zwar nicht die Freude in Person - Aber heute grenzte sie an ein Häufchen Elend.

„Und jetzt?", fragte ich in die Runde.

Isabel machte eine beschwichtigende Handbewegung. *„Jetzt* werden wir erst einmal durchatmen und zur Klasse gehen. Vielleicht hat Carmen einfach nur verschlafen. Wir wissen nicht, wie lange sie sich gestern noch mit ihrem Vater unterhalten hat."

„Wir wissen noch nicht einmal, ob sie *überhaupt* zu Hause angekommen ist!", entgegnete Emma zischend.

„Nun male nicht gleich den Teufel an die Wand", warf ich ein und versuchte, ruhig zu klingen. „In der Pause können wir sicherlich vom Sekretariat aus bei ihr anrufen. Ich lass mir was einfallen."

Isabel nickte. „Klingt nach einem Plan."

„Eine bessere Idee hab ich auch nicht", knurrte Emma und verschränkte ihre Arme vor der Brust.

In diesem Augenblick klingelte es zur ersten Stunde.

Ich dachte, ich hätte das Eis gebrochen und dass die Beiden mich in ihre Mitten lassen würden, doch statt auf mich zu warten, marschierten sie einfach an mir vorbei und liefen zur Klasse. Keine von ihnen drehte sich noch einmal zu mir um.

Es war, als wäre ich bloß ein Schatten gewesen, der zwischen ihnen gestanden hatte.

Ich konnte nichts anderes tun, als Isabel und Emma ebenso schattenartig zu folgen.

Meine Eltern hatten immer gesagt, ich müsste großartig sein. Außergewöhnlich. Ich wäre ihre wundervolle, großartige, außergewöhnliche Tochter.

Die Wahrheit sah anders aus.

Ich war nicht großartig. Nicht außergewöhnlich.

Meine Noten waren gut, aber so etwas zeichnete einen Menschen nicht aus. In ein paar Jahren würde sich doch niemand mehr an die herausragende 1+ im Deutsch-Aufsatz über Franz Kafka erinnern.

Bestnoten waren nicht das, was uns im Gedächtnis blieb. Was uns dazu brachte, einen anderen Menschen zu mögen. Nicht einmal das beste Abitur der Welt konnte einem bescheinigen, auch ein guter Mensch zu sein.

Was zählte, war das Herz. Die Art und Weise, wie man sein eigenes Leben führte und auch in guten Zeiten andere behandelte.

Ich war nicht großartig. Nicht außergewöhnlich. Das einzige, was ich in meinem bisherigen Leben geschafft hatte, war, das Jüngere vor mir Angst hatten, Gleichaltrige so sein wollten wie ich und Ältere mich beneideten.

Und das war nichts, worauf man stolz sein konnte.

Beim B-Trakt wartete Jenna auf mich. Als sie mich entdeckte, kam sie mit einem undurchschaubaren Lächeln zu mir geschwebt. „Na?", sagte sie mit einem süffisanten Unterton. „Was wolltest du denn von Isabel?"

„Seit wann ist sie dir eigentlich so ein Dorn im Auge?", rutschte es mir heraus und ich bereute es sofort.

Jenna kniff ihre Augen zu schmalen Schlitzen zusammen. „Was willst du damit sagen?"

„Gar nichts", murmelte ich und wollte an ihr vorbei gehen, als sie mich am Oberarm packte und zurückhielt. „Vergiss nicht, wem du loyal sein solltest, Fabienne."

Ich konnte nicht sagen, was genau passierte, doch in diesem Moment begriff ich.

Mit einem Mal wurde mir klar, was Jennas Problem war.

Sie war die Königin. In der Hierarchie unserer Schule stand sie ganz oben. Sogar die Zwölftklässler schätzten ihre Meinung. Menschen wie sie gab es immer schon. Menschen, die Führungspositionen einnehmen konnten. Die ihr Volk durch einen Krieg oder eine andere Katastrophe führten.

Jenna hatte Macht. Sie brauchte nur mit dem Finger zu schnipsen und irgendwer kam, um ihre Tasche zu tragen.

Die Sache mit der Macht war allerdings die: In den falschen Händen konnte sie fatal enden. Für alle Beteiligten.

Wenn sie sich nicht selbst für einen Gott hielt, dann war sie Hitler.

Der Hitler unserer Schule.

Und mehr als mir war ihr klar gewesen, dass Isabel wie sie ein Alphatierchen war. Einer dieser Menschen, die führen konnten. Nur, dass Isabel eben kein Hitler war.

Ich riss mich los. Konnte Jenna nur in ihre braunen Augen schauen und suchte nach dem Mädchen, mit dem ich früher zusammen im Sandkasten gespielt hatte, fand es jedoch nicht.

„Was geht bloß in deinem Kopf vor?", hörte ich mich rhetorisch fragen, blieb allerdings nicht mehr lange genug, um ihre Reaktion abzuwarten. Statt ihr wie sonst immer zu folgen und zur Seite zu stehen, beschloss ich, meinen eigenen Weg zu gehen.

Der mich fürs Erste zwar nur in den Klassenraum führte, wo ich mich wie immer zwischen Isabel und Cho setzte, aber es war ein Anfang.

Nelson Mandela hat schließlich auch klein angefangen.

Carmen

Es ist spät. Um uns herum zirpen die Grillen. Er packt die Sachen zusammen, löscht nach und nach die Kerzen, die er mit der untergehenden Sonne aufgestellt hatte.

Ich will noch nicht, dass es vorbei ist, und weiß gleichzeitig, dass es so sein muss. Irgendwann müssen wir wieder nach Hause.

Ich weiß nicht, wie lange ich meinen Vater noch anlügen kann. Jedes mal, wenn ich mich mit Tommy treffe, sage ich, ich wäre bei Emma. Irgendwann wird die Lüge auffliegen.

„Woran denkst du?", fragt er mich, während er die rote Picknickdecke zusammenlegt.

Ich helfe ihm. „Ich hab mich nur gefragt, wie lange mein Vater mir noch glaubt, dass ich mich immer mit Emma treffe, obwohl ich mit dir zusammen bin."

„Du könntest ihm auch einfach die Wahrheit sagen."
Er nimmt die Decke und legt sie zu den Essensresten in den Korb.

Ich beobachte ihn. Sehe die Sehnen seiner muskulösen Arme hervortreten. Eine Locke steht ab und umspielt sein Ohr. Am liebsten hätte ich meinen

Arm danach ausgestreckt und sie hinter seine Ohrmuschel gestrichen, doch ich halte mich zurück.

„Hast du deinen Eltern denn gesagt, mit wem du dich triffst?", frage ich stattdessen.

„Meine Eltern interessieren sich gerade nur für sich selbst und ihre Scheidung", entgegnet er und wendet sich mir zu.

Ich habe ein schlechtes Gewissen. „Tut mir leid ...", murmle ich.

Er kommt näher, legt seine Hände an meine Hüfte. „Schau mich an, Cami", bittet er mich und ich hebe meinen Kopf, sehe in seine klaren, blauen Augen. Obwohl es längst dunkel ist, scheinen sie zu strahlen.

„Ich heiße Carmen", sage ich mit einem Lächeln.

„Wäre der sinnigere Spitzname nicht Carrie oder Caro oder so was?"

„Was an unserer Beziehung ist sinnig?", erwiderte er schmunzelnd.

„Touché!"

Eine Hand wandert meinen Arm hinauf und streicht mir mein offenes, schwarzes Haar zurück. Mit den Fingerspitzen fährt er meine Wange entlang und berührt sanft mein Ohrläppchen.

„Es wird der Tag kommen, an dem wir zusammen sein können", versprach er leise. „Ich meine, so richtig. So wie du es dir vorstellst. Dann werden wir Händchen haltend über die Schulflure schlendern und ich werde jedem Einzelnen ein Bein stellen, der über uns lacht."

Ich kichere. „Bloß ein Bein stellen? So wichtig bin

ich dir also?"

„Wenn ich einmal deine Hand halte, will ich sie nicht mehr loslassen."

„Das klingt zu kitschig, um wahr zu sein", sage ich mit einem traurigen Unterton.

Ein Lächeln umspielt seine Lippen. „Wer weiß", meint er schulterzuckend, „vielleicht sind wir ja ein Märchen."

All das kommt mir zu surreal vor. Utopisch. Ich kann dem Frieden nicht glauben. Wir sind zu unterschiedlich.

Ich drehe mich von ihm weg und gehe zu einem Flieder, hebe meinen Arm und berühre sachte eine der Blüten.

Tommy folgt mir. „Ich weiß, du glaubst mir nicht", sagt er, bleibt hinter mir stehen. Ich kann seinen Atem an meinen Schulterblättern spüren. „Ich habe etwas für dich." Er hebt seine Arme über mich und plötzlich hängt da eine Kette. Ein Herz aus einem silbernen Material.

„Sie ist wunderschön", hauche ich, während Tommy mein Haar hebt und mir die Kette umlegt.

„Das Herz ist zwar nur aus Chrom, aber irgendwie passt es zu mir. Dank dir ist mein Herz nicht kalt wie Silber. Es soll dir gehören."

Ich kann sein Lächeln aus seinen Worten heraushören und spüre die Schmetterlinge, die sich in meinem Bauch bewegen. Ich kann nicht glauben, was mir hier passiert. Mit ihm.

„Ich möchte dir auch etwas schenken", sage ich und

reiße die Blüte vor mir ab. Mit ihr in der Hand drehe ich mich zu ihm um, seine Arme umfassen mich wie ein warmer Mantel.

Sie spenden mir Geborgenheit, geben mir Sicherheit, und ich weiß, dass hier der Ort ist, an den ich hingehöre. Hier, in seine Arme.

Nichts kann mir passieren.

Nach Luft schnappend wachte ich auf.

Ich wusste nicht wo ich bin. Ich konnte einen harten Untergrund spüren, auf dem ich mit dem Rücken lag. Bei dem Versuch, mich aufzurichten, stellte ich fest, mit Armen und Beinen festgebunden zu sein. Mit einem Klebestreifen hatte man mir meinen Mund verbunden.

Und dann, schlagartig, war die Angst da. Sie kam nicht meine Wirbelsäule hoch gekrochen wie in so vielen Büchern beschrieben. Sie war da, von jetzt auf gleich, von 0 auf 100.

Und sie raubte mir den Atem. Brachte mich um den Verstand.

Neben mir lachte jemand. Es war ein gehässiges, böses Lachen.

„Sich zu wehren ist sinnlos", sagte eine monotone Stimme, die mir entfernt bekannt vorkam.

Ich versuchte meinen Kopf zu drehen, konnte aber nur einen Kühlschrank erkennen. Die Stimme gehörte zu jemandem, der hinter mir stand. Der außerhalb meiner Reichweite war.

Ich wollte schreien, konnte meine Lippen aber nicht

bewegen. Angstschweiß brach auf meiner Haut aus.
Ein Ratschen war zu hören. Es klang wie
Schmirgelpapier auf Metall. Meine Nackenhaare
stellten sich auf. Ich versuchte gegen die Fesseln
anzukämpfen, schaffte es aber nicht.

Die Gestalt hinter mir schnalzte mit der Zunge. „Na,
na, na, Carmen. Hier wird dich sowieso niemand
hören."

Und dann trat er in mein Gesichtsfeld.

Wenn ich es nicht besser gewusst hätte, hätte ich ihn
für einen verdammt gutaussehenden, jungen Mann
gehalten. Seine ausgewaschene Jeans deutete auf
Billigware hin, sein schwarzes Shirt war sauber und
gebügelt. Er war nicht so muskulös wie einer, der
regelmäßig Sport trieb, aber auch nicht schlaksig. Ein
gutes, attraktives Mittelmaß.

Ich weiß noch, was ich dachte, als ich ihn zum ersten
mal gesehen hatte. *Der sieht gut aus. Vielleicht kann
ich ihn ja mit Emma verkuppeln.*

Sein schwarzes Haar war von einem Mittelscheitel
aus ordentlich nach links und rechts gekämmt, ohne
dabei uncool zu wirken. Seine blasse Haut wirkte in
dem hellen Raum beinahe weiß, wodurch seine
grünen Augen wie Smaragde leuchteten.

Doch es war das Lächeln auf seinen Lippen, welches
mir das Blut in den Adern gefrieren ließ.

Dieses wissende, bösartige, schiefe Grinsen.

In seinen Händen hielt er ein scharfes, silbernes
Messer, welches er mit einem Schleifstein
bearbeitete.

Er folgte meinem Blick. Als er die Utensilien in seinen Händen betrachtete wurde sein Grinsen breiter. „Oh, das hier? Keine Angst, ist nur Show." Mit diesen Worten legte er das Messer und dem Schleifstein hinter sich auf eine ansonsten leere Anrichte.

Erst jetzt stieg mir der Desinfektionsgeruch in die Nase.

Elias ging an mir vorbei auf die andere Seite und nahm etwas in die Hand. Mit einer Spritze wandte er sich wieder mir zu, tat einen Schritt und stand neben dem Tisch.

Er war mir viel zu nah.

In der Spritze konnte ich eine milchige Flüssigkeit sehen.

Ich gab ein merkwürdiges Geräusch von mir, eine Mischung aus nach-Luft-schnappen und ängstliches Grunzen, sofern es mir mit dem Klebestreifen auf meinem Mund möglich war.

„Das wird jetzt kurz pieksen", sagte er. Mit der linken Hand hielt er meinen Arm fest; ich versuchte mich zu wehren, doch sein Griff war zu stark. Ehe ich mich versah, drückte er die Spritze in meinen Arm und pumpte die milchige Flüssigkeit in meine Venen. Ich wollte schreien, aber in einer Sache hatte er wohl Recht: Mich würde niemand hören.

„Keine Sorge, du wirst nichts merken", sagte Elias, drehte mir seinen Rücken zu und legte vermutlich die Spritze weg. „Wobei mir das ehrlich gesagt nicht so wichtig ist."

Ich spürte, wie ich allmählich schläfrig wurde.

Als er sich wieder zu mir wandte, hielt er ein silbernes Skalpell in seiner rechten Hand.

Ich konnte keinen Laut mehr von mir geben. Die Müdigkeit ergriff mich, lähmte mich.

Das Letzte, was mir ins Auge stieg, war das silberne Herz um seinen Hals ...

Es tut mir leid.

Ich lese seine Nachricht mehrmals. Kann die Worte nicht verstehen.

„Was ist das?", fragt Emma mit dem gewohnten Sing-Sang in ihrer Stimme.

Schnell knülle ich das Papier zusammen und werfe es auf den Boden. „Nichts weiter", antworte ich und will es mir zumindest einreden.

Der Zettel ist von Tommy. Ich weiß es. Niemand außer ihm würde mir geheime Nachrichten ins Schließfach stecken. Emma muss nichts von ihm und mir wissen. Oh, wie gern ich es ihr erzählen würde. Aber sie könnte es nicht verstehen.

Sie glaubte nicht an Liebe. Liebe auf den ersten Blick verteufelte sie stets als unrealistisch kitschig.

Sie würde nicht verstehen, was zwischen Tommy und mir war.

Ich verstehe es ja selbst nicht.

„Gut, dann lass uns jetzt los, Herr Maßlab ist immer so ein Kotzbrocken wenn man zu spät kommt", sagt sie und wendet mir ihren Rücken zu.

Und da sehe ich sie.

Sie stehen knapp 20 Meter von uns entfernt und halten sich an den Händen. Sie hat sich mit ihrer Schulter gegen seine Brust gelehnt und strahlte ihre gemeinsamen Freunde an, die sie umringen.

„Da haben sich ja Zwei gesucht und gefunden", witzelt Emma. „Das Biest und der gefräßige Löwe."

Und während sie sich lustig macht, kann sie nicht sehen, wie ich innerlich zerbreche.

Wie aufs Stichwort wendet Tommy ausgerechnet jetzt sein Gesicht zu mir. Unsere Blicke treffen sich.

Sein Lächeln erlischt, doch er hört nicht auf, Jennas Hand zu halten.

So zu halten, wie er versprochen hatte, meine zu halten.

Es tut mir leid.

Dass hat er also gemeint.

Wenigstens tut es ihm leid, mir das Herz zu brechen.

Nach der Schule warte ich auf ihn. Es ist der letzte Tag vor den Ferien, er braucht ungewöhnlich lange. Ich sehe Jenna und ihr Gefolge an mir vorbeigehen. Keiner von denen bemerkt mich. Warum auch. Ich bin ein Schatten. Bloß irgendwer am Rande ihres Horizontes.

Ich bin ein Niemand.

Als ich glaube ihn verpasst zu haben, verlässt er endlich die Schule. Seine Stirn ist voller Sorgenfalten, seine Hände sind zu Fäusten geballt.

Auch er sieht mich nicht; er schaut zu Boden, als wolle er das strahlende Sonnenlicht permanent *ignorieren.*

„Hey!", rufe ich ihm entgegen.

Erschrocken zuckt er zusammen, bleibt stehen. Hebt seinen Blick und sieht zu mir. „Cami."

Das ist alles, was er sagt.

Seine Schultern hängen schlaff herunter. Während ich näher komme sehe ich, wie er seine Fäuste lockert.

„Carmen", verbessere ich ihn, als ich direkt vor ihm stehe, greife in meine Hosentasche und ziehe die Kette heraus, die er mir geschenkt hatte. Sein Herz aus Chrom. „Und das hier will ich nicht mehr!" Ich drücke die Kette an seine Brust. Hasse mich selbst ein bisschen für das Zittern in meiner Stimme.

Ich lasse die Kette los, bevor seine Finger meine Haut berühren, und wende mich von ihm ab.

Ich will ihn nicht mehr sehen. Mein eigenes Herz in meiner Brust fühlt sich an, als würde es gleich Platzen.

Ohne mich nach ihm umzusehen renne ich weg.

Als ich meine Augen aufschlug, stand Elias über meine Brust gebeugt. Er bemerkte mich nicht und ich konnte mich auch in keinster Weise bemerkbar machen. Was auch immer dieses milchige Zeuge war, es lähmte mich.

Doch Elias war nicht mehr alleine. Ihm gegenüber stand eine weitere, mir nur allzu bekannte Person. Nur das diese mich ansah.

„Sie ist wach", stellte Moritz fest.

Elias hob seinen Kopf. Erst jetzt konnte ich sehen, was er tat.

Ich war nackt. Vollständig entblößt. Blut trat aus einer Wunde an meinem Buch aus.

Warum verbanden sie mich nicht? Warum halfen sie mir nicht?!

„Dann gib ihr noch mehr Propofol", antwortete Elias. Etwas an seinem Blick veränderte sich. „Obwohl, lass es. Sie ist noch nicht richtig bei Bewusstsein, sonst würde sie sich wehren. Lassen wir es erst mal so, wie es ist." Ein niederträchtiges Grinsen huschte über seine Lippen. „Könnte interessant werden."

Ich wollte schreien, aber meine Zunge fühlte sich merkwürdig taub an. Ich wollte zappeln, konnte mich aber nicht bewegen. Mein Körper gehorchte mir nicht. Als Elias sich mit seinem Skalpell wieder über mich beugte, achtete er darauf, mir nicht die Sicht zu versperren.

„Du hast eine sehr schöne Leber", hörte ich Elias sagen. „Ich hab gedacht, mit 15 hätte man heutzutage mehr Erfahrungen mit Alkohol gemacht, aber du scheinst ein wirklich braves Mädchen gewesen zu sein. Abgesehen von dem Abend auf dem Konzert, versteht sich."

Ein Glucksen drang aus seiner Kehle. Vermutlich seine kranke Art zu lachen. „Weißt du, in so vielerlei Hinsicht hätte es dich gerettet, Tommy nicht zu lieben. Obwohl … Nein, doch nicht. Wir hätten dich dennoch ausgelost. Es war dein Schicksal."

Ausgelost? Wovon sprach er überhaupt?

Allmählich hörte die Betäubung auf. Ich konnte einen unerträglichen Schmerz in meiner Bauchgegend spüren.

„Sie krampft", stellte Moritz fest.

„Offensichtlich", bemerkte Elias seelenruhig. „Nun, ich schätze, wir sollten uns beeilen."

Dann verlor ich das Bewusstsein.

Als ich das nächste Mal meine Augen öffne, steht er neben mir. Ich ringe nach Atem; spüre, wie heiße Tränen meine Schläfen hinabrinnen.

Er trägt dieselben Klamotten wie an dem letzten Tag, als ich ihn sah, doch dieses Mal ist der Stoff von Blutflecken gesäumt.

Ich will etwas sagen, doch das Klebeband hält mir noch immer den Mund zu.

„Hey, Cami", begrüßt er mich mit seinem typischen Tommy-Lächeln auf den Lippen, in das ich mich einst verliebt habe. Er streckt einen Arm aus und streicht mit einem Finger meine Tränen weg.

Ich kann seine eiskalte Berührung spüren …

Schmerzen. Stechende Schmerzen. Mein Bauch fühlt sich an wie … Ich weiß es nicht. Ich habe noch nie etwas Vergleichbares gespürt.

„Ganz ruhig", sagt Tommy und seine Stimme zu hören, beruhigt mich tatsächlich. „Es wird bald vorbei sein."

Ich wünsche mir, meine Mutter wäre hier. Oder dass mein Vater mich findet.

Es heißt, im Angesicht des Todes sieht man sein

bisheriges Leben vor seinem inneren Auge vorbeiziehen, doch das stimmt nicht. Ich konnte nur ihn sehen. Tommy.
Und dann spürte ich plötzlich ... nichts mehr ...
Es war vorbei.

Emma

Als es zur Pause klingelte griff ich sofort nach meinem Handy und versuchte es zum x-ten Mal bei Carmen. Wieder nur die Mailbox.

Unsere Deutschlehrerin schickte uns unerbittlich nach draußen. Geistesgegenwärtig hielt ich inne und marschierte zu ihr an den Pult. „Frau Kreuzer? Sagen Sie, wissen Sie irgendetwas über Carmen?"

Frau Kreuzer musterte mich mit ihren kalten, blauen Augen. Als sie ihren Mund öffnete, hoffte ich schon auf eine Antwort, wurde allerdings bitter von ihrer Zunge enttäuscht, die ganz ungeniert versuchte, ein Körnchen zwischen ihren Schneidezähnen zu entfernen.

Angewidert musste ich mich selbst davon abhalten, eine Miene zu verziehen.

Als sie fertig war schmatzte sie unansehnlich und bellte: „Habt ihr euch gestritten, oder was?"

Hastig schüttelte ich den Kopf. „Nein! Sie geht nur nicht an ihr Handy und -"

„Ist das etwa ein Mobiltelefon in deiner Hand?"

Ich folgte ihrem Blick und nickte verwirrt, als ich mein Handy entdeckte.

Prompt streckte Frau Kreuzer ihren Arm aus und nahm es mir schneller weg, als ich widersprechen konnte. „Mobiltelefone sind auf dem gesamten Schulgelände verboten!", knurrte sie und warf mein Handy in ihre große Ledertasche. „Deine Eltern können es morgen nach der Schule selbstverständlich bei mir abholen."

„Aber, ich -"

„Kein aber!", unterbrach Frau Kreuzer mich einige Oktaven zu laut. „Du kennst die Regeln, Emma!" Mit diesen Worten schloss sie geräuschvoll ihre Tasche. „Und jetzt ab raus mit dir! Und mit euch auch!"

Mit einer scheuchenden Handbewegung, als wären wir Hühner, vertrieb sie Isabel, Fabienne und mich aus dem Klassenraum.

„Ich hoffe du kennst Carmens Handynummer auswendig", brummte Isabel, als Frau Kreuzer außer Hörweite war. „Ich hab sie nämlich nicht."

Ich gab ein Wimmern von mir. Wer dachte schon in einer solchen Situation an dämliche Schulregeln?!

Zu Dritt gingen wir Richtung Aula. „Ich denke übrigens immer noch nicht, das etwas Schlimmes passiert ist", brach Fabienne das aufgekommene Schweigen.

„Boah, was du denkst interessiert hier keinen!", schnauzte Isabel sie an.

Um uns herum liefen Mädchen und Jungen entlang. Die meisten von ihnen lachten.

Mir war noch nie zuvor aufgefallen was für ein friedlicher Ort unsere Schule im Großen und Ganzen war.

Wir passten mit unseren verzogenen Gesichtern und schlechten Launen nicht mehr ins Bild.

„Uns gegenseitig anzuschreien bringt auch nichts", sagte ich und erntete Fabiennes dankbaren Blick.

Ehrlich gesagt, wunderte ich mich über ihre ungefragte Anwesenheit, kommentierte es aber auch nicht. Vielleicht wollte sie tatsächlich nur helfen.

„Emma!", hörte ich plötzlich eine Jungenstimme meinen Namen rufen.

Isabel schaute sich um. „Auch das noch!", raunte sie und verdrehte ihre Augen. „Der ist echt *nervtötender* als ein Katzenbaby!"

„Seit wann sind Katzenbabys nervig?", fragte ich zurück.

Sie sah mich mit ihrem bitteren Isabel-Blick an. „Schön, dann kannst *du* ja mit ihm reden!"

„Er hat ja auch nach *mir* gerufen."

„Wir warten beim Vertretungsplan auf dich." Mit diesen säuerlichen Worten wandte sie sich von mir ab und zog Fabienne hinter sich her.

Kurz darauf erreichte mich der Übeltäter.

„Was ist los?", fragte Timon und sah mich auf eine Art an, die mir nicht gefiel. Als wüsste er schon längst, dass etwas nicht in Ordnung war.

Ich tat ganz locker. „Ich weiß nicht, was du meinst!"

Er neigte seinen Kopf und sah mich mit einem Ich-weiß-ganz-genau-dass-du-lügst-Blick an. „Jedes mal, wenn ich dich sehe, hast du dein Handy am Ohr und auch sonst siehst du aus, als wäre irgendetwas

Schlimmes passiert."

Ich machte eine abwehrende Handbewegung. „Vielleicht ist ja einfach nur mein Hamster gestorben?", log ich, wobei meine Stimme verräterisch hoch ging.

„Du bist eine schlechte Lügnerin, Emma."

Ich seufzte und entschied mich, es sein zu lassen. Offenbar war lügen keine Option. Mit hängenden Schultern sagte ich: „Es braucht dich nicht zu interessieren."

Ich wollte ihn stehenlassen, zu Isabel und Fabienne gehen, als er mich am Unterarm zurückhielt. „Was ist passiert?"

Ich wollte mich losreißen. Weggehen. Wollte ihn nicht mit reinziehen.

Aber als ich ihm in die Augen sah war es, als würde ein Schalter umknicken.

„Carmen ist verschwunden", seufzte ich im Flüsterton.

Timon ließ mich los. „Ist sie vielleicht nur krank?" Er klang nicht, als würde er auf ein „Ja" hoffen, sondern eher wie jemand, der schlicht alle Möglichkeiten abklären wollte.

Ich schüttelte meinen Kopf. „Glaube ich nicht. Wir waren gestern auf dem Fabrikgelände. Elias war auch da. Wir haben seinen Rucksack – Frag besser nicht – und seit wir uns sicher sind, dass er an Tommys Tod schuld ist, haben wir nichts mehr von Carmen gehört."

„Das ist übel."

„Schätze ich auch."

Obwohl Dutzende Schüler an uns vorbeiliefen, beachtete uns keiner von ihnen. Mit einem Kopfnicken deutete er zur Seite. Ich folgte ihm. Am Eingang blieb er kurz stehen, schaute sich um. Ich wusste nicht wonach er Ausschau hielt, doch plötzlich öffnete er die Glastür. „Komm mit", sagte er noch und ich eilte ihm hinterher.

Draußen wurden wir von einem hellen Sommertag begrüßt. Es hatte schon seit knapp zwei Wochen nicht mehr geregnet.

„Was hast du vor?", fragte ich, als Timon Anstalten machte, das Schulgelände zu verlassen.

„Ich habe eine Vermutung, wo Elias sein konnte", antwortete er knapp.

„Whoa! Stopp!", rief ich und blieb stehen.

Timon lief einfach weiter. „So ziehst du nur mehr Blicke auf dich!"

Als er das Schultor erreicht hatte und mir allmählich klar wurde, dass er nicht wieder umkehren wurde, eilte ich ihm hastig hinterher. „Jetzt warte mal! Du kannst doch nicht einfach – Ich meine, wir können doch nicht wo-auch-immer rein spazieren und Elias …. Genau! Was dann?"

„Kannst du auch mal den Mund halten?", fragte Timon zurück.

„Nein! Ich hab noch nicht einmal ein Handy dabei!"

„Ich aber. Wenn etwas ist, kann ich die Polizei anrufen."

„Was sollte denn sein?" Angst überkam mich.

Zur Antwort verdrehte Timon einfach seine Augen.

„Hör zu, Emma", sagte er und klang viel zu alt für einen Zwölfjährigen. „Elias hat allem Anschein nach schon mal getötet. Was sollte ihn davon abhalten, es ein weiteres Mal zu tun?"

Erschreckenderweise hatte er Recht. „Oh .." So weit hatte ich gar nicht gedacht.

Nicht denken wollen.

„Es ist an der Zeit, sich Sorgen um Carmen zu machen", stellte er klar.

„Ich mache mir schon seit gestern Abend Sorgen."

„Ehrlich gesagt, sieht man dir das auch an."

„Emma!"

Wir blieben stocksteif stehen. Wie in Trance drehten wir uns der Person zu, die uns schnellen Schrittes folgte.

Es war Justus. Trotz der warmen Temperaturen trug er seinen Parka, weshalb ihm Schweiß seine Schläfen hinunterlief. Als er bei uns ankam, fragte er: „Was zur Hölle wird das hier?!"

„Ähm", setzte ich an, allerdings fiel mir spontan keine gute Ausrede ein. „Du würdest mir nicht glauben, wenn ich sage, dass ich ihm Nachhilfe gebe, oder?"

„Worin denn bitte?", grunzte er verächtlich. „Französisch?"

„Hä?"

„Das du dich nur noch mit diesen Wichtigtuern abgibst, kann ich ja noch irgendwie verstehen, aber seit wann bist du eine Kinderf-"

„Eine *was?*", hakte ich nach, als er mitten im Wort abbrach. Peinlich berührt schaute Justus weg. „Kinderfickerin? Wolltest du das sagen?!"

Auf einmal kam Wut in mir auf. Ich konnte es nicht fassen. Justus war mein bester Freund ... Wie konnte er nur so etwas sagen?

„Nein, das hab ich so nicht gemeint", versuchte er es wieder gut zu machen. „Es ist nur ... Du und Carmen benehmt euch in letzter Zeit so merkwürdig."

Neben mir gab Timon ein Stöhnen von sich. Ich versuchte ihn geflissentlich zu ignorieren, während ich fieberhaft nach einer guten Ausrede suchte.

Obwohl er einen Kopf größer war als ich, kam es mir vor, als würde Justus von unten zu mir herauf blicken. Bei genauerer Betrachtung tat er mir plötzlich leid. Er sah gekränkt aus. Fürchterlich einsam.

Und irgendwie hatte er damit auch Recht. Wir hatten ihn alleine gelassen.

„Ich will es nur verstehen können", murmelte er und schaute dabei zu seinen Füßen.

„Hast du Bargeld?", fragte Timon plötzlich dazwischen.

Justus blinzelte verwirrt. „Äh, ja, eigentlich schon."

„Gut. Dann bezahlst du das Taxi. Auf der Fahrt erklären wir dir alles."

Und in diesem Moment begriff ich, was Timon vorhatte. „Nein!", widersprach ich vehement. „Wir ziehen da niemanden mit rein! Schlimm genug, dass du -" Dabei drehte ich mich mit ausgestrecktem

Zeigefinger zu Timon und verstummte.

Menschen, die völlig entschlossen von ihrem Handeln waren, hatten einen ganz bestimmten Blick.

Eine Art Feuer in ihren Augen, angefacht aus einem ganz bestimmten Grund, einem Ideal gleich, mitten im Herzen.

Ich hatte diesen Blick bei meinem Vater gesehen, als er Jan zu einem Therapeuten zerrte. Und bei Isabel, als sie mir zum ersten Mal versicherte, ihr Bruder hätte sich niemals selbst umgebracht.

In Timons Augen loderte es lichterloh. Er war voller Entschlossenheit.

Selbst wenn ich ihn wirklich versucht hätte, aus der Sache herauszuhalten, würde er trotzdem hier stehen.

Es ging ihm nicht um Carmen, sondern um Elias. Er wollte Vergeltung.

Ein Zwölfjähriger, der sich an dem Jungen rächen wollte, der seine Familie zerstört hatte.

Es war falsch, das wusste ich, aber ich nickte. „Okay. Wir nehmen ein Taxi. Aber Justus, es kann gefährlich werden."

Mein bester Freund zuckte mit den Schultern. „Das nehme ich dann in Kauf."

Isabel

„Ich mache drei Kreuze, wenn das ganze Theater hier vorbei ist!", meckerte ich vor mich hin. Zusammen mit Fabienne stand ich am Vertretungsplan, meine

Wenigkeit gegen die Wand gelehnt, die Arme vor der Brust verschränkt, und wartete auf Emma. „Ich brauche echt Urlaub. Wann haben wir Herbstferien? Ich sollte meinen Vater überreden in die Türkei zu fliegen. Das hab ich mir echt verdient."

„Ich sehe Emma gar nicht mehr", warf Fabienne ein.

Ich hörte sie. Ich verstand sie auch klipp und klar. Aber ich *wollte* sie überhören. Also plapperte ich einfach weiter. „Ich brauche Meer. Und Sonne. Und einen Strand. Gut, dann fällt Türkei wohl flach, ich glaube im Herbst haben selbst die nicht mehr so geiles Wetter. Aber wie wäre es mit den Tropen? Hawaii oder so?"

„Den Jungen, der Emmas Namen gerufen hat, kann ich auch nicht mehr sehen."

„Hawaii soll klasse sein. Die nennen sich übrigens auch Aloha-Staat. Wie geil ist das denn?"

„Ernsthaft, ich glaube, die Beiden sind verschwunden!"

„Ich wollte immer schon mal nach Hawaii", seufzte ich und stieß mich von der Wand ab. Ohne auf Fabienne zu achten lief ich zurück zu der Stelle, wo ich Emma stehengelassen hatte.

Sie war nirgends zu sehen. Auch das Kätzchen konnte ich nicht entdecken. „Drei Kreuze!", murmelte ich säuerlich vor mich hin, während ich zu einem rothaarigen Mädchen stolzierte, die mir am nächsten stand. „He du!", bellte ich, und erschrocken drehte sie sich zu mir.

Ihr ovales Gesicht kam mir bekannt vor, ihre blauen

Augen weiteten sich hinter ihrer Brille. Ihrem Alter nach zu schätzen – auch wenn das bei einigen Mädchen an dieser Schule echt schwer war – ging sie in meinen Jahrgang, wobei mir das auch egal war.

Wenn sie wichtig wäre, würde ich ihren Namen kennen.

„Hast du Emma gesehen?", fragte ich sie unsanft und deutete mit meiner rechten Hand Emmas Größe an.

„Relativ klein, braunhaarig, stand hier vor 5 Minuten noch mit einem blonden Typen?"

„Es ist wichtig!", quiekte Fabienne von der Seite dazu.

Das rothaarige Mädchen schüttelte ihren Kopf. Sprachlos starrte sie uns an, als wären wir Raritäten. Seltene Vögel, die es zu bewundern galt.

Wie ich absolut keinen Bock mehr auf diesen ganzen Scheiß hatte!

„Boah, das gibt's doch nicht! Bist du stumm oder was?!", schnauzte ich das Mädchen an, die daraufhin einen halben Schritt zurückwich.

Ich spürte Fabiennes Hand, die sich bestimmend um meinen Oberarm legte. „Wir gehen jetzt besser..."

Ohne Widerworte lies ich mich von ihr zurück zu den Trakten führen. Als wir vor der gläsernen Eingangstür zum B-Trakt standen, löste sich ihre Hand erst von meinem Oberarm.

„Ich finde, du musst nun wirklich keine fremden Mädchen anschnauzen", meinte sie und klang dabei so ätzend verständnisvoll, dass ich ihr am liebsten in ihr schönes, verständnisvolles Gesicht gespuckt hätte.

Aus eigener Erfahrung wusste ich allerdings, dass man für ein solches Vergehen dazu verdonnert wurde, nach der Schule den Müll von den Pausenhöfen zu sammeln und entschied mich dagegen.

Den Rest der Pause verbrachten wir schweigend. Während ich meine Hände in die Bauchtasche des Pullis steckte und mich gegen die Wand der Tür gegenüber lehnte, beobachtete ich wie ein Adler die Schüler, die sich uns näherten. Fabienne stand neben mir, ihre Hände ordentlich übereinander gelegt, die Arme locker gestreckt. In ihrer schwarzen Jeans und ihrer golden schimmernden Bluse wirkte sie völlig fehl neben mir, die noch immer den Pullover ihres toten Bruders trug.

Ich wusste, was die anderen über mich dachten. Ich konnte es in ihren Augen ablesen.

Sie hielten mich für verrückt. Für abgedriftet. Völlig nicht mehr schugge.

Keiner blieb mal stehen und fragte nach meinem Befinden. Und da sie nicht fragten, konnte keiner von ihnen wissen, dass ich den Pullover gestern Abend gewaschen und anschließend in den Trockner geworfen hatte.

Mir fehlte zwar sein Geruch, aber der hatte sich schon am ersten Tag verflüchtigt. Tommys eigener Geruch war von meinem abgelöst worden, als ich den Pullover angezogen hatte.

Warum ich ihn noch immer trug, konnte ich nicht sagen.

Ich hatte einfach das Gefühl, es tun zu müssen. Und solange es sich richtig anfühlte, würde ich ihn anbehalten.

Dante und Henrik schlenderten an uns vorbei. Keiner von denen beachtete mich. Sie nickten allerdings Fabienne zu, als wäre ich unsichtbar. Eine Ausgestoßene.

Ein paar Minuten später liefen die Mädchen an uns vorbei. Jenna, eingehakt bei Gina und Cho. Sie bildeten eine Mauer und kicherten laut auf, als sie an uns vorbeiliefen, um uns ihr wundervolles Leben unter die Nase zu reiben.

Ich unterdrückte ein verächtliches Grunzen. Jenna war so eine Heuchlerin. Wenn sie meinen Bruder wirklich so geliebt hätte, wie sie allen vormachen wollte, dann stünde sie jetzt neben mir.

Oder nein. Sie wäre verschwunden. Sie wäre diejenige gewesen, die heute Morgen nicht aufgetaucht wäre.

Nicht Carmen.

Mit dem ersten Klingeln zum Ende der Pause durften wir endlich zu unseren Klassenräumen gehen.

Als sich vor diesem unsere Klassenkameraden versammelten, wurde mir mit jeder Sekunde, die verstrich, Emmas Verschwinden klarer. In den letzten Minuten hatte ich mir versucht einzureden, sie wäre vielleicht nur aufs Klo gegangen oder zum Kiosk gelaufen, musste aber den Tatsachen ins Augen schauen.

Sie war weg. Genauso wie Carmen verschwunden.

Da half es ganz und gar nicht, dass unsere Englischlehrerin in Begleitung auftauchte. Denn neben ihr lief starken Schrittes und einem ziemlich mürrischen Gesichtsausdruck niemand anderes als Kommissar Gonzales. Carmens Vater.

Vorsichtig beugte ich mich zu Fabienne. „Du hast noch knapp 3 Sekunden um dich von mir abzuwenden und dich für einen annähernd normalen Montag zu entscheiden."

Ehe sie antworten konnte, standen sie plötzlich vor mir. Meine Englischlehrerin und Super-Gonzo.

„Hallo Isabel", begrüßte mich meine Lehrerin mitleidig. „Vielleicht kennst du ihn ja schon, das ist Carmens Vater, und er hätte ein paar Fragen an dich."

Der Mann neben ihr gab ein anklagendes Schnauben von sich. Ich sah ihn an. Unsere Blicke trafen sich.

Er war nicht mehr der Kommissar, der mich vor meiner Mutter beschützte.

In diesem Augenblick war er Carmens Vater. Ich konnte nicht sagen, was effektiver war.

Dennoch nickte ich. „Sie können mich alles fragen, was Sie wollen, Herr Kommissar."

„Und mich auch!", fügte Fabienne hinzu und kam so nahe, dass sich unsere Schultern berührten.

Überrascht wandte ich mein Gesicht ihr zu.

Sie sah zu mir. Und in diesem Moment begriff ich, dass dies ihre Art war, sich bei mir zu entschuldigen.

Und zu sagen: *Von jetzt an bin ich auf deiner Seite.*

Kapitel Neun

Emma

„Ich kann nicht fassen, dass keine von euch etwas gesagt hat!", beschwerte sich Justus, nachdem ich ihm alles Wichtige erzählt hatte.

„Tut mir leid. Wie gesagt, wir hatten abgemacht niemandem etwas zu erzählen", versuchte ich ihn zu beschwichtigen.

„Und was macht der Knirps dann hier?!"

Den Teil hatte ich ihm nicht erklärt. Das war Timons Sache.

„Wir sind jetzt in Regenhain", meldete sich der Taxifahrer zu Wort. „Ihr müsst mir jetzt sagen, wie es weitergehen soll."

Timon beugte sich vor, wobei er mir versehentlich seinen Ellbogen in die Seite rammte. „Da vorne müssen Sie links. Und dann zur Schwanenallee 3."

Umständlich setzte er sich wieder richtig hin.

„Schwanenallee?", wiederholte ich skeptisch. „Das klingt nicht nach einer Gegend, in der ich einen Mädchen-verschleppenden-Drogendealer vermuten würde."

Auch dazu sagte er nichts.

Als wir nach weiteren 5 Minuten Fahrt in die besagte Schwanenallee einbogen, wurde meine Vermutung nur bestätigt.

Das, was in Neustadt-Hausen die Hafenstadt war, stellte in Regenhain die Schwanenallee dar, nur noch pompöser. Hier standen Herrenhäuser mit riesigen Grundstücken, die allesamt von hohen Mauern umrandet wurden.

„Bist du dir sicher, dass wir hier richtig sind?", fragte ich und beugte mich halb über Justus, um mich umzusehen.

Timon brummte nur etwas Unverständliches.

„Schwanenallee 3!", rief der Taxifahrer und hielt vor einem großen, weißen Holztor, durch das man nicht hindurchblicken konnte. „Das macht dann 36€."

„36?", wiederholte Justus überrascht und zog aus seinem Portemonnaie einen 20-Euro-Schein. „Mit dem Kleingeld zusammen komm ich knapp auf 24€."

Der Taxifahrer stöhnte auf. „Meine Kollegen sagten mir schon, ich sollte bei längeren Fahrten im Voraus eine Auskunft über den Preis geben!"

„Ich hab 10", meinte ich und wollte nach meinem Geldbeutel greifen als mir klar wurde, dass ich meine Schultasche nicht dabei hatte. „Verdammt! Mein Portemonnaie ist in meiner Tasche. Und die liegt in der Schule!"

„Ihr seit Schulschwänzer?", hakte der Taxifahrer nach und schüttelte tadelnd seinen Kopf. „Zu meiner Zeit hat man noch geschwänzt um irgendwas Cooles zu tun. Die Jugend von heute … Tze."

„Und jetzt?", fragte Timon leise.

„Gebt mir einfach den Zwanziger und dann raus mit euch", brummte der Taxifahrer und streckte seinen

Arm nach hinten aus.

Ohne länger darüber nachzudenken, reichte Justus ihm den Schein und wir stiegen eilig aus dem Wagen.

„Zu meiner Zeit haben wir gekifft!", meinte der Taxifahrer noch, ehe auch Justus die Autotür zugeschlagen hatte.

Wir warteten auf dem Bürgersteig, bis das Taxi außer Sicht war.

Erst dann wandte ich mich dem großen Tor und der hohen Steinmauer zu, die das Grundstück umgab. Ich musste kein Genie sein um zu wissen, dass man dort nicht einfach so hindurch spazieren konnte.

„Sieht hier irgendwer einen Stein, unter dem ein Schlüssel versteckt sein könnte?", fragte Justus ironisch.

„Es gibt einen Hintereingang", verkündete Timon und marschierte an uns vorbei, ohne auch nur einen von uns anzusehen, die Mauer entlang. Ich tauschte einen verwunderten Blick mit meinem besten Freund, der bloß mit den Schultern zuckte und Timon folgte.

Schweigend liefen wir die Mauer entlang. Vom Tor aus waren es 22 Schritte, bis sie nach hinten wegbog und eine Ecke des Grundstücks preisgab. Zwischen der Schwanenallee 3 und der Schwanenallee 1 gab es ein kleines Wäldchen, das – so wie es aussah – auf den anderen Seiten beider Mauern weiterging.

Nur ein Trampelpfad führte zwischen den Grundstücken hindurch. Timon bewegte sich sicher an den herausstehenden Wurzeln vorbei und unter den tiefhängenden Ästen hinweg.

Zu sicher, dachte ich, fragte allerdings nicht nach.

Als wir eine Art Zelt aus großen Ästen erreichten, blieb Timon stehen mit den Worten: „Wir sind da." Er deutete mit einer Handbewegung zur Mauer.

Mit meinem Blick folgte ich seiner Bewegung und entdeckte ein Loch im unteren Bereich, groß genug für einen erwachsenen Menschen, um drunter durch zu krabbeln.. „Oh. Du glaubst, Elias hat dieses Loch gefunden und seine Chance genutzt?"

Ich war skeptisch. Selbst mit viel Fantasie konnte ich mir nicht vorstellen, wie ein beinahe-Erwachsener zufällig ein Loch in einer Mauer findet und beschließt, in dem Haus dahinter ein Mädchen festzuhalten.

„Keine Ahnung, möglich wär's. Es ist das einzige freistehende Haus in Regenhain, wo jemand einbrechen könnte, ohne von der Straße bemerkt zu werden."

Das klang einleuchtend. „Gut. Dann können wir ja jetzt die Polizei rufen." Reflexartig wollte ich schon wieder nach meiner Tasche greifen und stöhnte auf. „Nicht nur, dass ich zu dumm bin an meine Schulsachen zu denken, nein, ich hab auch vergessen, dass die dumme Kreuzer mein Handy einkassiert hat!", fluchte ich leise vor mich hin und wandte mich an Justus. „Ich brauche dein Handy."

Ich konnte sehen, wie er rot anlief. „Ich hab kein Guthaben drauf ..."

„Der Notruf geht immer."

„Und dann?", unterbrach Timon unsere kleine Diskussion. „Was willst du denen dann sagen? *Hi, wir stehen hier vor einem leerstehenden Haus und glauben, dass ein Irrer eingebrochen ist und ein Mädchen dort versteckt hält?*"

„Punkt für ihn", meinte Justus mit dem Hauch von Anerkennung in seiner Stimme. „Die Bullen werden auch nur sagen, dass sie erst etwas unternehmen können, wenn etwas passiert ist."

„Muss denn immer erst etwas passieren, bis man Hilfe bekommt?!", brauste ich auf.

„Willkommen in Deutschland, genießen Sie ihren Aufenthalt!", witzelte mein bester Freund.

Ich konnte nicht darüber lachen. Es war nicht witzig. Mit jeder Sekunde, die wir hier draußen warteten und nichts unternahmen, war Carmen länger verschwunden. Vielleicht war sie nur krank, ja; aber niemand konnte das mit Sicherheit sagen. Vielleicht lag sie auch schon tot und zerstückelt in einem Graben.

Ich schauderte bei diesem Gedanken. Vielleicht hatte sie Angst … Und als ihre beste Freundin war es doch meine Pflicht, sie zu retten. Es zumindest zu versuchen.

Vor dem Loch ging ich in die Hocke. „Folgendes", hörte ich mich sagen, noch ehe ich meinen Gedanken richtig zu Ende gedacht hatte. „Ihr bleibt hier. Ich gehe rein und schaue mich um. Wenn ich etwas sehe, komme ich zurück. Und sollte ich in

einer halben Stunde nicht wieder hier sein, ruft ihr -"
„Nein", unterbrach Timon mich ruhig. „Entweder
wir gehen da zusammen rein oder gar nicht." Aus
seiner Hosentasche zog er plötzlich ein
Schlüsselbund. „Anders als du habe ich die wirklich
wichtigen Dinge nämlich immer bei mir."
Mit offenem Mund starrte ich ihn an. Ich war mir
nicht ganz sicher, was das zu bedeuten hatte. „Ist *das*
ein Schlüssel für das Haus?" Dabei deutete ich in die
Richtung, in der ich das Gebäude vermutete. Und
plötzlich ging mir ein Licht auf. „Das ist euer Haus!
In dem ihr früher gewohnt habt. Deswegen könnte
Elias auch so genau wissen, dass es freisteht … Er hat
euch ja praktisch fort geekelt!"
Timon sagte gar nichts. Er kniete sich einfach neben
mich vors Loch und hielt seinen Schlüssel hoch.
„Könnte mich mal bitte jemand aufklären?", fragte
Justus von hinten. Er war genervt, das konnte ich
ihm anhören.
Ich sah zu Timon. Er schaute mich an. Einen
unendlich langen Augenblick saßen wir einfach so
da.
Ich brauchte ihn, um reinzukommen. Er kannte sich
außerdem auch noch aus. Sollte Elias tatsächlich
irgendwo in dem Gebäude sein, wäre es glatter
Selbstmord ohne Timon hineinzugehen.
Als könnte er meine Gedanken lesen, nickte er
plötzlich. An Justus gewandt sagte ich: „Du bleibst
hier. Wir brauchen dich hier. Und wenn wir in einer
halben Stunde nicht zurück sind, rufst du die Polizei.

Okay?"

„Sagen wir Stunde", verbesserte Timon mich. „Das Haus ist groß, es wird seine Zeit brauchen um in jedes Zimmer reinzuschauen."

„Und wenn ich nicht hier warten will?", jammerte Justus drauf los.

„Bitte!" Ich versuchte, so flehentlich zu klingen wie nur irgend möglich.

Erfolgreich. Nach einem sekundenlangen Grübeln nickte er schließlich. „Ihr habt 1 Stunde!", verklickerte er uns ernst. „Nicht mehr und auch nicht weniger. Und wenn ich einen Fehlalarm auslöse seid ihr Schuld!"

Doch den letzten Satz bekamen wir nicht mehr mit; wir waren längst unter der Mauer hindurch gekrochen und auf der anderen Seite wieder hervor.

Unter anderen Umständen hätte ich vielleicht den schon leicht verwilderten Garten bewundert, in dem wir landeten, und der vor einiger Zeit sicher noch eindrucksvoller gewesen war. Dann hätte ich auch sicher den weißen Pavillon bewusst gesehen und mir wäre der kleine Teich richtig aufgefallen, der einmal um den Pavillon herum lief.

Doch all diese wunderschönen Kleinigkeiten sah ich in diesem Moment nicht. Ich konnte mich nur auf den Weg konzentrieren, den Timon und ich in geduckter Haltung zurücklegten.

Von der Mauer zum Kellereingang waren es knapp 20 Meter. Wir konnten aber nicht wissen, hinter welchem Fenster Elias auf uns wartete und ob er überhaupt in dem Haus war. Im Grunde genommen wussten wir gar nichts.

Unser Handeln war völlig dämlich. Mir war die Gefahr auch bewusst. Ich *musste* einfach wissen, ob Carmen hier war.

Ich hatte keine andere Wahl. So dumm unser Vorhaben auch sein mochte, ich musste es zumindest versuchen.

Als wir endlich die Kellertür erreichten und erst mal im Schutz der Hausmauern standen, atmete ich erleichtert aus.

„Freu dich nicht zu früh", flüsterte Timon. „Der Keller ist groß, aber abgesehen von der Waschküche und dem Raum wo unsere Wäscheleinen hängen, steht das Meiste voll mit Gerümpel. Die Treppe ist ganz hinten und wenn wir irgendetwas umstoßen, könnte man es womöglich im Stockwerk da drüber hören. Also pass auf!"

Ich nickte und beobachtete ihn ungeduldig dabei, wie er so leise wie möglich die Tür aufschloss. „Wir kommen in der Küche raus", erzählte er weiter. „Beziehungsweise, hinter der Küche ist ein kleiner Flur. Dort kommen wir raus. Die nächste Treppe ist gegenüber dem Hauseingang, also relativ mittig gelegen." Er zog sanft an der Klinke und die Tür schwang nach außen auf. Durch das hereinfallende Sonnenlicht konnte ich Schemen von Fahrrädern erkennen.

„Okay, also dann", murmelte er leise und ich legte

meinen Zeigefinger auf meine Lippen und machte: „Scht!"

Und dann betraten wir das Haus. Sein Haus. Den Ort, an dem er aufgewachsen war.

Was musste das für ein Gefühl sein? Wieder hier zu sein, wo er mit seinen Brüdern vielleicht Verstecken gespielt hatte? Und nicht zu wissen, ob hinter der nächsten Tür ein Drogendealer auf uns wartete?

Wir schwiegen, während wir den schmalen, kalten Flur entlang schlichen. Timon ging voran. Ab und zu hielten wir inne und lauschten. Abgesehen von unserem Atem war nichts zu hören.

Als wir die Treppe erreichten glaubte ich schon, einfach durch den Rest des Hauses spazieren zu können, ohne das etwas passierte.

Doch dann, als wir die Treppe erklommen und oben in dem kleinen Flur standen, von dem Timon erzählt hatte, und mir ein merkwürdiger, undefinierbarer Geruch in die Nase stieg, trat eine Gestalt aus der Küche, so schnell, dass ich nicht genau hinsehen konnte, holte aus und schlug mit einer Schaufel oder einem Brett oder so etwas auf die Person, die dem Türrahmen zur Küche am nächsten stand: Timon.

Fabienne

Alle Klassenräume waren durch einen kleineren Zwischenraum miteinander verbunden, in dem Gruppenarbeiten stattfanden oder Schüler aus der

Oberstufe manchmal saßen und arbeiteten. Ein wenig überrascht war ich schon gewesen, als Gonzales mit uns in den Zwischenraum ging, der unsere Klasse von der 9d trennte. Zwischen den Räumen der 9b und unserem gab es keinen.

In diesem Zwischenraum hier war ein heilloses Durcheinander von Tischen und Stühlen und vergessenen Plakaten. Es roch nach abgestandener Luft und die Klassen, die letztes Jahr im 9. Jahrgang gewesen waren, hatten mit weißer Kreide komische Fratzen an die gelb gestrichenen Wände gemalt.

Kommissar Gonzales lehnte sich mit vor der Brust verschränkten Armen gegen die Fensterbank und deutete mit einem Nicken auf zwei Stühle vor ihm.

Schweigend und mit einem mulmigen Gefühl in der Magengrube tat ich, was er verlangte. Isabel setzte sich mit ebenfalls verschränkten Armen neben mich.

Wenn meine Eltern erfuhren, dass ich mit einem Polizisten gesprochen hatte, würden sie mich umbringen. Ich hörte die wütende Stimme meiner Mutter schon beinahe, wie sie mich fragte, ob ich nicht wüsste wie wichtig ein gutes Image war.

„Also", brach der Kommissar das Schweigen. Er klang nicht nett. Ich meine, ich hatte keine Ahnung wie ein netter Polizist klang, aber auf jeden Fall nicht so kratzig und tief und kalt wie er. „Wo ist Emma?"

Okay, mit dieser Frage hatte ich nicht gerechnet.

„Wissen wir nicht", antwortete Isabel wahrheitsgemäß. Ich war froh, dass sie das Ruder in die Hand nahm. Für solche Sachen war sie mehr geschaffen als ich. Sie wirkte abweisend und arrogant. Zwei Eigenschaften, die für ein Gespräch wie diesem besser geeignet waren, als meine Sprachlosigkeit und feuchten Hände.

Der Kommissar gab eine Art leises Grunzen von sich.

„Laut dem Klassenbuch ist sie in der Schule."

„Wollen Sie uns wirklich nach Emma ausfragen?", entgegnete Isabel und reckte ihr Kinn trotzig nach vorn.

Kommissar Gonzales zuckte nicht einmal mit der Wimper. *Er verstand etwas von seinem Beruf,* wurde mir schlagartig klar. Das half mir und meiner Nervosität allerdings kein Bisschen.

Er war der Wolf, und wir die Kaninchen, auf die er es abgesehen hatte.

„Carmen ist gestern Abend nicht nach Hause gekommen", teilte der Mann uns mit.

Ich schluckte. Unsere schlimmsten Befürchtungen wurden schlagartig klar. Isabel allerdings wirkte nicht überrascht.

Sie hatte sich längst mit dem Gedanken abgefunden. Seit wann war sie so? An welchem Punkt ihrer Einsamkeit hatte sie aufgehört, naiv und leichtgläubig zu sein?

„Auf dem Tisch lag ein Zettel, auf dem steht, dass sie sich mit Emma treffen will", erzählte er weiter, wobei seine Stimme weiterhin kalt und monoton klang.

„Sie hat sich mit uns allen getroffen", sagte Isabel dazu.

„Wir sind nach Regenhain gefahren!", fügte ich hinzu. Ich wollte keine Harken mehr schlagen. Er würde uns sowieso fassen. Und wenn ein Kaninchen einem Wolf mutig entgegen blickte, vielleicht würde er dann umdrehen und abziehen?

„Regenhain?", wiederholte der Kommissar skeptisch. „Was wolltest ihr denn da?"

Isabel atmete geräuschvoll aus. Als sie sich aufrichtete, lockerte sie ihre Arme und legte ihre Hände auf ihre Oberschenkel. „Sie haben ihr doch die Kopien der Tagebucheinträge gegeben!"

Jetzt zuckte er doch. Ich konnte sehen, dass er mit dieser Wendung nicht gerechnet hatte. „Was habt ihr denn damit zu tun?"

Meine Freundin gab ein verächtliches Grunzen von sich. „Okay, falls Sie es noch nicht wissen: Ihre Tochter und mein Bruder waren ein Paar!"

Bei diesen Worten presste der Mann seine Lippen aufeinander, so dass nur noch ein schmaler Strich zu sehen war. „Ich hab damals wirklich gedacht, Carmen wäre Schuld an seinem Tod", fügte Isabel kleinlaut hinzu.

„Das ist sie nicht", verteidigte Kommissar Gonzales seine Tochter. „Zu so etwas wäre sie nicht fähig."

„Ich weiß. Deswegen hab ich mich auch bei ihr entschuldigt und wir haben uns zusammengetan."

Er hob fragend eine Augenbraue. „Was heißt *zusammengetan?*"

„Wir haben die Kopien vom Tagebuch zusammen gelesen", antwortete Isabel. „Uns allen war klar, dass derjenige, der das Tagebuch geschrieben hat, *tatsächlich* hinter Tommys Tod stecken muss. Ich meine, welchen Grund sollte es sonst geben, ein Tagebuch zu fälschen? Und dann -"

„Wie seit ihr überhaupt auf die Idee gekommen, dass es Mord war?", unterbrach Kommissar Gonzales sie mit seiner tiefen, dröhnenden Stimme.

Das würde mich allerdings auch interessieren.

Der blonde Engel kratzte sich an der Schläfe, um Zeit zu schinden. „Soweit ich weiß ist Carmen zusammen mit Emma ins Präsidium gegangen und hat einen Blick in die Akte geworfen."

„Der Tag der Schießerei!", schlussfolgerte der Kommissar. „Da hatten sie mich besucht. Und die Akte habe ich auf meinem Schreibtisch vergessen!"

Er sah aus, als könnte er es nicht fassen. Da war keine Wut in seinem Blick, eher ... Schuld.

Ich musste schlucken. Auch wenn es falsch war, musste ich an meine eigenen Eltern denken und *wusste*, dass sie sich niemals solche Gedanken um mich machen würden. Wenn ich irgendwann einmal nicht mehr da wäre, würden sie mich nicht suchen. Und wenn ich so weiter machte wie bisher, würden sogar meine Freunde eine Party feiern, sollte ich einmal spurlos verschwinden.

Kommissar Gonzales seufzte und schüttelte kaum merklich seinen Kopf. Er lockerte seine Haltung und stützte sich mit den Händen an der Fensterbank ab. Etwas hatte sich verändert; der Wolf war zahm geworden.

„Es waren durchgeschnittene Bremsleitungen",
erklärte er an Isabel gewandt. „Es wäre durchaus
möglich, dass er auf der Straße im Wald einem Reh
oder etwas Ähnlichem ausweichen wollte und
deshalb gegen den Baum fuhr, oder dass er
absichtlich gegen ihn gefahren ist, um noch größeren
Schaden zu vermeiden. Ich weiß es nicht. Was ich
weiß, ist, dass er nicht bremsen konnte, selbst wenn
er es gewollt hätte."
Eine erdrückende Stimmung kam auf, der ich nur
allzu gern entflohen wäre, doch ich blieb sitzen. Wo
sollte ich auch hin? Niemand konnte vor der Realität
fliehen.
„Das Auto ist frontal gegen einen breiten Baum
gefahren", erzählte der Mann weiter, und Isabel
hörte ihm aufmerksam zu. „Laut den
Gerichtsmedizinern war dein Bruder sofort tot. Er
musste nicht leiden."
Sie schniefte. Überrascht stellte ich fest, dass Isabel
eine Träne mit dem Ärmel ihres Pullovers abwischen
musste.
Noch nie zuvor hatte ich sie weinen sehen.
„Danke!", hauchte sie, atmete tief ein und aus. „Wir
haben versucht, die Schrift aus dem Tagebuch mit
den Schriften von denen zu vergleichen, mit denen
mein Bruder viel Zeit verbracht hat. Wir waren nicht
wirklich erfolgreich und unser letzter Verdacht fiel
auf einen Jungen namens Elias Heilmann, mit dem
mein Bruder schon seit seiner Kindheit befreundet
ist. War, meine ich. Deswegen waren wir gestern in

Regenhain. Wir haben Elias mehr oder weniger überwältigt und seinen Rucksack geklaut und sind so an einen handschriftlichen Brief gekommen, der von ihm ist. Die Schriften stimmten überein." Sie schluckte. „Danach haben wir uns alle bei Emma getroffen. Carmen ist früher gegangen. Sie wollte … Sie wollte unbedingt mit Ihnen reden!"

Die Spannung war zum Greifen nahe. Am liebsten wäre ich aufgestanden und hätte Isabel in den Arm genommen, doch so war ich noch nie gewesen. Ich war keiner dieser In-den-Arm-nehm-Menschen.

„Elias Heilmann?", hakte Kommissar Gonzales nach und zog aus seiner Hosentasche ein kleines Notizbuch samt Stift.

„Es gibt da noch etwas, was Sie wissen sollten", sagte Isabel und räusperte sich. „Emma ist seit der Pause verschwunden, und ich würde meine Hand dafür ins Feuer legen, dass sie irgendeine Idee hat, wo Carmen sein könnte."

Emma

Ich träumte von einer Welt aus Zuckerwatte. Von einem Ort, an dem alles rosaflockigleicht war. Die Baumstämme waren aus braunem Rohrzucker, die Wipfel aus Zuckerwatte. Der Himmel hatte eine rosafarbene Nuance, hier und da vermischt mit Gelbtönen. Alles schien hier in wundervoller Harmonie miteinander zu sein.

Ich wollte meine Arme ausbreiten und mich in die

Wiese aus Zuckerwatte fallenlassen, doch irgendetwas hielt mich zurück. Ich ließ meinen Blick auf der Suche nach dem Störenfried wandern und entdeckte eine Eisenkette, die meinen rechten Arm an einem Heizungsrohr festgebunden hielt. Am Gelenk schnitt die Eisenkette unangenehm in die Haut.

Moment mal – Was?!

Ruckartig kam ich zu mir. Ich blinzelte vor Verwirrung, nicht mehr in meiner rosafabenen Zuckerwattewelt zu sein, sondern in einem möbellosen Raum zu sitzen.

Wie war ich hierher gekommen?

Carmen und ich hatten in der 5. Klasse einmal Entführung gespielt – was hätte man von einer Kommissaren-Tochter auch anderes erwartet? - und während ich im Keller hockte und so tat, als wäre ich entführt worden, hatte sie mir eingeschärft, man müsse sich als Opfer alles ansehen und versuchen zu merken. Kleinigkeiten wären das, worauf es ankam.

Genau das tat ich jetzt. Zuerst fiel mir die Star-Wars-Tapete auf. Dann der dreckige Dielenboden.

Ich wandte meinen Kopf nach links und da entdeckte ich Timon.

Wie ich war er am Handgelenk mit einer Eisenkette an ein Heizungsrohr gekettet. Wie ein nasser Sack saß er er da, sein Kopf zur Seite geneigt. Blut trat aus einer Platzwunde an der Schläfe aus und lief seine Wangen hinab.

Ich schluckte. Widerstand dem Drang, einfach

wegzuschauen, sondern musterte ihn genauer. Erleichterung durchflutete mich, als ich das sanfte Heben und Senken seiner Brust bemerkte.

„Herzallerliebst."

Das Blut gefror mir in den Adern. Meine Nackenhaare stiegen zu Berge. Selbst meine Arme waren übersät mit dieser Gänsehaut, die man immer dann bekam, wenn man fror.

Langsam schaute ich in die Richtung, aus der die Stimme gekommen war.

Und da saß er, in der hintersten Ecke auf einem Stuhl, und betrachtete uns. Er hatte sich zurückgelehnt, ein Bein ausgestreckt, das andere angewinkelt, und seine Hände spielten mit einem Schlüsselbund.

Ich schluckte. Als sich unsere Blicke trafen, stand Elias gemächlich auf. Er warf die Schlüssel auf den Stuhl und das Geräusch hallte viel zu laut in meinen Ohren nach. Wie in Zeitlupe setzte er einen Fuß vor den anderen, durchquerte den Raum und kniete sich vor Timon hin, aber immer noch weit genug von mir entfernt.

Als er eine Hand hob und Timons Haar aus der Stirn strich, wäre ich am liebsten auf ihn gesprungen und hätte ihm sein wohlgeformtes Gesicht zerkratzt. Die Eisenkette hielt mich allerdings davon ab.

„Nicht doch", meinte Elias mit einer mörderisch ruhigen Stimme. „Du tust dir nur noch mehr weh."

Er hatte Recht. Die Kette schnitt immer tiefer in meine Haut hinein. Und dennoch … Er durfte Timon nicht anfassen. „Lass ihn in Ruhe!", zischte ich und schlug noch einmal mit meiner Kette gegen das Rohr, um Krach zu machen. Ich hoffte, es klang bedrohlich.

Doch Elias grinste bloß. „Keine Sorge, deinem kleinen Freund hier wird nichts geschehen. Mit ihm habe ich noch Größeres vor."

Ich hätte vermutlich fragen sollen, was er meinte, doch da stand Elias schon wieder auf und griff nach einer Eisenstange, die an der Wand lehnte. „Was dich allerdings betrifft … Du bist für meinen Plan nicht wichtig." Unerträglich langsam kam er zurück, baute sich vor mir auf. Hob seinen Arm, die Eisenstange schwang bedrohlich über mir.

Carmen hatte damals, als es nur ein Spiel gewesen war, gemeint, man sollte seine Entführer aus der Reserve locken. So tun, als hätte man keine Angst, weil diese die Täter nur anstacheln würde.

Ich hatte Angst. Mein Herz schlug wild in meiner Brust. Mein Atem kam stoßweise.

„Stopp!", schrie ich so laut ich konnte. Meine Stimme klang fester, als ich erwartet hätte.

Doch Elias war schon so in seiner Bewegung drin, dass er die Stange hinunter sausen ließ – Nur haarscharf an meinem Gesicht und meinem restlichen Körper vorbei.

Scheppernd landete sie auf dem Boden. Er hatte sie losgelassen. Allerdings trat er sie sicherheitshalber zur Seite, damit ich nicht nach ihr greifen konnte.

Ich suchte nach seinen betörend grünen Augen. Als

sich unsere Blicke trafen, hörte ich mich selbst sagen: „Wenn du mich sowieso umbringen willst, kannst du mir auch vorher ein paar Fragen beantworten."

Sein rechter Mundwinkel zog sich zu einem Grinsen hoch. Er ließ sich unglaublich viel Zeit, ehe er antwortete. Als hätte er alle Zeit der Welt.

Vermutlich hatte er die sogar. Niemand wusste, wo ich hingegangen war. Niemand konnte dieses Haus mit ihm in Verbindung bringen. Die Einzigen, die das konnten, waren hier.

Und Justus!

Wie lange war ich bewusstlos gewesen? Wie lange waren wir schon hier?

Hoffentlich hielt er sich an die Anweisung und beschloss nicht auf eigene Faust reinzugehen. Wenn er die Polizei rief, musste ich einfach nur Zeit schinden.

Zeit, von der Elias glaubte, sie zu haben.

Zeit, von der ich mir sicher war, Timon hätte sie nicht mehr im Überfluss.

„Du erinnerst mich an Tommy", sagte Elias und holte mich so zurück in dieses Zimmer. Ich versuchte mir nichts anmerken zu lassen. „Er war auch so ein Typ Mensch, der alle retten wollte." Elias machte eine Künstlerpause. „Du siehst ja, wohin ihn das gebracht hat."

„Womit wir bei meiner ersten Frage wären", sagte ich mit fester Stimme. „Warum hast du ihn umgebracht?"

Elias lachte. Zumindest glaubte ich, das unnatürliche

Geräusch, welches da aus seiner Kehle drang, wäre ein Lachen. Dann schüttelte er seinen Kopf und sagte: „Na na na, ich werde dir sicher nicht *einfach so* Geheimnisse verraten."

Letztes Schuljahr hatte Herr Maßlab uns eine Geschichte über einen Serienmörder vorgesetzt. Carmen hatte mir im Unterricht zugeflüstert, dass Serienmörder meistens nicht einfach nur einen Kick beim Töten verspüren, sondern ein Gefühl, welches einem Orgasmus gleichkam. Sie geilten sich so sehr am Umbringen auf, dass sie es wieder tun müssen, weil es ihnen so gefällt. Und wieder.

Ich wusste nicht genau, weshalb ich ausgerechnet jetzt darauf kam. Elias war kein Serienmörder.

Und dennoch … Da war etwas in seinem Blick, was mich erschaudern ließ. Jedes Mal, wenn er mich ansah.

Neben mir regte sich etwas. Hastig schaute ich zu Timon.

Er hustete, seine Lider flatterten auf. Sein Blick suchte meinen. Als er mich entdeckte, schloss er seine Augen wieder, als wollte er nur sichergehen, dass ich noch da war.

Und da kam mir eine Idee.

„Wie wäre es mit einem Deal?", schlug ich an Elias gewandt vor. „Für jede Frage, die du mir beantwortest, ziehe ich ein Kleidungsstück aus."

Er hob eine Augenbraue. Musterte mich. Ich konnte sehen, wie er seinen Unterkiefer bewegte, als würde er kauen.

Ich schluckte. Vermutlich war es eine dumme Idee. Aber es würde Zeit schinden, und da ich keine Ahnung hatte, wie lange wir schon hier waren … Ich musste diese ganze Situation in die Länge ziehen.

Wieder grinste er mit einem Mundwinkel nach oben. Sein Lächeln war nicht einfach schief, es war nur *halb*. Mir war nicht klar gewesen, dass Menschen mit ihrem halben Mund lächeln konnten.

„An dir ist doch gar nichts dran, was es wert wäre anzusehen", erwiderte er mit seiner monotonen Stimme.

Damit hatte ich nicht gerechnet. Irgendwie hatte ich geglaubt, Psychopathen wie Elias hätten keine Vorlieben wie große Brüste oder so etwas. Vermutlich waren Menschen wie er genauso facettenreich wie alle anderen auch.

Gerade, als ich etwas erwidern wollte, sagte er: „Ich steh auf Mädchen wie dich. Mädchen, die alles tun würden, um andere zu schützen. Heiß!" Er schnalzte anerkennend mit der Zunge.

Sein Blick, mit dem er mich musterte, veränderte sich. Er sah mich nicht länger als Gefangene an, die unwichtig war, sondern als Mittel zum Zweck.

Sein Blick gefiel mir nicht. Angstschweiß brach auf meiner Haut aus. Am liebsten hätte ich mich diesem Gefühl hingegeben, doch ich konnte es nicht zulassen. Ich musste Ruhe bewahren.

Carmen wurde vielleicht hier irgendwo von ihm festgehalten. Und Timon war bewusstlos. Was auch immer Elias noch mit ihm vorhatte, es konnte nichts

Gutes sein.

Ich schlug ein weiteres, dieses Mal leiser, mit meiner Kette gegen das Heizungsrohr. „Ich kann mich nicht ausziehen, wenn ich festgebunden bin."

Er gluckste. „Schlau bist du auch noch!" Es klang wie ein Jubeln. Als er sich umdrehte und die Schlüssel vom Stuhl nahm, fiel mir auf, wie leichtfüßig er sich bewegte.

Ich hatte nie darüber nachgedacht, wie Psychopathen sich bewegten, aber so was hatte ich nicht erwartet. Eher, dass sie schwerfällig trotteten, weil die Last ihrer Gedanken sie zu erdrücken drohte.

Aber Elias schien nahezu über den Boden zu schweben.

Er beugte sich herunter und löste die Kette von meinem Handgelenk. Dankbar ließ ich meinen Arm senken und spürte, wie das Blut zurück in meine Fingerspitzen floss. Zum ersten Mal in meinem Leben freute ich mich über das Kribbeln, nachdem einem ein Fuß oder ein Arm eingeschlafen war.

Es bedeutete Leben.

„Aufstehen musst du aber alleine", sagte Elias und entfernte sich von mir. Im Gehen griff er nach der Eisenstange und behielt sie in seinen Händen. Eine unausgesprochene Drohung.

Ächzend kam ich auf meine Beine. Mir taten Knochen weh, deren Existenz ich bis dato gar nicht bemerkt hatte. Dennoch versuchte ich den Schmerz zu verdrängen und stellte mich gerade hin, blieb dabei in Timons Nähe. Ihm war schon zu viel passiert. Das würde ich niemals wieder gutmachen können.

Elias machte mit der Hand, die nicht die Stange hielt, eine schweifende Bewegung. „Also, was willst du wissen?"

Bevor ich darüber nachdachte, versuchte ich mich daran zu erinnern, was ich heute angezogen hatte. Ich hatte nicht vor, nackt vor ihm zu stehen.

Rote Turnschuhe. Socken. Eine dunkelblaue Schlaghose, die nur mit einem Gürtel hielt. Dazu mein weißes T-Shirt, auf dem eine graue Bambi-Zeichnung gedruckt war. Nicht wirklich viel, ich musste einfach nachdenken, bevor ich eine Frage stellte.

Dann: „Warum hast du Tommy umgebracht?"

Elias schüttelte enttäuscht seinen Kopf. „Du stellst die falschen Fragen. Ich hätte dir irgendwie mehr zugetraut."

Neben mir hustete es wieder. Ich warf Timon einen Blick zu. Er hob seinen Kopf, sah mich an. „Emma?", fragte er geschwächt. „Was geht hier vor?"

Ohne ihm zu antworten, wandte ich mich wieder Elias zu. Ich dachte an etwas, das Carmen mir einmal erzählt hatte, als ihr Vater vor Gericht gegen einen Mann aussagen musste, der seine Frau und seine beiden Kinder umgebracht hatte und die Tat leugnete. *Manchmal wissen Mörder gar nicht, was sie getan haben*, hatte sie mir erklärt. *Sie sind so weit von der Realität abgedriftet, dass sie ihre Tat als* einzige Möglichkeit sahen. *In ihrer verdrehten Sichtweise ist ihr Handeln dann nicht mehr schlimm. So wie du dich nicht rechtfertigen würdest auf Toilette zu gehen, halten die sich für unschuldig. Sie wissen gar nicht, dass sie jemanden ermordet haben.*

„Warum musste Tommy sterben?", formulierte ich meine Frage um.

Anerkennung leuchtete in Elias' Blick auf. „Das ist eine bessere Frage!", lobte er mich, als wäre dies hier ein Spiel für ihn. Und nach allem, was ich von Carmen wusste, war es das vermutlich auch. „Er hat die große Sache verraten. Deswegen musste er sterben."

Ich runzelte die Stirn. „Was ist die große Sache?"

„Na na na!", rief er und deutete mit dem Zeigefinger auf mich. „Denk an unseren kleinen Deal!"

„Was für ein Deal?", fragte Timon aufgeregt.

Ohne auf ihn zu achten, zog ich mir meine Turnschuhe aus.

„Ha!", rief Elias und wieder war da diese Anerkennung in seinem Blick. „Die Schuhe. Du bist wirklich nicht dumm, *Emma.*"

Als er meinen Namen sagte, schauderte ich. Er musste gehört haben, als Timon mich angesprochen hatte. Die Art und Weise, wie er meinen Namen aussprach, gefiel mir nicht. Fast schon gefühlvoll, als wäre ich etwas Besonderes … Ich schluckte wieder; versuchte mein Unbehagen zu verbergen. Niemand wollte etwas Besonderes für einen Psychopathen sein.

Tapfer hielt ich seinem Blick stand. „Was ist die große Sache?“

Isabel

Super-Gonzo stellte seinen Hass gegen mich ein und nahm Fabienne und mich mit aufs Revier. Nach kurzen Telefonaten wurde klar: Emma war auch nicht zu Hause, wo sie mittlerweile angekommen wäre, wenn sie aus Krankheitsgründen die Schule verlassen hätte. Meine Einwände, dass ich von einer möglichen Krankheit gewusst hätte, wurden ignoriert.

Während Carmens Vater noch ein paar Dinge versuchte in Erfahrung zu bringen, warteten wir in diesem blöden Besucherraum mit gelben Wänden, in dem ich schon einmal mit meinem Vater gesessen hatte.

„Nett hier“, bemerkte Fabienne und setzte sich in einen der Sessel.

Ich grunzte verächtlich. „Ist dir mal aufgefallen, dass das kleine Fenster da oben vergittert ist? Dieser Raum hier war mal eine Zelle.“ Mit vor der Brust verschränkten Armen wanderte ich durch den Raum.

„Du machst mich nervös, wenn du hier herum schleichst“, bemerkte sie nach ein paar Minuten.

„Der Witz daran ist, dass du mit deiner geraden Sitzhaltung und deinen im Schoß gefalteten Händen ziemlich ruhig wirkst!“, schnauzte ich sie an, blieb aber stehen.

Meine Worte trafen sie sichtlich. Um mir nicht zu zeigen, wie sie gegen aufkommende Tränen kämpfte, schaute sie weg.

Am liebsten hätte ich ganz laut geschrien. Es war meine Schuld, dass Carmen und Emma verschwunden waren. Meine Schuld, mich durch Emmas Freundschaft wie ein besserer Mensch zu fühlen. Wenn ihnen etwas passierte, könnte ich nicht damit leben.

Und dann tat Fabienne noch immer so, als wäre es nicht ganz so schlimm? Als würde immer das Gute gewinnen, so wie in diesen dummen Filmen, die sie immer guckte?

Wenn es nur nach mir gegangen wäre, hätte ich ihr klargemacht, dass die Guten nicht immer gewannen. Diese Zeiten waren vorbei. Von nun an regierte das Böse.

Darum ging es in Wahrheit beim Erwachsenwerden. In diesem Abschnitt, den alle bloß als *Pubertät* betitelten, ging es nicht nur um Hormone, wachsende Brüste oder das erste Mal seine Tage zu bekommen. Es ging darum zu begreifen, dass es nicht jeder gut mit uns meinte. Dass wir selbst für unsere Fehler verantwortlich waren.

Es ging darum zu akzeptieren, dass diese Welt nicht in Schwarz oder Weiß teilbar war. Wir lernten schmerzlich die Grauzonen kennen.

Und jeder von uns wünschte sich früher oder später, wieder so unbeschwert wie ein Kind zu sein.

Seufzend setzte ich mich schließlich in den Sessel neben Fabienne. „Es tut mir leid", entschuldigte ich mich bei ihr. „Es ist nur, ich … Emma war für mich da, als ich ganz dringend jemanden brauchte. Carmen hab ich das Schlimmste angetan, was man einer Mitschülerin nur antun kann – Und sie hat mir vergeben. Wenn ihnen etwas passiert, kann ich mir das nicht mehr verzeihen."

„Und du denkst, mir geht es anders?", fragte Fabienne mich zischend und wandte sich mir zu. Ihre Wangen waren von roten Flecken übersät, so sehr versuchte sie nicht zu weinen. „Ich muss die ganze Zeit daran denken, wo wir jetzt wären, wenn *ich* für dich da gewesen wäre. Wenn *ich* nicht zugelassen hätte, dass du in deiner Einsamkeit versinkst! Ganz sicher wären wir nicht -"

„Moment mal", unterbrach ich sie. „Du denkst, ich wäre einsam?"

Sie nickte. „Du trägst seit Tagen den Pullover deines toten Bruders! Natürlich bist du einsam."

Natürlich bist du einsam.

Ihre Worte hallten in mir nach. Unwillkürlich musste ich an den Tag denken, als Emma sich in der Pause zu mir gesetzt hatte. Als wäre es selbstverständlich. Als wären wir schon immer Freundinnen gewesen und als hätte es nie böses Blut zwischen uns gegeben, war sie für mich da gewesen. Ich dachte an die Pausen, die wir zu Dritt auf der alten Toilette verbracht hatten, und wie mir der Gestank egal gewesen war. Nicht, weil mir seit

Tommys Tod alles egal war, sondern weil ich nicht alleine war.

Manchmal musste etwas unsagbar Schlechtes passieren, damit wir etwas wirklich Gutes fanden.

„Ich bin nicht einsam", stellte ich klar, ohne dabei feindselig zu klingen. „Ehrlich gesagt hab ich mich noch nie so wohl mit zwei Menschen gefühlt, wie mit Emma und Carmen."

Fabienne sah mich mit großen Augen an.

Vielleicht hätte sie noch etwas dazu gesagt, doch ausgerechnet jetzt kam Super-Gonzo herein, gefolgt von seinem Kollegen Kommissar Blume. Mit einem Zettel in der Hand setzte er sich auf den noch freien Sessel, sein Kollege schloss leise hinter sich die Tür und blieb dort stehen.

„Ich habe mich mal schlau gemacht", erzählte Kommissar Gonzales uns. „Im System gibt es einen Elias Heilmann, der mit 13 Jahren einmal dabei erwischt worden war, wie er im Supermarkt etwas klauen wollte. Ist er das?" Er zeigte eine Fotografie von einem Jungen mit schwarzen Haaren und grünen Augen.

Auf dem Bild war er noch ein Kind. Nur unwesentlich jünger als ich heute. Dennoch war sein Blick leblos, seine grünen Augen ohne jeden Glanz.

Ich nickte. „Das ist er."

„Der Junge wuchs bei verschiedenen Pflegefamilien auf", erzählte Gonzales uns und legte das Foto auf den kleinen, runden Tisch in der Mitte. „Seine leibliche Mutter gab ihn 3 Monate nach seiner

Geburt an ihre Schwester, die keine eigenen Kinder bekommen konnte. Mit 5 Jahren setzte sie ihn vor einem Kinderheim aus. Nach eigenen Angaben hieß es, sie hätte Angst vor dem Jungen. Da die Frau selbst geistig labil war, kam sie in psychiatrische Obhut und der Junge ins Heim, wo er eben von verschiedenen Pflegefamilien genommen, aber immer wieder zurückgebracht wurde. Als er 8 Jahre alt war und – haltet euch fest – 19 Pflegefamilien durch hatte, meldete sich seine leibliche Mutter beim Kinderheim und nahm ihn zu sich. Dort blieb er auch nur ein paar Monate, bis er von zu Hause weglief und wieder vor dem Kinderheim auftauchte. Er sagte, seine Mutter wäre eine ganz schreckliche Frau, die einen Ordnungsfetisch hatte und seine kleine Schwester – das Mädchen wurde wohl 1996 geboren – misshandelte. Das Heim informierte das Jugendamt, doch die konnten keine Misshandlung feststellen, auch schien das Haus seiner leiblichen Mutter für Kinder gut geeignet. Nach dieser Anschuldigung wollte seine Mutter ihn nicht mehr zu sich holen und Elias blieb vorerst im Heim."

„Wie schrecklich!", hauchte Fabienne und schlug sich fassungslos ihre Hände vor den Mund.

„Eine miese Kindheit entschuldigt kein mieses Verhalten", konterte ich unberührt und fragte: „Wenn er so oft herum gereicht wurde, wie kann es dann sein, dass er immer in der Nähe von Neustadt-Hausen blieb?"

„Mit 6 Jahren wurde er in Regenhain in die

Grundschule eingeschult. Seine Betreuerin vom Jugendamt hielt es für das Beste, ihn in dieser gewohnten Umgebung zu lassen, wodurch er immer zu Pflegefamilien in der Umgebung kam." Gonzales schaute sich die Notizen auf seinem Zettel an. „Man hoffte, der Junge könnte Halt in einer gewohnten Umgebung wie seiner Schule finden, wurde dort jedoch oft von Mitschülern gehänselt."

„Woher haben Sie eigentlich die ganzen Infos?", wollte ich wissen.

Ein triumphales Grinsen huschte über Kommissar Gonzales' Lippen. „Sagen wir einfach, mir schuldeten diverse Leute noch einen kleinen Gefallen."

„Mit der besagten Betreuerin hatte er mal geschlafen!", fügte sein Kollege schelmisch hinzu.

Ich verzog mein Gesicht, als hätte ich Schmerzen. „Das sind Dinge, von denen ich nichts hören will!"

Fabienne ließ ihre Hände wieder in ihren Schoß sinken und räusperte sich. „Ich schätze, all das bringt uns nicht weiter."

„Nicht ganz", entgegnete Gonzales ernst. „Wir können ihn so aber besser einschätzen. Wir können ihn zwar nicht lokalisieren, aber jetzt wissen wir wen wir fragen können, der vielleicht eine Ahnung von seinen Lieblingsorten hat."

„Das klingt alles ziemlich langwierig!", stöhnte ich auf. „Was ist, wenn wir so viel Zeit nicht mehr haben?"

„In erster Linie müssen wir alle die Ruhe bewahren", antwortete Kommissar Blume. „Es hilft uns nichts, die Fassung zu verlieren und -"

In diesem Augenblick wurde die Tür aufgerissen und eine junge Brünette in Polizeikleidung trat ein. „Fabricio?", bellte sie aufgeregt. „Hier hat gerade ein Justus Jäger angerufen und gesagt, dass seine beste Freundin Emma und ein Junge namens Timon vermutlich in einem Haus festgehalten werden. Er konnte sich nicht mehr an den Straßennamen erinnern, sagte aber etwas von einer Villa."

„Die alte Jagdvilla!", quiekte Fabienne auf. „Die steht leer, meine Mutter wollte die Besitzer fragen, ob sie sie nicht verkaufen würden. Die ist irgendwo in Regenhain … Schwanenstraße oder so!"

„Es gibt in dem Kaff eine Straße, die Schwanenallee heißt", kommentierte Kommissar Blume.

Super-Gonzo und ich standen zeitgleich auf. Als er meine Geste verstand, schüttelte er seinen Kopf und sagte mit einer Stimme, die keinen Widerspruch duldete: „Wir wissen nicht, was uns erwartet. Ihr bleibt hier!"

„Aber -"

„Kein Aber!"

Emma

„Die große Sache … ist alles!", antwortete Elias großspurig. „Alles, worauf Tommy und ich hinarbeiteten. Alles, woran wir wirklich glaubten. Seit Jahren verfolgten wir diesen Plan!"

Zum ersten Mal leuchteten seine Augen. Worum

auch immer es ging, es war für ihn wirklich wichtig.

„Das beantwortet meine Frage nicht", entgegnete ich schlicht.

Er schnalzte genervt mit der Zunge. „Das ihr Gören von heute immer so hetzen müsst!" Lautstark ließ er die Eisenstange fallen und kam auf mich zu. Ich widerstand dem Impuls, zurück zu schrecken.

„Ich langweilte mich!" Mit diesen Worten entfernte er sich wieder von mir, ohne mich aus den Augen zu lassen. „Gleichaltrige Kinder waren so … kindisch und naiv. Ich wollte nie meine Zeit mit denen verschwenden. Ich war so viel besser als die!"

Seine Erinnerungen schienen ihn zu quälen, zumindest ballte er seine Hände zu Fäusten. „Nach der Schule setzte ich mich meistens an einen See. Irgendwann kam ich zu einem Ärztepaar. So gelangte ich an mein erstes Skalpell. Es lag einfach so herum und ich dachte an all die Dinge, die man damit aufschneiden könnte!"

Ich biss mir auf die Unterlippe um mich daran zu erinnern, keine Angst zu haben. Das Gruseligste war noch nicht einmal was er sagte, sondern das Glänzen seiner Augen.

„Ich hab es geklaut. Und bin damit zu dem See gegangen, der hier in der Nähe ist", fuhr er ruhiger fort. „Es fing mit Fröschen an, aber ich stellte mich unglaublich dämlich an. Entweder brachte ich sie schon beim ersten Schnitt um oder sie sprangen mir wieder aus der Hand, so glitschig, wie die waren."

Unwillkürlich musste ich schaudern. Allmählich

wurde mir klar worauf er hinaus wollte, doch ich verdrängte den Gedanken. So grausam konnte einfach kein Mensch sein.

„Irgendwann in diesem Zeitraum lernte ich Tommy kennen. Er war noch so wunderbar formbar gewesen! Ich überzeugte ihn von meiner Idee und er half mir. Meistens hielt er die Frösche fest, während ich schnitt. Gemeinsam informierten wir uns über die Anatomie und ein halbes Jahr später schafften wir es endlich. Wir konnten einem Frosch die einzelnen Organe entnehmen, ohne andere zu verletzen."

Sobald er es ausgesprochen hatte, wurde es real. Vor meinem inneren Auge sah ich zwei kleine Jungs, die winzige Därme und Herzen in ihren Händen hielten. Mir wurde schlecht. Timon neben mir grunzte auf. Eine solche Geschichte ging wohl an niemandem spurlos vorbei.

Als ich meinen Mund öffnete, um die nächste Frage zu stellen, hob Elias warnend einen Zeigefinger. „Ich bin noch nicht fertig!"

Ich schloss meinen Mund wieder und versuchte, mich so gut wie möglich seelisch vor dem zu wappnen, was nun kommen würde.

„Wir fingen mit Fröschen an", wiederholte er und die Erinnerung zauberte ihm sein halbes Lächeln ins Gesicht. „Ein paar Wochen perfektionierten wir unsere Griffe noch, dann wurde auch das sehr schnell langweilig. Wir beschlossen, uns etwas Größeres zu suchen, und stahlen meiner damaligen Pflegeschwester ihr Meerschweinchen. Wir befassten uns eingehend mit der Anatomie dieser Tiere, dann schnitten wir es auf. Dieses Mal klappte es schon beim ersten Versuch." Er stellte sich vors Fenster, als würde er so seine Erinnerungen wie einen Film draußen ablaufen sehen können. „Wir wollten mehr. Immer mehr. Ich weiß nicht mehr genau wann, aber eines Tages brachte Tommy Moritz mit. Er war fasziniert von unserer Sache und bat mich, sich uns anschließen zu dürfen. Natürlich sagte ich ja." Mit einem kaum merklichen Kopfschütteln wandte er sich wieder mir zu. „Vor einem Jahr waren unsere Fähigkeiten denen eines Chirurgen gleich. In uns allen keimte der Wunsch, endlich an einem echten Menschen unsere Fähigkeiten auszuprobieren. Das ist die große Sache!"

Er musterte mich aufmerksam, als hoffte er auf meine Anerkennung. Ich konnte nur Abscheu für ihn empfinden. „Du bist dran", erinnerte er mich wieder mit seiner monotonen Stimme.

Wortlos zog ich meine Socken aus und warf sie zu meinen Schuhen. Als meine Füße den kalten Boden berührten fröstelte ich.

„Was waren das für Typen, die dich gestern überwältigt haben?", fragte ich weiter.

Enttäuschung huschte über Elias' Gesicht, als hätte er mit einer spannenderen Frage gerechnet. „Irgendwelche Russen, deren Schwester ich gevögelt hatte. Sie waren unwichtig." Er unterstrich seine Worte mit einer wegwerfenden Handbewegung.

Okay, die Antwort hatte ich mir auch irgendwie

spektakulärer vorgestellt. Mit Schrecken stellte ich fest, dass es nicht mehr viel gab, was ich ausziehen könnte ... Meine Wahl fiel vorerst auf den Gürtel. Schweigend zog ich ihn heraus und warf ihn zu meinen anderen Sachen. Gleichzeitig stieß ich ein Stoßgebet gen Himmel, Justus möge Hilfe suchen. Viel Zeit hatte ich nicht mehr.

Und nach einem Blick auf Timon, der immer blasser wurde, schloss ich, er auch nicht.

Ich musste meine Fragen besser überdenken.

Die große Sache. Alles in Elias' Leben schien sich darum zu drehen. Vielleicht ...

„Was hat Carmen mit der großen Sache zu tun?"

Ich stocherte blind in einen riesigen Haufen hinein. Konnte mir nicht sicher sein, dass die Antwort darauf besser wäre als die Letzte.

Doch Elias grinste sein schmieriges Halb-Lächeln. Ein gutes Zeichen. „Vor einem Jahr beschlossen wir, einem Menschen die Organe zu entnehmen", wiederholte er mit seiner viel zu tonlosen Stimme. „Um fair zu bleiben wollten wir auslosen. Moritz und Tommy schrieben alle Namen der Mädchen aus ihrem Jahrgang und dem unteren auf Zettel und warfen diese in einen Topf. Ich loste aus. Meine Wahl traf auf Carmen. Also setzte ich Tommy auf sie an. Sie sollte zumindest *einem* vertrauen, damit es für uns einfacher werden würde, sie hierher zu locken. Während er sich darum kümmerte, besorgte ich das Narkosemittel. Du ahnst gar nicht, was für ein schwieriges Unterfangen das war! Skalpelle sind da leichter zu bekommen.“

Ich musste unwillkürlich schaudern. Es ist so: Manchmal konnten wir eine Geschichte nicht glauben, weil sie zu absurd war. Und manchmal glaubten wir eine Geschichte, gerade *weil* sie so absurd war.

In diesem Falle wusste ich nicht, wem ich glauben sollte. Carmen, die fest davon überzeugt war, dass Tommy sie geliebt hatte, oder Elias, der behauptete, er hätte es ihr nur vorgespielt.

Ich war so hin und her gerissen, dass ich über die eigentliche Bedeutung seiner Worte erst jetzt nachdachte.

Es fiel mir wie Schuppen von den Augen. „Wo ist Carmen?!“, fragte ich inbrünstig, meine Stimme einige Oktaven zu hoch. Jedes einzelne Wort betonte ich.

„Unten“, antwortete Elias, als wäre diese Unterhaltung völlig normal. „Ich bin kein Unmensch, also lasse ich dir die letzte Frage mal so durchgehen. Du musst dennoch ein Teil ausziehen.“

„Emma, nicht ...“, wimmerte Timon neben mir.

Ich schaute zu ihm. Er war blass, seine Augen halb geschlossen. Seine Kopfwunde blutete noch immer.

Irgendwo hatte ich mal gelesen, das Kopfwunden immer stark bluteten, selbst wenn es nur halb so schlimm war. Dennoch verlor er meines Erachtens nach zu viel Blut.

Ich zog mein T-Shirt aus, behielt es aber in der Hand. An Elias gewandt sagte ich: „Ich werde das hier auf

Timons Wunde drücken. Er soll nicht verbluten." Ohne auf eine Reaktion zu warten, kniete ich mich vor ihm nieder und drückte ihm den weißen Stoff auf die Wunde. Seine Lider flatterten auf, suchten meinen Blick. So gut es ging versuchte ich, hoffnungsvoll zu lächeln.

Ich konnte ihm nicht sagen, dass alles gut werden würde. Aber ich konnte ihm zeigen, dass ich noch immer auf das Beste hoffte.

„Du musst das festhalten", murmelte ich, nahm seine freie Hand und führte sie zu dem Shirt.

Obenrum nur noch im BH bekleidet, stand ich wieder auf und wandte mich Elias zu. Sein Blick wanderte über meinen Körper. Ihm schien zu gefallen, was er da sah.

Unwillkürlich schlang ich meine Arme um mich, um meinen Körper vor seinen Blicken zu schützen. Mir gefiel diese Situation ganz und gar nicht, aber immerhin wusste ich, dass Carmen unten auf uns wartete. Nur noch ein bisschen länger, und ich war mir sicher, wir würden wieder in unsere alten Leben schlüpfen können.

Es gab nur noch eine Sache, die ich beantwortet haben wollte. „Du hast gesagt, Tommy hätte die große Sache verraten. Jetzt klingst du aber so, als hätte er sich an die Regeln gehalten. Was ist passiert?"

„Ganz einfach: Er hat sich *nicht* an die Regeln gehalten." Elias' Halb-Lächeln verschwand, das unnatürliche Leuchten seiner Augen erlosch.

„Irgendwann kam er zu mir und sagte, er hätte sich in dieses dumme Ding verliebt. Er bat mich, neu zu wählen. Als ich dagegen war sagte er, er würde ein neues Mädchen finden. Irgendeine Jenny oder so. Aber das konnte ich nicht zulassen. Regeln müssen befolgt werden. Wir haben uns für Carmen entschieden und sie *musste* es sein. An dem Abend, als er starb, beauftragte ich Moritz damit, sich mit ihr zu treffen und sie zu mir zu bringen. Tommy bekam davon Wind. Er tauchte bei mir auf, wollte wissen, wo sie waren. Ich verriet nichts. Stattdessen sagte ich ihm, er müsse schon selbst nach diesem unwichtigen Mädchen suchen. Ich kannte Tommy. Er war mein *Bruder*. Ich wusste, dass er auf dem schnellsten Weg zu ihr gelangen wollte, also stahl er meine Autoschlüssel. Ich hatte das Auto bereits präpariert, das Tagebuch lag im Handschuhfach. Wie erwartet klaute er mein Auto und fuhr los. Den Rest kennst du, schätze ich."

„Du hast die Bremsleitungen durchgeschnitten", schlussfolgerte ich. Ein anderer Gedanke kam mir. „Moritz hat Carmen an jenem Abend nichts angetan!"

„Weil er ein Schwächling ist!" Er zuckte mit seinen Achseln. „Ich gab ihm eine letzte Chance, diese hat er Gott sei Dank genutzt."

„Dann hat er Carmen gestern Abend entführt?"

„Ist das eine Frage?" Er deutete auf meine Hose. „Wenn ja, da fehlt vorher noch etwas."

Ich schluckte. Timon neben mir wimmerte abermals.

Ich hatte keine andere Wahl.

Wie in Zeitlupe machte ich mich an meinem Hosenstall zu schaffen.

Elias beobachtete mich gierig.

Plötzlich war ein lautes Geräusch zu hören, eine Art Knallen, gefolgt von einem lauten Aufschrei.

Ich erstarrte. Elias' Gesichtsausdruck wurde kalt und glatt. In einer geschmeidigen Bewegung griff er nach der Eisenstange. „Ihr bleibt hier", befahl er noch, ehe er den Raum verließ.

Ich wartete noch ein paar Sekunden, dann stürzte ich mich in die Ecke und holte die Schlüssel. Hastig rannte ich zurück zu Timon und schloss mit zitternden Händen seine Kette auf. Unten waren Geräusche zu hören. Laute Stimmen, deren Worte ich nicht verstehen konnte.

Ich zog mir schnell mein Shirt über, dann half ich Timon beim Aufstehen. Gegen mich gestützt, stolperten wir durch den Raum.

Wir schafften es bis zur Treppe, dann ertönte ein viel zu lautes Geräusch. Ein Schuss. Meine Ohren klingelten.

Ich verlor mein Gleichgewicht und stolperte, Timon fiel mit mir zusammen auf die Treppe und wir kullerten unsanft die ersten Stufen herunter.

„Emma!", hörte ich Timon meinen Namen rufen.

Ich schaute auf. Doch mein Blick landete auf Elias, der in der Eingangshalle stand und seine Hände hob. Vor ihm stand ein Polizist, er kam mir bekannt vor, und richtete eine Pistole auf ihn. „Ich ergebe mich!", sagte Elias laut und deutlich.

Es war vorbei. Ich warf einen Blick über die Schulter zu Timon. Er sah zwar nicht gut aus, aber er war am Leben.

Unwillkürlich musste ich lächeln. Tränen stiegen in meine Augen. „Es ist vorbei!", hauchte ich glücklich. Zur Antwort zogen sich seine Mundwinkel zu einem erschöpften Grinsen hoch.

„Ich werde zu Carmen gehen", verkündete ich und kam wacklig auf meine Beine. Mehr schlecht als recht stolperte ich die restlichen Stufen herunter. Ein weiterer Polizist legte Elias gerade Handschellen an.

Der Typ, der die Waffe auf ihn gerichtet hatte, stellte sich mir plötzlich in den Weg. *Blume*, erinnerte ich mich wieder. Sein Name war Blume. Er war Fabricios Kollege. Ich hatte in einem früheren Leben mal mit ihm bei den Gonzales zu Abend gegessen.

Aber wo war Carmens Vater?

„Mädchen, du blutest", sagte er schlicht und streckte einen Arm nach mir aus.

„Das ist nicht mein Blut. Ich will zu Carmen!", erklärte ich ihm, doch Kommissar Blume schüttelte seinen Kopf.

Hinter ihm konnte ich in den Flur sehen, der zur Küche führte. Und dort, ganz hinten, lag jemand auf dem Bauch.

Ich runzelte die Stirn. Wer sollte freiwillig in einem Flur auf dem Bauch liegen?

Da trat plötzlich Fabricio aus der Küche. Sein dunkler Teint war blass, beinahe weiß wie Schnee.

Als er seinen Kopf hob, begegneten sich unsere Blicke.

Es gab Momente, da brauchte man keine Worte. Ich verstand ihn auch so.

Ich wollte es aber nicht glauben.

„Nein!", schrie ich und lief los. Kommissar Blume wollte nach mir greifen, wollte mich aufhalten, doch ich duckte mich einfach unter seinem Arm hindurch. Fabricio trat einen Schritt zurück und ließ mich vorbei.

Ich achtete nicht auf den Menschen, der am Boden lag. Der beißende Gestank nach Desinfektionsmittel und etwas anderem stieg mir wieder in die Nase, noch bevor ich die Küche betrat.

Ich lief einfach hinein, in diesen Raum.

Der Tod hatte einen eigenen Geruch. Es wurde mir erst klar, als ich die Küche betrat.

Dieser andere Geruch – Das war der Tod gewesen.

Carmen.

Sie war nackt. Splitterfasernackt. Ihre Haut grau, ihr schwarzes Haar zurückgekämmt. Ihre farblosen Lippen leicht geöffnet, als wollte sie einen letzten Atemzug nehmen, ihre Augen geschlossen. Eine fleischige Narbe, eine Art Y, zierte ihren Körper. Neben ihr standen auf dem Tisch, auf dem man sie festgeschnallt hatte, mehrere gefüllte Einmachgläser.

Mit einem dumpfen Aufschrei fiel ich auf meine Knie.

Alles um mich herum wurde unklar. Geräusche und das Stimmengewirr nahm ich nur noch wie durch

Watte wahr.

Ich war zu spät. Die ganze Zeit über, in der ich glaubte, es gäbe noch eine Chance, hatte sie hier gelegen, entblößt, für Eindringlinge sichtbar.

Irgendjemand kam zu mir. Redete auf mich ein. Ich konnte nicht zuhören.

Stattdessen stand ich auf und wankte zu ihr. Zu diesem toten Körper, der einst meiner besten Freundin gehört hatte. Unterm Tisch entdeckte ich ein dreckiges Tuch. Ohne nachzudenken griff ich danach und bedeckte damit ihre Scham.

Dann brach ich zusammen.

Kapitel Zehn

Fabienne

Wir besuchten Emma am Abend im Krankenhaus.

„Sie soll eine Nacht zur Beobachtung bleiben", teilte uns ihre Mutter Svea vor ihrem Krankenzimmer mit. „Ich gehe eben in die Cafeteria und esse ein wenig. Ihr könnt ja versuchen, sie ein wenig … aufzuheitern."

Man konnte ihr anhören, wie wenig Erfolgschancen sie uns zurechnete. Dann ließ sie uns alleine.

„Ich mag Frau Gold", sagte ich zu Isabel.

Sie nickte. „Sie ist echt in Ordnung." Dann drückte sie die Klinke herunter und betrat den Raum.

Emma war nicht alleine. Sie lag in dem Bett der Tür am nächsten und schaute kurz auf, als wir den Raum betraten. Lächeln tat sie nicht.

In den zwei anderen Betten lagen ebenfalls Mädchen, ein ziemlich junges mit Glatze und ganz hinten am Fenster ein Dunkelhäutiges. Beide begrüßten uns, als wir hereinkamen.

Leise schloss ich die Tür hinter mir. An Emmas Bett standen zwei Stühle, auf die Isabel und ich uns setzten.

Svea hatte uns bereits über ihren Zustand informiert. Abgesehen von ein paar blauen Flecken, die sie sich beim Sturz von einer Treppe zugezogen hatte, ging es ihr gut. Körperlich zumindest.

Ich wollte mir nicht vorstellen, wie es in ihr drinnen aussehen mochte.

Wir hatten von Carmen gehört. Bis die Einsatzkräfte wieder zurück gewesen waren hatten wir im Präsidium gewartet. Kommissar Blume hatte uns alles erzählt.

Er erzählte uns von Moritz, den sie erschießen mussten, weil er wie ein Irrer mit einem Skalpell auf sie zugerannt war, und von Elias, der sich mit erhobenen Händen ergeben hatte. Und natürlich von Carmen, und dass man ihr die Organe entnommen hatte.

Jedes Mal, wenn ich darüber nachdachte, zuckte ich unwillkürlich zusammen.

Ich hatte sie nicht gut gekannt. Ich hatte nicht das Recht, mich wegen ihres Todes schlecht zu fühlen.

Dennoch tat ich es. So zu enden … Das hatte niemand verdient. Nicht einmal der schlimmste Straftäter sollte so brutal verenden.

„Habt ihr was von Timon gehört?", fragte Emma leise. Ihre Stimme klang mehr wie das Krächzen einer Krähe.

„Er ist auch hier auf der Station", antwortete Isabel behutsam. „Seine Wunde wurde genäht und er hat eine Gehirnerschütterung, aber er wird wieder. Versprochen."

Emma nickte, dann wandte sie ihr Gesicht von uns ab und schloss ihre Augen.

Noch nie hatte ich jemanden verloren, der mir

wichtig war. Ich hatte mich immer gefragt, wie es sich anfühlte.

Wenn es nur halb so schlimm war, wie einen Menschen beim Trauern zu beobachten, betete ich zu Gott, mir möge dieses Wissen erspart bleiben. Ich konnte Emma ansehen, wie sehr sie litt. Am liebsten hätte ich sie umarmt, wenn das irgendetwas genützt hätte; ich hätte alles getan, um es ihr ein wenig leichter zu machen.

Ich konnte ihr Leid nicht mitansehen.

Dennoch blieb ich hier. Ich streckte sogar meinen Arm aus und legte meine Hand auf ihre. Es dauerte eine Weile, dann erwiderte sie meine Berührung und verschränkte ihre Finger mit meinen. Eine stille Träne lief ihre Wange hinab.

Niemand sagte ein Wort.

Darin zeichnet sich wahre Freundschaft aus, stellte ich überraschend fest. Es ging nicht immer darum, sich in schweren Zeiten zum Lachen zu bringen und den Schmerz vergessend zu machen.

Manchmal, wie heute, ging es darum, gemeinsam zu trauern.

Später holte mich Percy vom Krankenhaus ab. Ich hatte ihm eine Nachricht geschrieben. Er wartete bereits vor dem großen Gebäude auf mich, als ich hinaustrat.

Sein Blick verriet Bekümmernis. „Ich hab es schon gehört", begrüßte er mich mit einem traurigen Unterton. „Es kam in den Abendnachrichten." Er trat gegen einen Kieselstein. „Echt unglaublich, wie schnell unser Lokalsender reagiert. Die kreisen wie die Geier um uns herum und warten doch nur auf die nächste Tragödie!"

Ich blieb vor ihm stehen. Sein braunes Haar stand wie immer in alle Richtungen ab, seine dunkelgrüne Jeans war ausnahmsweise noch heile. Auf einmal musste ich an Carmen denken und an all die Möglichkeiten, die Elias ihr genommen hatte.

Ich mochte Percy. Ich wusste es seit unserer ersten Begegnung an der Brücke. Ich wusste es mit dem Kribbeln in meinem Bauch, wenn ich nur an ihn dachte. Ich wusste es mit einer Gewissheit, die ich noch nie in meinem bisherigen Leben verspürt hatte.

„Jenna hat mir erzählt, du wärst einer dieser Arschlöcher, die jede Woche eine andere haben", sagte ich, ohne auf seine Worte einzugehen. Er schaute auf. Als sich unsere Blicke trafen, fuhr ich fort. „Und sie hat gesagt, dass du mal versucht hast dich umzubringen. Deswegen hab ich mich nicht mehr bei dir gemeldet. Ich hab ihr geglaubt."

„Und jetzt tust du das nicht mehr?"

„Ist irgendetwas davon denn wahr?"

Seine sturmblauen Augen sahen mich eingehend an. Dann kam er auf mich zu. Ehe ich wusste was geschah, umfasste er mit seinen weichen Händen mein Gesicht und küsste mich.

Hier, vor dem Krankenhaus, in dem Isabel noch an Emmas Bett saß.

Es war mein erster Kuss. Schmetterlinge tanzten in

meinem Bauch Tango. Es war, als würde ein Feuerwerk in mir hochgehen.

Der Kuss dauerte nicht lange. Als er seine Lippen von meinen löste, suchte er meinen Blick. „Warum suchst du dir nicht deine eigene Wahrheit?"

Ich lächelte ihn an. „Okay", war alles, was ich dazu sagte. Ich löste mich aus seinem Griff und nahm seine Hand in meine. Es war nicht wichtig, was Jenna sagte.

Es zählte nur dieses unglaubliche Gefühl in mir, welches sein Kuss ausgelöst hatte.

Was wirklich zählte, war die Zukunft vor uns.

Isabel

Ich ging, sobald Emma eingeschlafen war. Svea wollte bleiben, für Notfälle. Sie war nicht gut darin loszulassen, stellte ich fest. Allerdings befahl sie mir nach Hause zu gehen und auszuschlafen, sonst wäre ich vermutlich länger geblieben.

Ich wollte nicht nach Hause. Im Grunde genommen hatte ich ja gar kein Zuhause. Der Ort, an dem ich bisher gelebt hatte, war nicht mehr der Ort, an dem ich mich geborgen fühlte. Meine Mutter hockte in einer Psychiatrie, mein Bruder war tot. Und Ingrids Wohnung könnte ich nicht einmal im Traum als Zuhause betrachten.

„Ich hab deinen Vater angerufen, er kommt dich abholen", teilte mir Svea im Flüsterton mit.

Nickend nahm ich meine Tasche. „Wenn sie wieder

aufwacht … Sagen Sie ihr bitte, dass es mir leid tut. Und dass ich sowieso irgendwann vor ihrer Haustür auftauchen werde, also kann sie sich auch gleich bei mir melden, wenn sie aus dem Krankenhaus entlassen wird."

Ein schwaches Lächeln umspielte Sveas Lippen. „Ich werde es ihr ausrichten."

Mein Vater wartete in seinem Mercedes auf dem Krankenhausparkplatz. Ich konnte sehen, dass er telefonierte. Kurz bevor ich die Beifahrertür öffnete, steckte er sein Mobiltelefon weg.

„Wer war das?", fragte ich und ließ mich auf dem Sitz nieder. Meine Schultasche warf ich unsanft in den Fußraum. Schulaufgaben waren mir gerade ziemlich egal.

„Wie geht es dir, mein Schatz?", fragte mein Vater, statt zu antworten.

Ich zuckte mit den Schultern. „Emma muss nur zur Beobachtung im Krankenhaus bleiben. Ihre Mutter meinte, dass sie wahrscheinlich morgen schon wieder entlassen wird. Sie hält sich gut, schätze ich."

„Das beantwortet meine Frage nicht ganz", entgegnete er und schaltete den Motor an.

Ich wollte ihm auch keine Antwort geben. Carmen war nicht mehr am Leben. Ich wusste keine Einzelheiten, aber angeblich hatte dieses Monster namens Elias Heilmann ihre Organe entnommen. Sie ausgeweidet wie ein Tier.

Kein Wunder, dass Emma nicht sprechen wollte. An

ihrer Stelle hätte ich mich in einen dunklen Raum eingesperrt und wäre nie wieder mach draußen gekommen.

Es war meine Schuld. Der Tag, an dem ich Carmen vor allen anderen beschuldigt hatte, kam mir unendlich weit weg vor. Ich wünschte, ich könnte die Zeit zurückdrehen, dann hätte ich sie niemals so bloßgestellt. Ich hätte sie nicht mit reingezogen.

„Du hast mir auch nicht geantwortet", meinte ich und lehnte mich im Sitz zurück, während mein Vater gekonnt ausparkte.

„Das war die Klinik", antwortete er, als wir eine Schranke erreichten. Er bezahlte seinen Parkaufenthalt und als die Schranke sich öffnete, fuhr er weiter. „Genauer gesagt: Der behandelnde Arzt deiner Mutter." Er atmete tief ein uns aus. „So wie es aussieht trifft diese ganze Sache deine Mutter sehr. Ich ... Ich möchte ehrlich mit dir sein, Isabelchen."

Als er mich so nannte, musste ich ihn ansehen. So hatte er mich als Kind immer genannt, wenn ich bei Gewitter ängstlich zu meinen Eltern ins Bett gekrochen war.

Sein Blick war weiterhin auf die Straße vor uns gerichtet. „Vom jetzigen Standpunkt aus kann ihr Arzt nicht sagen, wie lange sie noch in der Klinik sein wird. Es könnten nur ein paar Wochen sein, aber auch Monate. Er weiß auch nicht, ob sie sich jemals ganz erholen wird."

Jemals ganz erholen.

Seine Worte hallten in meinen Ohren nach. Ich schaute aus dem Fenster, betrachtete die vorbeiziehenden Bäume. Ließ meinen Blick hoch gen Himmel wandern, wo die Wolken von der untergehenden Sonne orange angestrahlt wurden.

Wie konnte es sein, dass Menschen so unterschiedlich auf ein und dasselbe Ereignis reagierten? Wie konnte meine Mutter so sehr die Fassung verlieren, während mein Vater klar zu kommen schien?

„Ich kann nicht alleine leben", stellte ich fest, ohne den Blick von den ziehenden Wolken abzuwenden. Wir waren schneller als sie. „Ich kann nicht kochen. Und ich weiß nicht, wie man die Waschmaschine bedient. Meine Hausaufgaben mache ich auch nur, wenn mich jemand zwingt und daran erinnert, dass ich nicht in einem Fast-Food-Restaurant enden will."

„Das hat deine Mutter doch auch nie gemacht."

„Aber Tommy."

„Oh ..." Er bog an einer Kreuzung rechts ab, von der ich ganz sicher wusste, dass wir links fahren mussten.

„Du bist falsch", stellte ich klar. „Du fährst gerade Richtung Silbersee, aber wir müssen in die entgegengesetzte Richtung."

„Dir ist klar, dass ich nicht zulassen werde, dass du alleine in einem so großen Haus lebst, oder?", entgegnete mein Vater, ohne auf meine Einwände einzugehen. „Ich glaube, das ist rechtlich gar nicht möglich. Nicht in deinem Alter."

„Nur um eins klarzustellen: Ich werde nicht in

Ingrids Wohnung ziehen. Nur über meine Leiche!"

Als mir klar wurde, was ich soeben gesagt hatte, konnte ich es selbst nicht ganz fassen. „Ich meine, die Wohnung ist für uns Drei einfach zu klein."

Wir fuhren an der Einfahrt zu Emmas Haus vorbei. „Du bist übrigens immer noch falsch, nur für den Fall dass du vergessen hast, wo wir hin müssen."

„Deine Mutter und ich haben das gemeinsame Sorgerecht. Und das bedeutet, dass ich entscheiden kann wo du wohnst, falls sie ausfällt", erklärte mein Vater.

Ein mulmiges Gefühl nistete sich in meiner Magengrube ein. Unwillkürlich musste ich an Elias denken und wie er als Kind herumgereicht worden war, als wäre er bloß eine Puppe. Würde ich so enden wie er?

„Willst du mich abschieben?"

Just in diesem Augenblick bog mein Vater durch ein offenes, großes Tor auf eine lange Einfahrt, die von Birken umsäumt war. „Abschieben?", wiederholte er und grunzte. „Ach komm, Isabel, so ein schlechter Vater bin ich nun auch nicht."

Am Ende der Einfahrt stand ein großes Haus im viktorianischen Stil. Die Veranda und der Balkon, den ich aus dem Auto heraus sehen konnte, waren mit einem weißen Zaun umsäumt, die Holzfassung des Hauses blau gestrichen. Auf der anderen Seite des Balkons war ein Rundturm mit einem spitz zulaufenden Dach.

„Was genau machen wir hier?", fragte ich; unsicher,

ob ich neugierig oder abweisend sein sollte.

Mein Vater parkte vor einer geschlossenen Garage mit einem passend zum Zaun weißen Tor. Noch bevor ich weitere Fragen stellen konnte stieg er aus. Ich tat es ihm gleich, ließ meine Schultasche allerdings im Auto. Mein Vater lief um seinen Wagen herum, wandte sich mir zu und ging rückwärts aufs Haus zu. „Du hast Recht", bestätigte er. „Ingrids Wohnung ist viel zu klein für uns Drei. Früher oder später hätten wir uns sowieso etwas Größeres gesucht. Warum nicht gleich? Ich dachte, es wäre der perfekte Zeitpunkt!" Er breitete seine Arme aus, grinste breit. „Heute Nachmittag habe ich den Kaufvertrag unterschrieben."

Ungläubig schüttelte ich meinen Kopf. Als mein Anzug tragender Vater anfing, sich wie ein kleines Kind im Kreis zu drehen und in den Himmel empor rief: „Ich hab dieses Haus gekauft!", musste ich kichern. Noch nie hatte ich ihn so gesehen.

Er hielt inne, betrachtete mich. „Na los!", rief er und streckte seinen Arm nach mir aus.

„Oh nein, ganz sicher nicht!"

Doch da griff er bereits nach meinen Händen, zog mich an sich und tanzte mehr als unbeholfen mit mir auf unserer neuen Einfahrt.

Ohne es zu wollen lachte ich. Erst leise, dann immer lauter, bis mein Gelächter mit dem meines Vaters verschmolz. Wir tanzten über den sandigen Boden zur Seite, wo Gras wuchs. Prompt stolperte ich über seine Füße und landete mit dem Rücken zuerst auf dem Rasen.

Ich beschloss, liegen zu bleiben. Mein Vater tat es mir gleich, so außer Atem war er.

Eine Weile lagen wir einfach nur so da, nebeneinander, und schauten in den dunkler werdenden Himmel. Nach und nach verebbte unser Lachen.

„Glaubst du, er ist da oben?", fragte ich dann. Ich fühlte mich leicht und schwer zugleich.

„Ich weiß nicht", gab mein Vater seufzend zu. „Ich glaube aber, er wird immer irgendwie hier sein. Es ist Fluch und Segen zugleich, dass die Menschen, die wir verlieren, uns nie ganz verlassen." Er richtete sich halb auf und stützte sich so auf seinen Ellbogen, damit er mich ansehen konnte.

„Pass bloß auf, dein Sakko kriegt sonst Grasflecken", witzelte ich.

Er ging nicht darauf ein. „Hinterm Haus ist der Silbersee. Es gibt sogar einen Steg. Wenn mich nicht alles irrt, wohnt in dem Haus gegenüber von uns deine Freundin Emma. Also, auf der anderen Seite des Sees. Ich dachte, wir Zwei könnten einen Neuanfang gebrauchen. Deswegen habe ich das Haus gekauft. Es schien mir so anders zu sein als … alles, was wir kennen. Was meinst du?"

Ich nickte. „Neuanfang klingt toll!"

Als ich am Dienstag zur Schule ging, hatte ich einen Plan. Am Anfang der 1. Stunde sprach ich mit Herr Maßlab darüber. Er gestatte mir mein Vorhaben und während sich meine Klassenkameraden mit Gleichungen herumschlagen mussten, suchte ich das Büro unseres Schulleiters auf.

Auch er war von meiner Idee begeistert. Er zog mir die digitalisierten Kopien der letzten Schuljahrbuchfotos auf einen Stick und gab ihn mir. Damit setzte ich mich in einen der kleineren Computerräume und bearbeitete die Fotos. Danach lief ich mit dem Stick bewaffnet und mit dem *Okay* des Schulleiters, das Gelände während des Unterrichts verlassen zu dürfen, zum nächsten Drogeriemarkt und druckte die Fotos groß und in schwarz-weiß aus. Auch zwei schwarze Rahmen besorgte ich.

Zu Beginn der 2. Stunde fand ich mich in der Aula wieder. Die Sekretärin und der Hausmeister hatten inzwischen die Bilder, die Schüler gemalt hatten, abgehängt.

In der Mitte der Wand ließ ich nun die beiden Fotografien anbringen, nebeneinander. Links strahlte Tommy mit seiner Löwenmähne in die Kamera, rechts lächelte Carmen zaghaft. Ihr glattes, schwarzes Haar lag über ihrer linken Schulter. Erst jetzt fiel mir auf, wie schön sie eigentlich gewesen war.

Unter die Fotos stellte ich einen Tisch und warf eine weiße Decke darüber. Darauf stellte ich zwei große, cremefarbene Kerzen in silbernen Haltern und zündete sie an. In die Mitte stellte ich einen weiteren, kleineren Bilderrahm. Statt eines Bildes stand dort ein Zitat:

Der Tod ist der Grenzstein des Lebens, nicht aber der Liebe.

Emma

Am Dienstagmorgen wurde ich schon entlassen. Meine Mutter brachte mir frische Kleidung und nachdem ich mich angezogen hatte bat ich sie noch, kurz zu Timon zu dürfen. Sie nickte. „Ich warte vorne bei den Sitzbänken auf dich."

Nickend wandte ich mich schon von ihr ab, verließ mein Krankenzimmer und bog links ab. Er lag am anderen Ende der Kinderstation. Ich klopfte zwar an, wartete aber nicht auf ein Zeichen.

Er saß in seinem Bett und las in einem dieser Donald Duck Taschenbücher, als ich hereinkam.

„Du kannst lesen?", rutschte es mir heraus.

Zur Antwort verdrehte er seine Augen. „Ja Emma, stell dir vor, das hab ich in der Grundschule gelernt!"

Ohne es zu wollen, grinste ich ihn an. „Dir scheint es wieder besser zu gehen."

Er schlug sein Buch zu, legte es auf seinen Nachttisch und rückte zur Seite, damit ich mich zu ihm aufs Bett setzen konnte. „Ich muss mir das Zimmer mit einem Jungen teilen, der zum dritten Mal eine Chemo machen soll."

„Auweia."

„Der ist gerade mal 9! Also ja, es geht mir gut."

„Sagst du das nur, weil du dich mit dem Jungen

309

vergleichst?" Unwillkürlich schaute ich mich im Zimmer um, doch wir waren alleine. Das Bett neben ihm war leer, aber zerwühlt. „Wo ist er denn?"

Timon zuckte mit den Schultern. „Ich glaube, mit seiner Familie unterwegs. Und hey, ich vergleiche mich nicht mit dem Typen. Es ist eine Tatsache, dass er schlimmer dran ist als ich!"

Unwillkürlich wanderte mein Blick zu dem dicken Verband, der um seinen Kopf gebunden worden war. Die Schuld, ihn mit reingezogen zu haben, machte mein Herz ganz schwer.

„Nur drei Stiche", teilte er mir mit, als könnte er meine Gedanken lesen. „Ist also nur halb so wild."

„Drei Stiche und eine Gehirnerschütterung", erinnerte ich ihn trübsinnig.

„Eine *leichte* Gehirnerschütterung!"

Ich schaute weg. Ich ertrug seine Art mir gegenüber nicht. Es wäre leichter gewesen, wenn er mich von nun an hassen würde.

„Ehrlich, Emma", sagte er leise, aber betont. „Ich bin okay. Und selbst wenn nicht, dann wäre das meine Schuld. Ich wollte mit dir da reingehen. Es war meine eigene Entscheidung. Mach dir keine Vorwürfe."

„Woher willst du wissen, dass ich mir Vorwürfe mache?"

„Tust du nicht?"

Zur Antwort streckte ich ihm die Zunge raus. Es gefiel mir nicht, so leicht von ihm durchschaut zu werden. Es bedeutete, dass ich noch besser im

Vormachen werden musste.

„Wie geht es *dir*?", fragte er dann.

Ich zuckte mit meinen Schultern. „Die haben mich eben entlassen. Bin eigentlich nur noch hier, weil ich nach dir schauen wollte."

„Du solltest inzwischen wissen, dass ich dich solange weiter fragen werde, bis du mir antwortest."

„Du bist eine echte Nervensäge, weißt du das eigentlich?"

„Deswegen sind wir Freunde. Du nervst mich, ich nerve dich. Wir gleichen uns aus."

Ein klägliches Kichern drang aus meiner Kehle. Wie schaffte er das nur? Die ganze letzte Nacht über hatte ich kein Auge zu gekriegt, weil ich jedes Mal Carmens toten Körper vor mir sah, doch in seiner Gegenwart fühlte ich mich … nicht gut, aber es wurde ein bisschen erträglicher.

Schließlich kapitulierte ich und gab zu: „Ich frage mich die ganze Zeit, ob sie noch leben würde, wenn wir schneller gewesen wären. Oder wenn wir sie am Sonntag nicht alleine gelassen hätten. Oder wenn … Ich weiß nicht. Ich kann mir einfach nicht vorstellen, sie nie wieder zu sehen." Selbst ausgesprochen klang es noch immer absurd. „Wenn es mir schlecht ging hab ich sie angerufen. Einmal hatte ihr Vater einen ganz wichtigen Fall und hat mehr oder weniger im Präsidium gelebt, doch ihre Mutter war in der Zeit gerade in Spanien und hat Verwandte besucht, also zog Carmen bei mir ein. Eine Woche lang haben wir uns das Zimmer geteilt und zusammen Hausaufgaben gemacht." Ein Lächeln huschte mir über die Lippen, als ich mich daran erinnerte. „In der 6. Klasse haben wir uns zum ersten Mal so richtig heftig gestritten. Ich weiß nicht mehr genau worum es ging, aber wir haben zwei Wochen lang nicht miteinander gesprochen. Bis ich mit einem Becher voll Orangensaft über meine Füße stolperte und den gesamten Inhalt über mich ergoss. Sie hat am lautesten über mich gelacht. Im ersten Moment war ich zwar sauer, doch dann musste ich auch lachen, und so vertrugen wir uns wieder. Danach hatten wir uns nie wieder gestritten." Ungläubig schüttelte ich meinen Kopf. „Wir haben so viel gemeinsam erlebt! Und ich war mir so sicher, dass da noch so vieles auf uns zukommen würde!"

„Da kommt auch noch sehr vieles", sagte Timon sanft. „Du kannst all das, was noch kommen wird, für Carmen miterleben. Hey, Ems." Ich hob meinen Kopf, schaute ihm in die Augen. „Es ist okay zu trauern. Aber vergiss nicht diejenigen, die noch immer hier sind, bloß weil du *sie* vermisst."

Ich war mir nicht sicher ob ich ihn verstand, nickte aber.

„Und jetzt", sagte er enthusiastisch, „erzähl mir alles über Carmen, woran du dich erinnerst willst!"

Und das tat ich. Zuerst zögerte ich, dann warf ich meine Zweifel über Bord und erzählte ihm alles, was mir einfiel. Alles, was ich loswerden musste.

Als ich fertig war, fühlte sich mein Herz tatsächlich ein wenig leichter und ich war bereit, nach Hause zu gehen.

„Ach, bevor ich es vergesse", meinte ich, während ich von seinem Bett rutschte. „Ich würde dich bitten, niemandem etwas von dem zu erzählen, was Elias uns gesagt hat. Isabel soll nicht wissen, dass ihr Bruder Tiere ausgeweidet hat."

Timon schien meine Bitte nicht zu überraschen. „Ist Okay. Aber willst du ihr nicht sagen, dass er starb, weil er Carmen beschützen wollte?"

Ein trauriges Lächeln huschte über meine Lippen. „Damit sie weiß, dass ihr Bruder völlig sinnlos gestorben ist? Nein."

Ich sollte die Woche noch zu Hause bleiben, hatte der Arzt gesagt. Mich ausruhen. Stress vermeiden.

Meine Mutter nahm sich frei. Sie wachte mit Argusaugen über mir.

Am Freitag war Carmens Beerdigung. Ihre Eltern wollten nicht viele dabei haben, nur die Familie und Carmens engste Freunde. Ich war ihnen dankbar dafür.

Meine Mutter besorgte mir ein schwarzes Kleid. Nur ein einziges Mal war ich zuvor auf einer Beerdigung gewesen.

Ehrlich gesagt bekam ich nicht viel von der Beerdigung mit. Das Meiste zog einfach an mir vorbei, ohne das irgendetwas hängenblieb.

Im Anschluss traf ich mich mit Justus. Ich trug noch immer mein schwarzes Kleid. Als Erstes drückte er mich fest an sich. Kein Wort kam ihm dabei über die

Lippen.

Zum ersten Mal erlebte ich Justus sprachlos.

Wir gingen zu dem Erdloch, in dem wir früher gespielt hatten. Nachdem ich mich mit Carmen in der 5. Klasse angefreundet hatte, hatte ich sie ein paar Mal hierher mitgenommen. Bis wir zu alt dafür wurden, war es eine Art Clubhaus gewesen.

Die meiste Zeit schwiegen wir. Wir hatten das Ganze schon im Detail besprochen. Joshua wollte nicht mitkommen; erst vor ein paar Monaten war sein eigener Vater gestorben und er wollte sich einfach noch nicht der neuen Trauer hingeben.

Ich konnte ihn sogar verstehen.

Wir gruben ein kleines Loch in die feuchte Erde.

„So", verkündete ich, als ich das Loch für groß genug befand.

Justus kniete sich neben mich in die Erde. Aus seiner Jackentasche zog er zuerst eine dieser hässlich unförmigen 3D-Brillen heraus und legte sie in das ausgegrabene Loch. „Die ist von dem Mal, als sie die Einzige war, die mit mir in die 3D-Fassung von *Nightmare before Christmas* gehen wollte. Es war der erste Nachmittag, den ich mit ihr ohne dich verbrachte. Und das hier" - er holte ein Erdmännchen als Kuscheltier hervor - „ist Eddy. Sie hat ihn mir zu meinem letzten Geburtstag geschenkt." Auch Eddy landete im Loch.

Zunächst legte ich ein buntes Perlentier dazu. „Sie hat mir gezeigt, wie man Perlentiere selbst macht. Das Krokodil hier hab ich von ihr." Es folgte ein Foto von uns beiden, aufgenommen letztes Jahr, als wir mit der Klasse nach Schloss Dankern gefahren waren.

„Sie war die Beste Freundin, die man sich wünschen konnte."

Wir schütteten das Loch wieder zu und pflanzten eine Bergenie darauf.

Unser Abschied war leise, ohne große Worte.

Und gerade deshalb fühlte er sich genau richtig an.

Epilog

In Neustadt-Hausen kehrte schnell wieder Ruhe ein. So sensationsgierig wie seine Bewohner auch sein mochten, sie alle sehnten sich nach einem Skandal oder einer Tragödie stets sehr schnell wieder nach ihrer Ruhe. Niemand wollte jeden Abend in den Lokalnachrichten von den traurigen Dingen hören, die keiner verhindern konnte.

Es gab allerdings eine Familie in der überschaubaren Stadt, deren Alltag immer aufregend und spektakulär war.

Zu dieser Familie gehörte auch die vierzehnjährige Agnes, die alles andere als glücklich darüber war. Sie wusste, was die Leute hinter vorgehaltener Hand über sie erzählten. *Die sind sonderbar* war dabei noch das Netteste.

Ja, die Bewohner von Neustadt-Hausen liebten ihre Ruhe und genossen dann und wann ihre Sensationsgier, waren über alldem allerdings sehr große Tratschtanten. Dieses Phänomen war von Kleinkindern bis ins Altersheim zu beobachten. Jeder in Neustadt-Hausen liebte es, über andere herzuziehen, Gerüchte zu interpretieren und weiterzuverbreiten und Klatschblätter zu lesen.

Deshalb schaute sich die junge Agnes Ambrosius auch mehrmals um, während sie ihrer Mutter Aurelia tiefer in den nördlichen Wald folgte. Sie waren bereits so weit gelaufen, dass kein Trampelpfad mehr zu sehen war.

Agnes fröstelte es. Schon als Kind hatte sie panische Angst vor der Nacht. Die Geräusche klangen dann immer so laut und jedes Knacken hatte etwas Bedrohliches an sich.

Ihre Mutter hatte keine Angst vor der Nacht. Sie hatte generell keine Angst vor allem Natürlichem, obwohl jeder normal-denkende Mensch sie für abnormal gehalten hätte.

Denn Aurelia Ambrosius bezeichnete sich selbst als Hexe.

Damit meinte sie nicht diese klischeehaft wunderschönen Frauen, die mit einem Zauberstab herumfuchteln und die Welt retten konnten. Nein. In ihrem neu-zeitigen Verständnis besann sie sich vor allem auf Rituale, Kräuterkunde und kleinere Zauber, deren Erfolg sogar Agnes so manches Mal anzweifelte.

Ihre Mutter hatte sich allerdings in den Kopf gesetzt, sie in die hohe Kunst der Hexerei einzuführen. Deswegen spazierten die Beiden auch mitten in der Nacht durch den Wald, auf dem Weg zu einer Lichtung, wo Aurelia ein ganz besonderes Opferritual durchführen wollte, um es ihrer Tochter beizubringen.

Und Agnes musste sich fügen. Sie hatte keine andere Wahl.

Seit sie zurückdenken konnte, wollte sie immer nur eines: Normal sein. Nicht dieses komische Mädchen sein, die von einer Mutter in selbst genähten Kleidern zur Schule gebracht wurde. Und die Tochter eines Mannes sein, der sich darauf spezialisiert hatte, Geister zu jagen.

Doch eines hatte sie sehr schnell lernen müssen: *Normal* gab es in ihrer Familie nicht.

„Können wir nicht wieder nach Hause?", jammerte sie, obwohl sie wusste, dass sie keine Chance hatte. Jeder in ihrer Familie war ein Dickschädel – Abgesehen von ihr selbst.

„Ach Erbse, du weißt doch, weshalb wir hier sind", entgegnete ihre Mutter und half ihr über einen umgefallenen Baum hinweg. „Dieser Wichtigtuer von Schneider hält sich für einen ganz tollen Geschäftsmann, aber wir dürfen nicht zulassen, dass er unser Grundstück aufkauft. Deine Familie lebt schon seit Jahrhunderten in dem alten Haus und es wäre eine Schande, wenn auf diesem wundervollen Fleckchen Erde ein Einkaufszentrum entsteht!"

In diesem Augenblick erreichten sie die Mond beschienene Lichtung. „Da sind wir!", verkündete Aurelia triumphierend. „Du wirst schon sehen, Liebes. Georg Schneider wird sich noch wünschen, sich niemals mit unserer Familie angelegt zu haben!"

Und mit diesen Worten entzündete Aurelia Ambrosius die erste Kerze.

Danksagung

Ich danke allen Menschen, die sich in irgendeiner Art Und Weise an „Ein Herz aus Chrom" beteiligt haben.

Eine feste Umarmung geht an Vanessa Streng – für die ersten Cover, und auch für die neuen.

Ich danke den beiden Beiden wundervollen Fotografen, die sich mit mir in den Wald quälten und versuchten, meine Ideen umzusetzen: Laura Roch und Andreas Peucker. An dieser Stelle danke ich auch meinen wunderbaren Models: Souheila Prosch, Christian Kubik, Tom-Lucas Seidensticker, Sabrina Stahl und Christin Voigt.

Ich bedanke mich bei meinen ersten Testlesern: Julia Rieger, Laura Roch und Skye Winter.

Außerdem möchte ich Diana danken, die erste Bloggerin, die sich jemals in meine Goldkinder verliebt hatte. In der ersten Version dieser Danksagung stand noch „nicht-befreundete Leserin", aber ich bin glücklich darüber, dies inzwischen streichen zu können.

Danke auch an meine Familie und Freunde, an jeden, der dazugehört, dass ihr meine Eigenarten akzeptiert und mich dann und wann an mein reales Leben erinnert.

Und ganz besonders an Conny und Dirk Reimer, die mit mir zusammen träumen, mich oft genug wieder in die Realität holen und mich durchfüttern, damit ich in meiner Schreibwut nicht verhungere.

Über die Autorin

Tatjana Zanot erblickte am 24. Februar 1993 das Licht der Welt. Derzeit lebt und schreibt sie im schönen Hannover. Wenn sie nicht gerade in ihren eigenen Welten versinkt, beteiligt sie sich gerne an Serienmarathons und futtert Schokolade.

Weitere Teile der Goldkinder-Reihe:

Band 2 – Geisterstunde
Band 3 – Ratten
Band 4 – Zwischen Licht und Schatten

Weitere Werke der Autorin:

Das kleine und große Liebesglück der Familie Silberstein
Aufbruch nach Sempera
Rückkehr nach Sempera
Kampf um Sempera

Das könnte dich auch interessieren …

K. K. Summer

Der Turm der Schande – Cyrian & Kiran

Rapunzel lebte in einem verlassenen Turm im Wald, der keine Tür besaß. Ein einziges Fenster verband sie mit der Außenwelt, bis ein edler Prinz mithilfe ihrer Haare das Gefängnis erklomm und sie vor ihrem einsamen Schicksal rettete. Aber wer sagt, dass es sich wirklich so zugetragen hat?

Kiran Ezechiel Marandor, der Kronprinz des Landes Lyrian, ist wahrlich nicht das, was man vom Erben des Thrones erwartet. Seine lose Zunge und der Hang zum Alkohol sind nur zwei der Laster, die ihm anhaften.
Allerdings birgt er ein weitaus größeres Geheimnis, welches nicht nur ihn ins Verderben stürzen kann. Eines Abends trifft er in der Taverne des Dorfes auf Cyrian und seine Welt gerät ins Wanken. Bald muss er sich nicht mehr nur um sein eigenes Schicksal sorgen – schließlich wird die Liebe zwischen zwei Männern mit dem Tod bestraft. Wird Kiran es schaffen, sich aus den Klauen derer zu befreien, die ihm schaden wollen? Oder wird er sich dem Willen der Krone beugen und alles, was er liebt, hinter sich lassen?